어리석은 늙은이의 인생 역정기

어리석은 늙은이의 인생 역정기

초판 인쇄 2018년 8월 10일
초판 발행 2018년 8월 20일

지은이 김승곤 **|** **펴낸이** 박찬익 **|** **편집장** 황인옥 **|** **책임편집** 정봉선
펴낸곳 **박이정** **|** **주소** 서울시 동대문구 천호대로 16가길 4
전화 02) 922-1192~3 **|** **팩스** 02) 928-4683 **|** **홈페이지** www.pjbook.com
이메일 pijbook@naver.com **|** **등록** 2014년 8월 22일 제305-2014-000028호

ISBN 979-11-5848-401-9 (03810)

* 책값은 뒤표지에 있습니다.

어리석을 늙을이의 인생 역정기

김승곤

박이정

머리말

이 책은 늙고 어리석은 나의 인생 역정기이다. 내용은 별 신통치 않으나 읽어 보면 가끔 교양이 되고 상식이 될 부분도 있음을 밝혀 둔다.

나는 어려서부터 학자가 되기를 소원하였는데 갖은 고생 끝에 결국 대학 교수가 되어 국어 발전에 조금이나마 보탬이 되게 하고자 문집을 발행하였다. 이 문집에는 나의 고생한 일과 특히 나를 공부시키느라 고생한 아내의 이야기가 많이 들어 있다.

이 글을 통하여 송화당에게 고맙고 고맙다는 진심어린 인사를 올린다. 중용에 따르면 군자는 부부에서 비롯된다는 뜻의 글이 있다. 나는 군자는 못 되지마는 아내에게 욕 한번 한 적이 없는 범부이다. 인생을 정리한다는 뜻에서 이 글을 쓰기로 하였다. 혹 독자 여러분께서는 흉은 보지 마시고 못난 인생의 잠꼬대 같은 이야기가 서술되어 있구나 라고 생각하면 되겠다.

나는 고향을 위해서도 많은 일을 했다. 유학사 대웅전의 중개축, 미타산성의 개발, 우륵의 고향 문제, 애국지사 고루 박사와 이우식 선생의 기념관 건립 문제, 우륵 가야금 전국 경연대회 개최, 신반의 오광대의 내력 및 정보고등학교의 탈춤반 후원 등등 다양하다. 제 잘났다고 떠들면 무엇하나. 고향을 위해 헌신하고 나라를 위해 이바지 하여야 한다. 평소 말없이 조용히 살아온 못난이의 이야기는 이것으로 끝맺는다.

2018년 7월 18일

지은이 삼가 씀

차례

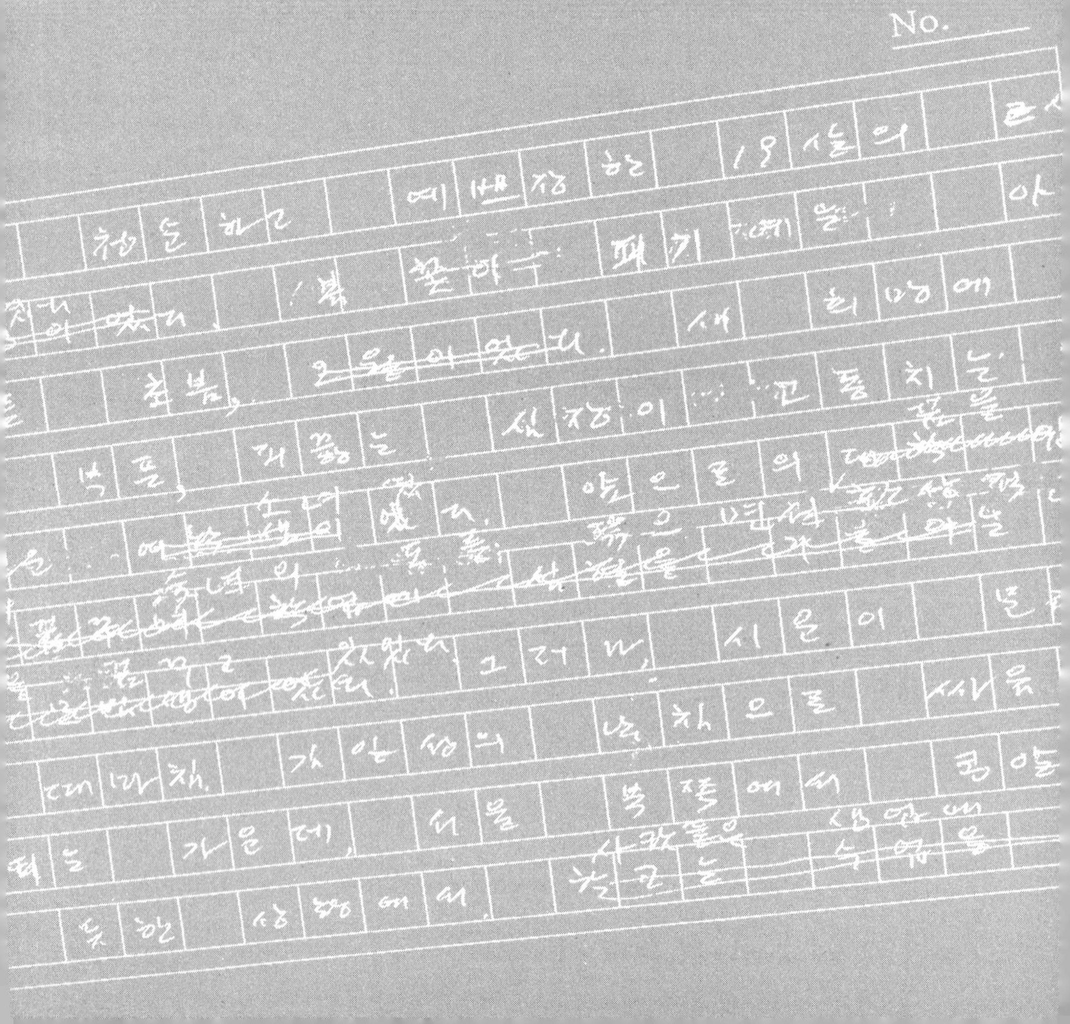

I

소학교 시절과 졸업 후의 생활

나는 일제 시절 9살에 부림 심상소학교에 입학하였다. 내가 다닌 소학교는 1921년 4월에 개교하였는데 이때는 일제의 대정 10년으로, 국내에서는 잡지 「계명(啓明)」이 창간되었으며 정치적으로는 6월에 흑하사변(黑河事變)이 있었다. 즉 흑룡강 자유시에 있었던 대한혁명군에 대하여 러시아 당국이 무장해제를 통고하였고 이에 불응하여 일어난 교전으로 독립군이 전멸되는 타격을 입은 사건이 있었다. 9월에는 미국에서 개최된 태평양 회의에 이승만과 서재필 박사를 대표로 파견하였으며 의열단원 김익상(金益相)이 일본 총독부 청사에 폭탄을 던진 사건이 있었고, 또 10월에는 간도에 산재하였던 여러 독립단체가 합류하여 대한국민당을 조직하는 그런 어려운 시기였다.

우리 소학교는 의령군에서 두 번째로 생겼는데 내가 입학하기 전까지는 학급이 하나였으나 내가 입학한 해에는 두 학급이 되었다. 교실이 부족하여 일부(오전부)와 이부(오후부)로 나뉘어 있었는데 나는 이부에 배당되었다. 집에서 학교까지는 2㎞나 되어 오후반으로서는 부당하였으나 행정구역상으로 학교에 가까운 마을에 예속되어 있었던 까닭이었다.

누나와 같이 아침에 학교에 가서 이부 수업이 계속될 때까지 기다렸다가 마치고 집에 오면 저녁때가 되었다. 그러니 점심은 일 년 내내 굶게 되었다. 그러다 보니 자연히 위장병이 생기게 되었는데 2학년부터는 학교에서 사정을 알고 일부러 배려해 주었다. 아침 9시에 학교가 시작하는데도 지각하면 안 된다고 매일 아침을 굶고 일찍 등교하기를 4학년 때까지 계속하였다. 내가 소학교 4학년이던 해 12월 8일에 태평양전쟁이 발발하였다.

당시는 1년이 삼학기제로 되어 있어서 12월 28일에 겨울방학이 시작되는데 12월 22일에 학교에 가서 난로에 불을 지피고 있던 중, 갑자기 한기가 들어 견딜 수가 없어서 집으로 와서 보니 바로 장질부사에 걸렸던 것이었다. 본래 장질부사는 여름철에 유행하는데 기상천외로 겨울에 걸리고 만 것이다. 이 병이 내 일생에 잊을 수 없는 많은 고생의 씨앗이 되었다. 12월 22일로부터 3월의 봄 방학까지 결석을 하였다. 그때는 소학교에서도 낙제제도가 있었는데, 나는 당연히 낙제생이었으나 병 때문이었고 평소 우등생이니 진급시키자는 담임선생님의 간곡한 주장으로 5학년이 되었다. 그때 담임선생님은 이태호 선생님이었는데 나는 지금도 그 선생님을 잊지 못하고 있다.

1940년대에는 장질부사에 걸리면 자칫하면 죽는 일이 많았는데 나는 천우신조하여 살아남게 되었으니 명이 긴가 보다 하였다. 5학년이 되어서 산술(오늘날 수학)은 4학년 2학기 것을 전혀 배우지 못했기 때문에 성적이 오르지 아니하였다. 당시는 중학교 입학시험에 산술은 4학년 2학기 것부터 출제되었는데 큰 걱정이 아닐 수 없었다.

6학년이 되어서는 2차 대전이 점점 격렬해져서 일본에서는 휘발유가 생산되지 아니하므로 군사용이 부족하여 관솔로 소위 송탄유를 짜서 군용으로 쓴 까닭에 관솔을 따서 바쳐야 하고 오후에는 관솔을 지고 10리가 넘는 송탄유 공장까지 져다 나르느라고 공부도 제대로 하지 못하였다. 결국 1944년 봄에 중학교 입학시험을 본 결과 보기 좋게 떨어지고 말았다. 입학시험에 떨어지니, 아버지는 나를 농사꾼으로 만들려고 산에 가서 나무를 해 오라는 등 논 · 밭을 매라는 등 별 일을 다 시키셨다, 나는 지게를 질 줄 모르므로 산에서 나무를 하여 지고 오다가 지게 채 굴려 버린다거나 어떤 때는 지게를 부셔 버리기도 하였는데 동생은 그래도 나를 형이라고 보살피며 농사일을 같이 하였다.

1944년 당시에는 일본의 정세가 다급하여 소학교를 졸업하고 중학교에 못 간 젊은이들을 청소년 훈련 제도를 만들어 군사훈련을 시킴은 물론 "군인칙어(軍人勅語)"를 외우게 하는 등 별짓을 다 시켰다. 그 많은 청년 훈련생 중 그 긴 "군인칙어"를 완전히 외우는 이는 나밖에 없었다. 그래저래 세월을 보내다가 그대로 있어서는 아니 되겠다 싶어 1945년 봄에 진주에 있는 길야 초등학교 고등과에 입학하여 다니다가 광복이 되어 반년을 쉰 후 1946년에 다시 공부하여 6년제 중학교에 들어감으로써 학문을 하고 싶었던 나의 첫 단계 소원이 이루어지게 되었다.

그러던 중 1950년 6월 25일에 북한 김일성이 남한을 공격하여 왔다. 나는 그때 중학교 5학년으로서 군에는 가야 할 터이므로 신체 단련을 한답시고 하숙집에서 역기 들기를 시작하였다. 며칠 뒤에 가슴이 뜨끔거리고 숨이 차기 시작하여 고생을 하니까 같이 하숙하였던 김규식 동문이 병원에 가자하여 진찰을 받았다. 의사선생님이 늑막염이라고 하면서 큰 주사기로 물을 두 번이나 빼낸 후 약을 주며 잘 치료해야지 잘못하면 폐병에 걸리게 된다고 주의를 주셨다. 그로부터 나는 학교는 고사하고 짐을 싸서 고향으로 오게 되었다. 고향에서 얼마동안을 치료하고 몸이 좀 나은 것 같아서 다시 복학한 후 1951년에 6학년 졸업을 하였고 S대학교에 입학하였다. 그때 우리 집 살림은 말이 아니었다. 연로하신 아버지의 노력으로 간신히 생활해 나가는 지경이었다.

Ⅱ

나의 결혼과 가정 상황

아내는 청순하고 예쁘장한 19살의 시골 소녀였다. 봄꽃이 피기에는 아직 이른 초봄, 새 희망에 가슴이 부푼, 피 끓는 심장이 고동치는 아리따운 소녀였다. 앞으로의 꿈을 그리며 숙녀의 도를 닦으면서 환상적인 앞날을 꿈꾸고 있었다. 그러나 시운이 문제였다. 마침 김일성의 남침으로 싸움이 불꽃 튀는 가운데, 사람들은 생업에 종사하고는 있으나, 안심할 수 없는 전시체제 아래서, 마음을 놓을 수 없는 상황이라 특히 아들을 둔 부모들의 마음은 불안하였다. 자식이 군에 가서 전사하기 전에 후손을 보아야 한다는 봉건사상에 사로 잡혀 있던 어른들은 시황이 급박하면 급박할수록 그런 생각이 굴뚝같이 떠올랐다.

그러던 차에 오래 전부터 알고 지내던 노인 한 분이 우리 집에 날아들었다. 나의 아버지와는 꽤 친한 사이인 듯하였다. 여러 가지 형편으로 한동안 만나지 못했던 사이라 전쟁 중에 안부를 알고 싶었던 생각에서 였을 것이다. 두 분은 오래 간만에 만난 지라 이런저런 이야기를 나누다가 결국 이야기는 자녀들에 대한 문제로 화제가 모아졌다.

나의 아버지가 우리 아이가 학교를 다니는데 나이가 스물이 넘었다면서 군에 가기 전에 장가를 들여서 후사가 있어야 할 텐데 마땅한 곳이 없다고 하자 할아버지는 그러면 내가 아는 양반집에 좋은 규수가 있는데 중매를 서보겠다 하였다. 조선시대 양반은 여섯 가지가 있었는데 첫째 양반은 퇴계선생과 같은 도덕군자요 두 번째 양반은 열녀, 효자, 충신이며 세 번째 양반은 학자이다. 그리고 네 번째 양반은 벼슬아치요 다섯 번째 양반은 부자인데 부자는 하인을 거느리기 때문이다. 여섯 번째 양반은 혼인을 잘하면 양반이 되는 것이다. 돈 많은 평민이 가난한 양반과 혼인할 때, 양반 쪽에서 요구하는 만큼의 토지와 금품을 주면 혼인이 성립되는데 평민이 양반과 혼인을 하게 되면 사돈의 친구들인 양반과 서로 사귀게 되므로 스스로 양반이 되는 것이다.

대개 현대에 와서 양반이라고 하면 자기들의 몇 대 선조가 벼슬한 것을 가지고 그 전통을 이어 오는 집안을 말하는데 아내의 가문도 그러한 등속의 양반이었다. 총각의 아버지 말을 들은 할아버지는 다음날 처녀가 있는 곳으로 달려갔다. 이 할아버지는 처녀의 아버지하고도 오랫동안 잘 알고 지내던 사이라 찾아온 뜻을 말하였다. 그러니, 처녀의 아버지도 올해 19살이 된 딸이 있는데 걱정을 하고 있는 터이라고 하면서 총각의 집안이 양반인지 직업과 나이 등 꼬치꼬치 따지고 물었다. 본래 중매인은 거짓말을 잘 하여야 혼인을 성립시킬 수 있는 까닭에 총각 집은 양반이며 살림도 아주 착실하고 아들은 대학을 다니고 있는 촉망되는 사람이라고 말하였다.

그러니, 처녀의 아버지는 이것저것 셈하여 보더니 마음이 당기는 듯하였다. 봉건사상에 사로잡혀 있던 사람들은 여자는 공부를 많이 하면 안된다. 여자는 시집을 가면 그저 신랑에게 순종하고 잘 받들며 시부모에게 효도하고 아이를 많이 낳아 잘 기르는 것이 그 본연의 도리라고 생각하였다. 그러니 한창때의 딸을 시집보낼 생각을 하게 된 것이다. 중매인에게 내가 총각 집안을 알아보고 하여야 하니까 얼마간의 말미를 달라 하고 다음날 할아버지를 돌려보냈다.

처녀 아버지는 자기 친인척을 통하여 총각에 대하여 여러 가지를 알아본 결과 별 허물이 없음을 알고 허혼할 마음이 생겼다. 그래서 중매하는 할아버지를 불러 혼인할 생각이 있음을 알리고 신랑 집에 가서 전하라 하였다. 할아버지가 신랑 집에 가서 전하면 신랑 쪽에서는 정식으로 청혼서를 보내게 되는데 그러면 신부 측에서는 허혼서를 보낸다. 할아버지가 허혼서를 신랑 집에 전하면 혼인이 정식으로 성립됨을 뜻한다. 따라서 신랑 아버지는 사주를 써서 봉투에 넣고 밖에 사성(四星)이라고 쓴다. 사주(四柱)는 신랑이 태어난 해, 달, 날짜와 시간을 말한다. 사성과 더불어 편지를 써서 함께 보낸다.

사성과 편지를 받은 신부 아버지는 신랑의 사주에 따라 영길이라 하여 혼인할 날을 정하여 신랑 집에 전한다. 이때 역시 편지를 써서 함께 보낸다. 장가 들 남자가 되면 신랑 쪽에서는 혼수 함에 종이를 깔고 먼저 예장을 넣고 혼수를 차례로 넣되 옷감을 함께 맞추어 접어서 홍색을 먼저 달고 그 위에 청색을 달고 종이로 덮고 혼수감이 놀지 않게 싸리대나 시누리대로 통개를 하여 함 뚜껑을 닫고 보로 싼다. 그리고 신랑이 장가갈 때 같이 가지고 간다.

신랑이 처녀 집에 도착하면 혼례식을 치르게 되는데, 한복 차림의 점잖은 사회자가 혼례식 절차를 적은 글을 홀기라고 한다. 첫 번째 홀기는 신랑을 맞이하는 절차로 행전 안례라고 한다. 그 절차가 끝나면 두 번째 홀기는 신랑 신부가 부부로서의 첫 인사를 나누는 행교배례인데 다음은 신랑 신부가 술잔을 나누는 행합 근례가 이루어진다. 이 세 절차가 끝나면 신랑은 자기가 잘 방으로 들어가고 신부는 안방으로 들어간다.

신랑의 방에서는 술상이 벌어지면서 젊은 사람들이 신랑과 대화를 나누기도 하고 신랑의 재능을 시험 삼아 테스트하기도 하면서 떠들썩해진다. 그러다 저녁때가 되면 자기 집으로 갈 사람은 가고 집안사람과 신랑은 같이 저녁 식사를 한다. 저녁이 끝나고 나면 젊은이들이 신랑을 중심으로 여러 가지 문답 문제를 가지고 서로 대화를 나눈다. 그러다가 잘 시간이 되면 사람들은 가고 방을 정돈한 후에 먼저 술상이 들어오고 있다가 신부가 혼인 예식 때의 옷차림으로 들어온다. 그러면 신랑은 정중히 신부를 맞이하여 먼저 족두리를 벗기고 활옷의 고름을 풀어 주면 신부가 활옷을 벗는다. 그리고 서로 마주 앉아 술상을 가운데 두고 서로 권하면서 정을 붙이기 위하여 이야기를 주고받는다. 어느 정도 대화가 이루어지고 다소 대화가 가까워진 정도가 되면 두 사람은 잠자리에 들게 된다. 그러면 밖에서는 상방지기를 한다고 부녀자들이 문구멍을 뚫고 방안은 들여다보며 야단이다. 그러다가 신랑 신부가 잠자리에 들면 각자 헤어져 자기 갈 곳으로 간다. 귀신이 샘을 내어 엿보면 좋지 않다고 하여 사람이 먼저 상방지기를 하면 신이 범접을 못한다는 전설로 상방지기를 한다는 것이다.

간밤에 두 몸이 한 몸이 되었던 신부는 새벽 일찍 일어나 안방으로 간다. 그리고 신랑은 때에 맞추어 일어나 세수하고 아침밥을 먹는다. 간밤에 수고하였다고 신랑 밥상에는 기름진 반찬으로 가득하다. 아침 식사가 끝나면 상빈은 자기 집으로 떠난다. 신랑은 배웅하여야 한다. 그리고 신랑은 며칠 동안 처가에 머물게 되는데 그 동안에 청빈이라 하여 신랑 쪽의 어른 몇 분을 신부 쪽에서 청하여 대접하면서 신부 쪽 사람들과 인사를 나누며 친교를 가진다. 대개 청빈은 하룻밤을 지내면서 다음 날은 떠나게 된다. 그 후 신랑도 자기 집으로 돌아가게 된다.

자유로운 몸이 된 아내는 며칠 동안 긴장했던 몸을 이삼일 쉬고 나서 뭔가를 구상한다. 이제 올 가을이면 시집을 가야 하니 뭔가를 준비하여야 한다. 시집 갈 때 입을 치마저고리는 물론 나들이 할 때 입을 가림옷 등은 혼서함에 들어온 옷감으로 마련한다. 뉴톤 저고리에 양단치마, 모빈단 저고리에 뉴톤 치마, 숙고자 치마와 저고리 등을 모양 있게 솜씨 좋은 바느질로 마련한다. 그리고 나면, 가끔 걱정이 태산이다.

이십년 가까이 살아왔던 정든 친정을 어떻게 떠나야 하며 따뜻하게 길려 주셨던 부모님, 그리고 평소에 다정하게 지냈던 형제, 자매, 아름다운 고향 마을 또 친구들 모든 것을 생각하면 여자로 태어난 것이 원망스럽기도 하다. 여자는 왜 낯설고 물선 곳으로 시집을 가야 하나, 낯선 시댁 사람들과 어떻게 사귀어야 하며 어떻게 시집살이를 하여야 하나, 이제는 늦잠도 잘 수 없고 어리광도 피울 수 없는 처지다. 늙어 죽을 때까지 시댁 눈치만 보고 살아야 하니, 감옥 아닌 감옥살이를 평생 하여야 하니 입맛이 쓰디쓰다. 밤에는 잠도 오지 않는다. 자기를 보호해 줄 사람이라고는 신랑 한 사람밖에 없는데 과연 신랑도 나를 따뜻하고 포근하게 감싸 주겠는가 의심에 의심이 앞을 가로 막는다. 어쩌면 인생으로 태어난 것이 원망스럽기도 하다. 결혼 전에는 명랑하고 즐겁게 지냈던 나날이 그립기만 하다.

그러다가 문득 여자가 결혼하면 시집을 가야 하는 까닭을 깨닫게 된다. 남자는 집을 만들고 여자는 가정을 만든다는 서양 속담이 있다. 내가 시집을 가야만 신랑의 집 가정을 이룰 수 있고 즐거운 가정을 이루면 가족은 모두 행복해지는 것이다. 이러고 보면 여자의 힘은 참으로 크다. 나는 여자로서 시집을 가야 하는 것이 어쩌면 여자로서의 천부의 큰 혜택이라고 생각하니 친정을 떠나 낯선 시집으로 가는 것이 보람된 일이요 인생의 참다운 행복을 찾아 가는 것이라 생각되니 여자는 여러 가지 구실을 타고난 삶의 소유자라 생각된다. 준비가 다 되고 시집 갈 날이 가까워지면 가까운 집안에서 식사 대접을 받는다. 떠나가는 것이 아쉽기만 하니 남자 같으면 술을 대접하겠지마는 여자에게는 성찬을 마련하여 석별의 정을 나누는 것이다. 이 집 저 집 다니다 보면 벌써 시집가는 날이 바로 내일로 다가 오는 것이다. 옥이는 결혼한 그해 11월에 시집을 가게 되었다. 머나먼 길이다. 당시에는 차가 귀한 때라 트럭을 이용하여 준비한 살림을 싣고 시집을 갔다. 시집은 산골 오래된 옛날식 초가였다. 집 뒤 곁에는 시누리대가 있고 오래된 배나무가 두 그루, 뽕나무가 한 그루 있어서 밤에는 혼자 들어가기 무섭고 장독대 위에는 감나무가 세 그루 있어서 옛날 산을 깎아 집터를 만들어 지은 집이라 그리 탐탁하지 못하였다. 부엌도 허름하여 기분이 좋지 않았다.

마을 전체가 산 중턱에 자리 잡은 곳이라 길은 전체 풀길이요 마을 가운데 큰 도랑이 두 군데나 있어서 비가 오면 건너다니기가 힘든 그야말로 빈한한 마을이었다. 한 면에서도 제일 못사는 마을로 손꼽히는 그런 산촌이었다. 우물도 하나뿐인데 물이 잘 나지 않아 밤에 물을 길러 다녀야 하는데 마을 가운데는 무덤이 두 개가 있어 무시무시하다. 밤이면 여우가 울고 어떤 때는 늑대가 와서 집안의 돼지를 물고 가는 그런 마을이었다. 이런 곳을 처음 보는 아내의 마음은 말은 할 수 없어도 참으로 한심하고 후회스러웠다. 더구나, 시어머니는 일찍 돌아가서 홀시아버지와 손위 동서가 있어 손위라고 갓 시집온 아내를 마음대로 부리는 그런 가정이라 친정이랑은 사뭇 다른 점에 또한 놀랐다. 그래도 아내는 이게 내 복이거니 하고 불평 없이 일을 잘 해 나가고 있었다. 신랑은 학교에 다닌다고 하면서 부산으로 가고 낮에 고되게 일을 하고 밤이면 독수공방으로 세월을 보냈다. 그런데 홀시부가 계시는데 모시기를 갓 시집 온 아내에게 맡겨졌으니 모시기가 오죽 하겠는가? 손위 동서는 손아래 동서라 하여 심히 부려 먹는 판이었다. 손위 동서는 양반 출신으로 집안이 대단하다 하여 중매가 들어와서 안심하고 허혼을 하였고 형이 장가 갈 때는 일제하에 어려운 때인데도 시골에서 택시를 부르고 거기에 오색 테프를 두르고 장가를 갔는데, 가서 보니 겨우 집 너댓 채가 있는 마을로 들은 바와 같은 양반은 아닌 듯하였다. 손위동서의 어머니는 딸 하나를 데리고 살고 있었고 남편과 아들은 일본에서 가욋살림을 하면서 살고 있는 실정이었다.

솜씨가 별로 없었던 형수는 집안 살림살이를 갓 시집온 손아래 동서인 아내에게 맡겼던 것이다. 아내는 자랄 때 여러 가지 번백이며 음식 만드는 일, 상 차리는 법도 등을 보고 배웠기 때문에 시부의 마음에 들게 잘 해 냈기 때문이었다. 시부의 옷도 손수 지어 드리고 빨래도 깨끗이 하여 드리니 시부가 좋아할 수밖에 더 있었겠는가? 그러나, 형수는 질투를 부리는 듯한 면도 있었다.

요즈음은 자유연애시대가 되어서 우선 보고 얼굴이 반듯하면 무조건 결혼을 하는데, 위험천만한 일이다. 혈통을 보아야 하고 가정을 보아야 한다. 뿌리가 있는 가문인가 아닌가를 반드시 따져 보고 결혼하여야 한다. 얼굴 보고 결혼한다는 것은 아주 잘못된 일이다. 아내가 결혼한 그때는 살기가 매우 어려웠던 시기였다. 미국의 원조물자로 살거나 아니면 흉년이 자주 들어서 봄이면 보리를 빻아서 죽을 쑤어 먹거나 송기로 죽을 쑤거나, 밀가루에 버무려 떡을 만들어 먹고 살았다. 당시에는 오늘날과 같은 쌀밥은 상상도 못하였다. 아침에는 보리밥, 낮에는 굶고 저녁에는 보리죽으로 살았다. 아주 어려웠던 집은 양식이 없어 굶을 수는 없고 하여 냉수를 끓여서 마시고 끼니를 때우는 일도 있었다. 이와 같이 어려운 시기에 중형은 아버지의 하시던 사업을 이어 받아 하면서는 초기에는 열심히 잘 하다가 어찌된 일인지 사업이 차차 부진하게 되어 넉넉하였던 살림살이가 어려워가고 있었다. 뒤에 알고 보니까, 사업을 더 크게 하려고 욕심을 부린 것이 탈이었다.

이제 혼인 전으로 돌아가 보면 나는 13살 때에 어머니가 돌아가셨는데 그때는 2차 대전으로 배급제도가 시행되었고 신발도 살 수가 없었으며 옷도 제대로 사 입을 수가 없었다. 일제가 통제경제정책을 실시하여 단속이 어마어마하였다. 길을 가다가 시장하여도 식당이 없어 식사를 할 수가 없었고 차도 제대로 다니지 아니하여 100리 길도 걸어가야 하는 그런 암흑시기였다. 그때는 축구공도 없었고 시골 마을에는 운동장도 없었다. 추수를 하고 나면 벼를 거둔 논은 아무것도 심지 않고 비어 두는데 거기에는 벼의 그루턱이가 그대로 남아 있다. 그런 논에서 축구공도 없으니 집과 새끼로 얽어 만든 시골말로 똥볼을 만들어 일이 없는 날 밤에 마을 젊은이들이 모여 축구를 하고 놀기도 하였다. 물론 꿈 같은 시절의 일이었다.

정월 대보름은 달이 매우 밝다. 그러니, 마을 젊은이들이 모여 축구를 한다고 하니까 나의 중형도 그런 논의 운동장에 가서 축구를 하다가 다리를 헛 놀려 그만 다리를 쓸 수 없게 되고 아파서 드러눕게 되었다. 그 길로 허벅지가 곪기 시작하여 수술을 하지 않으면 생명에 지장이 있다고 하였다. 아버지는 백방으로 수소문하여 창영읍에 일본인 의사가 운영하는 병원이 있었는데 병을 아주 잘 고친다는 사실을 알고 추운 겨울날 밤에 차를 대절하여 그곳으로 중형을 싣고 갔다. 그 다음날에 수술이 시작되었는데 그 어려웠던 수술이 잘 되어 여러 날을 여관에 머물면서 퇴원허락을 받고 거의 한달 만에 집으로 돌아왔다. 그때는 아버지가 사업을 하면서 농사도 많이 지어 살림살이가 꽤 좋았으므로 시골에서 택시를 불러 수 십 리 밖에 있는 병원에 가서 대수술을 하여 병을 고칠 수 있었던 것이다.

수술 직후는 괜찮은 듯하였으나, 수술이 완전하지 않았던지 날이 갈수록 다리의 곪은 데가 점점 더 심해졌다. 당시는 세계 제2차 대전으로 사이판으로 징용에 가는 사람들이 많았는데 중형은 환자가 되어 면했으나 아버지가 혼자서 사업하랴 농사지으랴 고생이 이만저만이 아니었다. 나는 공부한답시고 외지에 가 있고 막내가 초등학교 4학년이었는데 아버지가 부득이 퇴학을 시키고 그 어린 것을 데리고 농사일을 하여야 하는 형편이었다. 그런데도 형수는 신랑에 관해서만 신경을 쓰고 살림에는 별관심이 없었다. 더구나, 당시의 땔감은 산의 소나무 가지를 쳐서 그것을 말려 가지고 이용하여야 하는데, 연세가 높은 아버지로서는 감당하기 벅찼다. 더구나 두 집 땔감을 대어야 하니 나이 많은 어른으로서는 힘에 겨웠던 것이다. 그리하여 어린 막내를 데리고 같이 작업을 하였다. 나는 공부하기 때문에 집에 없었으나, 혹 집에 있을 때는 점심을 먼 산에까지 지고 가지 아니하면 아니 되었다.

2차 대전이 거의 막바지에 이르렀던 무렵 중형의 병이 점점 더 심해지자 하는 수없이 마산 동병원으로 재수술하러 가야 했다. 당시는 차라고는 트럭 몇 대, 여객버스는 하루에 읍내까지 가는 것이 한 차례뿐이었다. 휘발유는 군용으로만 사용하였으므로 트럭이나 여객버스는 목탄 아니면 가스를 이용하였다. 버스가 고갯길을 올라갈 때는 힘이 없어 올라가지 못하므로 승객이 모두 내려서 버스를 밀고 올라가야 하는 실정이니 택시는 시골에서 엄두도 내지 못 하였다. 집에서 마산까지의 거리는 거의 150리 길인데 소달구지에 환자를 싣고 밤과 낮을 통하여 가지 않으면 아니 되었다. 만 하루 만에 도착하여 유명하다는 동병원에 입원하여 다시 수술이 시작되었는데, 허벅다리의 반을 도려내었다. 살이 모두 상하였기 때문이었다. 그때는 절전은 물론 미국 폭격기를 경계하여 도시에서는 전기 관제 제도가 있어서 밤에 전등을 꺼야 했다. 따라서 도시라도 밤이면 암흑천지가 되는 지경이라 아버지는 밤에는 아들의 병간호, 낮이면 다시 집으로 가서 사업이며 농사일을 돌보지 않으면 아니 되었다.

전시체제라 물품 구하기도 매우 어려웠다. 시장에 가 보아야 생선도 제대로 살 수 없고 더구나 생활용품은 품귀가 되어 하늘의 별따기와 같았다. 그러므로, 그때는 자급자족하는 길밖에 없었다. 그러니, 농사일의 갈래가 자연히 많을 수밖에 없었다. 요즈음은 파면 파, 배추면 배추만을 길러서 팔면 되나 그때는 자급하여야 하므로 보통 농가에서는 벼도 심어야 하고 배추도 심어야 하며 무도 심어야 하는 등 채소도 다양하게 심어 길러야 가을에 김장을 할 수 있었다. 봄철에도 마찬가지로 마늘도 심어야 하고 상추도 심어야 하며 여러 가지 농산물을 심어야 하고, 파도 심어야 하는 등 농부의 손 가는 데가 한두 군데가 아니었다.

농촌에서는 쉬는 날이 없다. 산업국가가 되고 더구나 전자시대가 되니까 농사짓기도 아주 쉬워졌지, 당시는 일일이 사람의 손이 가지 아니하면 농사가 되지 않으니 농사짓는 사람의 노력은 오늘날의 백배도 더 되었다. 거기에다 산에 가서 땔감도 하여야 하니, 그야말로 야만시대의 사람살이가 아닐 수 없었다. 중형은 두 주가 지나서 퇴원을 하였는데 병원비가 여간이 아니었다. 집에 올 때도 갈 때와 같이 달구지를 타고 하루 종일 걸렸다. 집에 와서도 병원에서 주는 약을 바르면서 먹기도 하며 거의 두 달이 지나서야 겨우 걸을 수 있게 되었다. 부모님의 재물은 물론 정성이 아니었으면 살아 날 수 없었을 것이다. 세월이 흘러 중형이 활동하면서 농사도 짓고 산에 가서 나무도 해 가지고 하여 아버지의 일이 다소 줄기는 하였다.

그 후 몇 년이 지나 아버지의 연세가 높아지시니까 아버지의 사업은 자연 중형이 맡게 되었다. 장사 수완이 있었던 중형은 일취월장으로 사업이 조금씩 조금씩 발전하여 갔다. 앞에서도 말하였지마는 당시는 경찰의 단속이 심하여 암거래를 하다가는 사업은 물론 감옥까지 가야 하는 시대였기에 욕심을 내면 아니 되는데 중형은 지나친 욕심을 내게 되어 사업이 점점 어렵게 되어 갔다. 그런 와중에도 아버지는 학생인 나를 장가보내었을 뿐만 아니라 신행까지 하여 식구는 늘지 생활은 어렵지 그런 위에 아내가 시집을 와서 한 달이 되었을까 할 무렵에 그 해 섣달에 동생을 장가들이게 되었다. 동생은 열 살 때 어머니를 여의고 학교도 중퇴하여 아버지를 도우면서 일을 엄청 부지런히 하였다. 그런데도 형수 밑에서 자라면서 따뜻한 사랑을 받기 힘들었다. 자라 나온 과정을 보면 가엽고 가여운데, 시국은 험악하지 아버지의 연세는 높지 그러니 돌아가시기 전에 막내까지 다 성취시켜 놓아야 안심한다는 생각에 가정이 어려운데도 혼인을 한 것이었다. 제수씨는 일도 잘하고 마음씨가 착하였다. 그래서 아버지의 마음에 꼭 들었다. 한 집에 방은 넷인데 큰방은 형님 내외가, 건넛방은 제수씨가 차지하게 되니 나는 거처가 만만찮았다. 살림은 어려운데 식구는 많지, 거기다가 홍수 때문에 가을 벼농사는 실농으로 벼를 거두지 못하였지 하니, 생활이 말이 아니었다. 맏형은 사이판으로 징용 갔지. 중형의 과욕으로 암거래를 시도하다가 경찰에 걸려 사업이 어렵게 된 대다가 흉년마저 들어서 아버지의 회갑잔치를 해 드리지 못하였다. 나와 동생은 어리니, 돈을 벌 수도 빌릴 줄도 모르니 오늘날 생각하면 나는 불효자식임이 틀림없다. 아버지의 회갑잔치를 못해 드리니 형님은 미안하여 아버지와 한 집에 살기가 민망한지 살림을 나고 말았다. 그러니 큰 방이 비게 되어 부득이 내가 차지하게 되었다. 이때부터 아내의 고생이 시작되었다.

그 이전에 내가 결혼할 당시 늑막염을 알아서 건강이 그리 좋지 않아 조심하는 상황에 있었다. 내가 건강이 좋지 않았던 까닭이며 앞에서 이야기한 바와 같이 나는 본래 운동을 하면 안 되는 체질인데도 체력 단련을 한답시고 하숙집에서 힘에 겨운 역기를 매일 밤들기로 하였는데, 며칠이 지나고 보니 숨이 차서 쉴 수가 없었다. 친구의 소개로 어느 내과에 갔더니 늑막염이라 하면서 큰 주사기로 한번하고 두 번을 가슴에 찬 물을 빼어 내었다. 그리고 치료를 해 주면서 치료를 잘해야 한다고 하였다. 잘못 하면 결핵에 걸릴 수 있다는 것이었다. 장가들기 전에 늑막염이 완전히 낫지 않은 상태인데도 아버지는 기어이 장가를 보내고 말았다. 장가를 가고 보니 아내의 행동하는 모습은 아주 양반 티가 완연하였다. 거기에 감동되어 나는 아내를 사랑하게 되었다. 아내의 집안은 그 증조가 상주 주이(周怡)로 호는 이요당(二樂堂)이며 부제학을 지낸 어른으로 합천군 율곡면 문림(文林) 주씨라 하면 경남북 일대에서는 알아주는 집안이었다. 나는 대학 2학년 때에 가정 형편이 어려워 학교를 잠깐 쉬는 동안에 고향에 새로 설립된 중학교 교사로 근무하게 되었다. 그때는 6 · 25 전란 중이라 시골 중학교에 교사로 오려는 사람도 없었다. 그리하여 나를 초빙하여 주었다. 왜냐하면 나는 초등학교 중학교 때부터 공부를 좀 잘한다고 알려져 있는 까닭이었다. 그때부터 나는 살림을 살게 되었다. 아무것도 가진 것도 없으면서 햇병아리 부부가 살림을 하게 되었다. 건강도 별로 좋지 않으면서 모험이 시작된 것이다. 그러나 다행이었던 것은 나는 술과 담배를 하지 않았다. 그래서 약도 없고 하여 건강이 겨우 겨우 유지되었다. 신행 일 년 후에 첫 딸이 태어났다. 아버지는 손자가 보고 싶은데 딸을 낳았으니 그리 반갑게 생각하지 않으셨던 듯하였다. 그리고 3년 후에 또 딸을 낳았으니 며느리가 예쁠 수가 없었다.

우리 집안은 자손이 귀한 집안이라 6대를 내려오면서 맏이는 아이가 없고 둘째가 아들을 둘 낳으면 하나는 큰집으로 양자 보내고 하면서 아버지 대까지 내려왔다. 아버지가 운이 좋게 4남 2녀는 두었는데, 맏이는 큰

아버지 밑으로 양자 보내고 둘째가 아버지의 뒤를 잇게 되고 나와 동생은 셋째 넷째로서 큰 문제는 없는데 아버지는 욕심이 많으셨던 듯하였다. 그런데 넷째가 장가들어 아들을 낳았는데 무척 좋아하시며 모든 사랑을 그 손자에게만 쏟고 나의 두 딸은 찬밥 신세가 되었다. 그러니 나의 마음에 섭섭함이 없지 않았다.

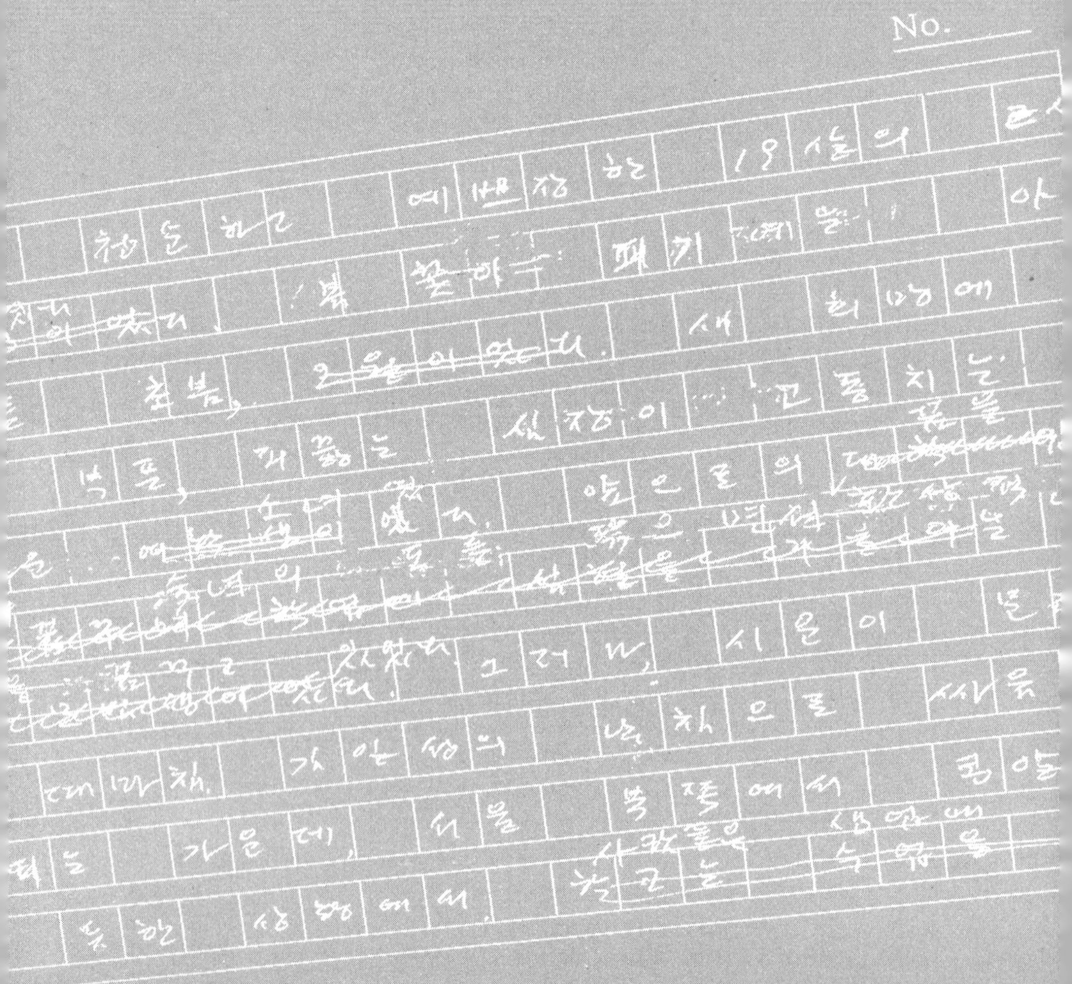

III

투병과 6 · 25 전쟁

아이가 있기 전에 나는 폐결핵에 걸리고 말았다. 일제 시에는 결핵에 걸리면 죽고 마는 지독한 병이었다. 결핵균의 분비물이 성기를 자극하기 때문에 부부 사이에 조심하지 않으면 결국은 죽고 마는 것이다. 고향에 아주 젊으면서 실력이 대단한 의사가 병원을 차렸는데 나는 그분과 친해졌다.

그 의사의 말이 요즈음 미국에서 개발된 스트렙트-마이신이 결핵 치료제로서는 아주 효과가 좋으니 사다 맞으라는 것이었다. 그래서 아버지가 사업 차 마산이나 부산에 가시면 증류수와 함께 그 약을 세 병 내지 다섯 병 사 오셨다. 주사는 아내가 직접 놓아 주기로 하여 몇 병을 맞고 나니까 병이 조금 좋아지는 것 같았다. 계속 사다 맞았는데 때는 6 · 25전쟁이 한창이었던 터라 때마침 인민군이 우리 집 근처에까지 쳐들어온다고 하여 교통 사정이 점점 어려워지기 시작하였다. 마지막으로 부산에 손위 누나가 살고 있었는데 그 편으로 연락하여 동향 친구 편으로 몇 병 사 보내라 부탁하였더니 세 병을 사 보내 왔다. 그 후로는 인민군이 낙동강을 건너서 공격하였으므로 경찰은 낙동강 남쪽으로 철수하였고 학교도 휴교이며 병원도 철수하여 중환자는 죽어야 할 지경에 이르렀다. 집에 약은 가져왔지마는 증류수가 없어 주사를 맞을 수가 없었다. 그러니 아내가 꾀를 내어 솥에다 물을 붓고 사기그릇을 담가 뚜껑을 닫고 불을 세게 때면, 솥 안에 김이 서리면서 솥뚜껑에 맺힌 물방울이 그릇에 떨어졌다. 그것을 모으면 증류수가 되니 그 물에 마이신을 타서 주사를 맞으면서 세월을 보내는데 그것도 한 두 번이지 할 수 없이 참고 지내는데 하루는 대위 계급장을 단 젊은 인민군인 한 사람이 우리 집 사랑에 찾아왔다. 아직 어린 듯, 군인 생활을 오래 한 것 같지 않은 야들야들한 모습이었다. 옛 어른들은 사람이 찾아오면 서로 인사하고 서로 묻는 것이 상례로 되어 있었는데, 아버지가 그 젊은 군인을 보고 물으니, 평양 김일성 의과대학 본과 3학년인데 군동원령이 내려서 군의관으로 파견되어 낙동강 전선까지 왔다는 것이다. 성함을 물으니 김○○이라 하였다. 김씨면 본관이 어디냐고 물으니 김해 김가라고 하였다. 그러자 아버지는 그러면 우리 일가라고 하시면서 술상을 차리게 하였다. 아버지는 술을 너무 좋아하셔서 난리통에도 술이 떨어지지 않았다. 술상이 나와서 술을 두서너 잔을 권하고 나서 "사실 내 아들이 학교를 다니는데 늑막염을 앓다가 폐가 좋지 않아서 스트렙트 마이신을 사다 놓고 증류수가 없어서 며느리가 매일같이 솥에 불을 때어서 증류수를 마련하여 주사를 놓는데 며느리의 고생이 이만저만이 아니니, 어찌 증류수가 있으면 우리 아이에게 주사를 좀 놓아 주면 어떻겠느냐?" 말씀 하였더니, 그 군인이 네 하고 대답하여 주사를 놓아 주겠다고 하였다. 그리하여 큰방에 누워 있던 나를 사랑으로 불러 내렸다. 서로 만나 인사하고 나니 스트렙트 마이신을 가져 오라 하여 주사를 놓아 주는데 맞고 나니 이상하게 시원하여 병이 나은 것만 같았다.

그래서 그날 밤은 나와 같이 사랑채의 작은방에서 잠을 잤다. 내가 하는 공부에 대하여 이야기하면서 화학책과 물리책 생물학책을 말하니 자기도 내가 말한 화학책으로 공부하였다면서 서로 학문적인 이야기를 나누었다. 그는 공산주의에 대하여 좋지 않게 말하면서 이번 전쟁은 절대로 미군에게 이길 수 없다며 그 이유를 들어 말하였다. 첫째로 남한에는 아무 무기도 없는 상황에서 북한은 러시아의 무기를 앞세워 싸우니까 한국군이 약하여 낙동강까지 왔지마는 미국의 무기는 소련의 무기를 능가하며 미국의 막강한 국력으로 우리를 막을 것이니 우리가 이기기 힘들다는 것이다. 둘째로는 미국의 무기로 특히 B29의 위력은 대단하며 탱크며 대포 칼빈 등이 중공의 따발총을 능가한다면서 조목조목 이야기하였다. 그때만 하여도 북한은 공산주의 초기였기 때문에 어느 정도의 자유는 있었구나 싶었고 따라서 대학생이니까 역시 판단력이 대단하다 싶었다. 그리고 같이 잤는데, 아침에 일어나 보니 그 군인이 없어졌다. 아침도 같이 먹기로 하였는데 의아했다. 낮이 되어 사랑 마루에서 마을 앞 도로를 보니 팬티만 입은 인민군들이 수없이 면사무소 쪽으로 가고 있었다. 이것 참 군의관 대위가 말한 게 맞았구나 싶었다. 그리고 이제는 우리가 이겼구나 생각하였다. 그때 나는 군의관이 준 몇 병의 증류수로 매일 주사를 맞으니 몸이 매우 좋은 상태가 되어 사랑채의 마루에 누워 있는데 갑자기 군복 차림의 인민군이 나타났다. 놀라서 전쟁이 어째 되었는지 물으니 창녕 하황산 전투에서 이겨서 밀양 쪽으로 진격 중이었는데, 김일성 장군이 갑자기 후퇴명령을 내려서 이렇게 후퇴를 하였다가 후방의 공급이 있어 다시 군복을 입고 전선에 배치되었다고 하였다. 그가 말하는 낙동강 후퇴 상황은 이러하였다. 사실 인민군이 낙동강을 건너갈 때는 가물어서 수심이 얕아 인민군이 완전 무장한 채로 걸어서 건넜다고 하였다. 왜 그때 인민군이 적교의 철교로 건너지 아니하고 강으로 건넜느냐 하면, 인민군이 낙동강에 오기 직전 미군이 철교를 폭파하였는데 그 불꽃이 20리나 떨어져 있는 우리 마을을 지나 면사무소가 있는 곳까지 튀어갔음을 우리는 보았다. 그러니 인민군 탱크며 군인이 강으로 걸어서 건너지 않으면 아니 되었던 것이다. 후퇴 명령을 받고 수만 명이 낙동강가에 모여 들었는데 강물을 보니 물이 상당히 불어 있었다. 후퇴 명령이 있기 전에 여름이라 비가 많이 왔다. 그러니 강물이 불어날 수밖에 없었다. 그들 나름으로는 측량을 해 보니 깊이가 대개 턱밑까지 되겠다고 판단되어 완전무장한 채로 강에 들어서니, 한 발 두 발 들어갈수록 물이 깊어서 그 많은 군인들이 대다수가 물에 빠져 죽었는데, 물에 빠지면서 "동무 살려줘"하고 외쳐서 낙동강일대가 소란하였다고 한다. 물에 빠져 허덕이는데 미군 헬리콥터가 와서 수류탄을 던지므로 강물이 너무 뜨거워서 혼이 났다며 여자 군인들은 전원 빠져 죽었다 하면서 인민군의 70~80%가 낙동강에 빠져 죽었다고 하였다. 수영을 할 줄 아는 사람은 강물 속에서 군복이며 무기를 다 던져 버리고 알몸으로 살아났다. 어떤 군인은 팬티도 벗어 버렸는데 강을 건너 와서는 민가에 들어가서 팬티를 달라 하니 없는 집에서는 여자 속옷을 주어 얻어 입고 후퇴하였다는 것이다. 자기는 어려서부터 수영을 잘하여 겨우 살아났다고 하면서 참혹했던 도강 상황을 이야기하였다. 그리고 조금 있더니, 또 싸우러 가야 한다면서 가 버렸다. 2~3일 후에 큰방에서 자고 있는데, 새벽에 인민군 두 사람이 갑자기 방문을 열면서 좀 쉬어야 하겠다하면서 문지방을 베고 벌렁 드러눕더니, 조금 있다가 하는 말이 얼른 죽어야지 이래서는 견딜 수가 없다고 하다가는 가 버렸다. 날이 밝으니 우리 집 뒷산이 진동을 하는데 아마 싸움이 벌어진 것 같았다. 밤사이 전투에서 인민군이 절단이 난듯하였다. 인민군 몇 사람이 낮에 밥을 얻어먹으려고 우리 집에 와서는 "야, 얼른 가자 ,미군 애들 온다. 큰일났다" 하면서 도망치듯 달아났다.

이들이 달아나면서 심한 부상병을 버리고 갔다. 그 중 몇 명이 부상당한 인민군 한 사람을 산 채로 우리 마을 앞산에 묻으려고 구덩이를 파고 그 속에 들어 넣었다. 산 나를 묻으려고 하느냐면서 그 군인이 울며 발버둥을 치는데 그대로 묻고 소나무를 깎아 말뚝을 세워 놓고는 달아났다. 그 말뚝이 2~3년은 있더니 없어지고 말았다. 싸움이 끝나고 20여일 있다가 나는 몸도 좀 회복되고 하여 몇 사람과 뒷산에 구경하러 가 보았더니 그 울창하였던 산이 벌겋게 타 있어서 소나무고 풀이고 할 것 없이 완전히 타 버리고 없었다. 미군의 전술은 적의 진지에 비행기가 먼저 와서 네이팜탄으로 불을 완전히 지르고 나면 탱크가 진격하면서 포로 적의 진지를 완전 괴멸시키고 나면 보병이 점령하는 식으로 싸우는 것 같았다. 하루는 후퇴하던 인민군이 쏜 대포 탄환이 날아와 우리 마을 앞산에 있는 밭에 떨어졌다. 그래서 나는 미군도 없는 곳에 포탄이 떨어지는 것을 보고 인민군의 대포 실력이 형편없음을 알 수 있었다. 그 후에 우리 고장은 완전히 수복되었다. 수복 후에 들은 이야기인데 낙동강 전투가 한창일 때 김일성이 의령읍에 와서 인민위원회 위원장과 함께 낙동강 전투 상황을 알아보기 위하여 중교와 용덕면 사무소 소제지 사이에 있는 진등재 제일 높은 곳에 와서 산 아래 남강 건너 함안 땅에서 벌어지고 있는 전투 상황을 보고 기뻐하며 돌아갔다고 한다. 아마 속이 탔던 모양이었다. 당시만 하여도 우리나라에는 빨갱이가 상당히 많았다. 보도연맹에 가입한 사람들은 모두 데려갔으나 그래도 빨갱이는 많았다. 지금도 김정은을 동경하는 사람이 많으니 왜 정부에서 그런 사람들을 그냥 두는 지 알 수 없다. 수복은 되었으나, 전투로 인하여 학교는 물론 민가, 파출소, 금융기관 등등이 모두 파괴되어 밤이면 무서워서 다닐 수가 없었다. 우리 마을에서는 큰 집과 우리 사랑채가 잿더미가 되어 거처하는데 아주 고생이 많았다. 이러한 잿더미 속에서 면소재지에 사는 훌륭한 김성대님이 장기간의 전란으로 병으로 고생하는 사람이 많음을 알고, 어느 가정집 행랑채를 빌려서, 이름 있는 의사 한 분을 모셔와서 병원을 차리게 하였다. 그랬더니,

인근은 물론 먼데에서도 많은 환자들이 모여 들어 치료를 받게 되니 한동안 문전성시를 이루었다. 그래서 나도 폐가 좋지 않았으므로 그분에게 치료를 받게 되었는데, 몸이 허약하여 집에 누워서 왕진을 부탁하면 자전거로 2㎞의 거리를 멀다 하지 않고 와서 치료하여 주기도 하였다. 왕진료는 절대 받지 않았다. 너무도 고마운 분이었다. 왕진도 한 두 번이 아니었다.

약은 주사약과 먹는 약 두 가지가 있었는데 아버지가 마산 가셔서 두 가지 약을 사 와서 주사도 맞고 먹기도 하였는데 먹는 약은 어떻게 독한지, 소변을 보고 나면 약물이 팬티에 묻어서 빨아도 지지 않을 정도였다. 얼마 동안 치료를 받고 나니 몸이 좀 좋아지는 듯 하였는데 다시 학교 때문에 부산으로 가야만 했다. 부산에서 중학교를 마치고 대학에 입학하였다. 내가 공부하는 동안에 아내는 시아버지 밑에서 밭을 매어야 하고 여우가 우는 밤에 우물에서 물을 길러야 했다. 우리 동네는 우물이 두 군데 있다. 하나는 마을 입구에 있고 우리가 먹는 샘은 윗마을의 산 밑에 있는데 물이 많이 나오지 않아 밤에 사람이 없을 때 날라야 한다. 거리도 멀다. 큰 독에 한 독을 채우려면 열 번은 이다 날라야 한다. 낮에 일하고 밤에 잠도 설치면서 물을 이다 날라야 하니 그 고생이 여간이 아니었다. 자랄 때 일이라곤 해 본 적이 없으며 물을 긷는 일도 해 보지 못한 아내라 시집살이가 이만저만이 아니었다. 시집을 오자 얼마 있지 않아서 머리를 파마 하였는가 하면 아름다운 꽃이 있으면 꺾어다가 꽂아 놓으니 봉건사상이 몸에 뿌리 깊이 배여 있는 아버지가 좋아할 리가 없다.

미움을 잔뜩 받는데다 들일은 더 많이 시키니 어려움을 겪어야 했다.

방학이 되어 내가 집에 오면 좋아하기 그지없었다. 허물어져 가는 가세에 식사인들 변변할 리가 없었다. 2학기가 되어서 등록을 하여야 하는데 돈이 없어 궁리를 하다가 그때 부산 서면에 와서 취업을 하고 있던 작은처남에게 가서 고충을 말하니 일언지하에 승낙을 하여 등록을 하였다. 그래저래 하여 1학년을 수료하고 2학년 1학기가 되어서 겨우겨우 등록을 하고 있었는데, (앞에서 이야기한 바와 같은 내용이지만) 당시 우리 고향에 사립중학교가 있었는데 6 · 25 전란 후라 교사가 없었다. 그런 까닭으로 아버지가 재단이사장을 찾아가 부탁을 하여 나는 중학교에 취직이 되었다. 몇 달 뒤에 우리는 분가를 하여 학교 근처의 어느 집에 작은 방을 얻어 생활하게 되었다. 그때 큰 딸이 자라서 서너 살이 될 듯 말 듯 하였다. 따라서 식구가 셋이 되었다.

취직이 되고부터는 아내와 같이 생활하다 보니 나름대로 재미가 있었다. 그러니, 학교생활이 별로 고되지도 않았는데 몸이 다시 차차 나빠지기 시작하였다. 하도 쇠약하여서 민간요법으로 개소주를 하여 먹으면 좋다기에 하루는 개를 구하여 소주를 고우기 시작하였다. 저녁 식사 후에 주인집 부엌 솥을 이용하여야 하는데, 고맙게도 주인아주머니가 개소주를 고우게 하였다. 개소주 고우는 법은 다음과 같다. 개를 잡아서 살만 골라 얇게 포를 뜬다. 그리고 대나무를 솥의 크기에 따라 알맞게 쪼개어 솥 맨 밑에 한층 깔고 그 위에 포를 뜬 개고기를 고르게 펴서 얹는다. 그리고 그 위에 대를 얹어 깔고 또 그 위에 개고기 포를 얹는데 이렇게 하여 개고기가 다 앉혀지면, 그 위에 큰 주전자를 얹고 솥뚜껑을 거꾸로 하여

손잡이 주전자의 입에 맞게 하여 닫고는 24시간을 불을 때어야 한다. 처음에 김이 날 때까지는 좀 세게 때다가 김이 나면 그때부터는 불을 약하게 때어야 하는데 그 일이 끝날 때까지 지키고 있어야 한다. 신랑을 위하여 아내는 그 더운 여름인데도 잠 한 숨 안자고 꼬박 24시간 개소주를 고왔던 것이다. 끝나고 나서 솥을 열고 보니까, 큰 주전자 가득하게 개소주가 고였던 것이다. 이것을 보고 주인아주머니가 아내의 정성을 보니, 신랑의 병은 반드시 나을 것이라고 칭찬이 대단하였다 한다. 나는 아내의 정성스레 고운 개소주를 먹고 기운을 차리면서 학교 출근을 잘하게 되었다. 나는 다행이 어릴 적부터 술과 담배를 하지 않아서 폐 질환에는 그래도 도움이 되었다. 개소주를 다 먹고 나서 또 약을 계속 먹어야 하는데 시골 사립중학교의 교사로서 쥐꼬리만 한 월급으로는 세 식구가 먹고 살기에도 급급한데 돈이 없어 마이신 주사는 물론 가루약도 사 먹을 수가 없었다. 그런데 들리는 소문에 작은 처남 댁에 오소리를 잡아 놓은 것이 있는데 그것을 먹으면 몸에 아주 좋다 하였다. 그래서 아내는 어린 딸을 데리고 5~6십리나 떨어져 있는 처남댁에 오소리를 가지러 갔다. 그때의 교통편은 하루에 가는 차 한번, 오는 차 한번 정도였다.

그러니 버스 정유소에 좀 일찍 가서 버스를 기다렸다가 타고 가야 한다. 그 불편함이야 말로는 다하지 못할 지경이었다. 그래도 변변치 못한 신랑을 살리기 위하여 아이를 데리고 오전에 가서, 오소리를 구해 가지고 오후에 오는 차를 타고 집으로 돌아왔다. 그것을 먹을 수 있도록 요리를 하여야 한다. 한번 먹어 보니 기름이 너무 많아 먹을 수가 없었던 나는 아내의 정성도 모르고 못난 인간이 그래도 신랑이라고 화를 내고 야단을 쳤다. 본래 모자라는 사람은 가족의 소중함도 모르고 저질스럽게 행동을 하는 것이다. 인간사회에 있어서 가장 소중한 사이로 첫째는 부부요, 두 번째는 자식이요, 세 번째가 부모, 형제인 것이다. 교양 있는 집안에서는 부부 사이에 항상 말을 공손하게 하며 다투지 아니하고 신랑은 아내를 아내는 신랑을 구타하지 아니하는 법이다. 그리고 자녀들에 대하여 항상 고운 말을 하고 욕설은 절대로 아니하여야 하며 구타도 하지 아니하는 법이다. 또 아버지 친구나 형의 친구, 동생의 친구에 대하여도 욕설을 하면 아니 되고 항상 점잖은 말을 하는 것이 상례로 되어 있다. 그런데 이런 법도도 모르는 무지한 나는 그 고생하는 아내에게 짜증을 내며 호통을 치니, 아내가 원체 착하고 양가에서 자랐기 때문에 참고 말 한 마디 아니하고 순종하였다. 참으로 일등 아내였음을 후에야 깨닫게 되었다. 본래 둔한 자는 판단이나 사리를 늦게 깨닫는 법이다. 착한 아내의 덕으로 몸이 좋아져서 약 5년 동안 중학교에서 근무하다가 서울로 직장을 옮길 목적으로 그만 두게 되었다.

IV

서울 생활의 시작

전란 후 혼란했던 그 시절에 직장을 구하기란 하늘의 별 따기였다. 그런데, 하루는 아내가 친정아버지에게 서울에서 학교를 경영하는 변호사가 있는데 그 분에게 나를 취직 시켜 주면 안 되겠느냐고 문의하였다. 그 변호사는 제헌 국회의원을 지낸 분이며 명망 있는 인물로써 장인어른과는 죽마고우로 절친한 사이였다. 아내의 말을 들은 장인어른은 당장 편지를 써서 부쳤던 바 즉시 답이 오기를 빨리 올려 보내라는 내용이었다.

이제 나는 서울에서 살게 되었다 싶어서 급히 준비를 하였는데, 아내와 딸아이를 어떻게 하느냐 궁리를 하다가 하는 수 없이 아버지에게 가서 당분간 식구를 같이 있게 하여 달라고 부탁하고 부산으로 가서 서울 가는 기차를 타게 되었다. 나의 고향에서 서울로 가려면 부산이나 대구로 가야 하였으나 그때는 주로 부산으로 하여 서울로 가는 것이 편리할 뿐만 아니라, 부산에 누나가 살고 있었기 때문이었다. 부산에서 기차표를 사려면 아침부터 줄을 서야 하는데 그것도 몇 사람에게만 팔고 표가 없다는 것이었다. 왜 그러냐 하면, 역의 직원들이 권세 있는 사람이나 돈 있는 사람에게 표를 먼저 팔고 남는 몇몇 장만 서민에게 팔기 때문이었다. 혹 조폭과도 관련이 있었을 것이다. 그러니, 부산역 일대에서는 자기에게 돈을 주면 기차를 태워주겠다는 사기꾼들이 득실득실 하였다. 어리석은 자형이 그 사기꾼에게 부탁하여 기차를 타게 되었다. 아마 그 사기꾼들도 역의 직원과 결탁이 있었을 것이다. 기차 안에서 기차 값을 무는 한이 있더라도 힘없는 서민들은 그렇게 하지 아니하면 기차를 탈 수 없는 형편이었다. 사기꾼은 돈을 받고는 어디론가 잠깐 갔다 오더니 나를 인도하여 좌석까지 정해 주었다. 사기꾼이 갔다 온 까닭은 역무원과 뭔가 결탁하기 위한 것으로 사료되었다. 서울에 올 때까지 내가 앉은 자리에 다른 손님이 찾아오지 않았기 때문이다. 그 사기조직이란 기묘한 것이었다. 정부에 들어가야 할 돈을 철도 직원과 짜고 해 먹는 사기꾼이 전국적으로 헤아리기 그지없을 정도였다. 그러니, 정부가 얼마나 썩었는지 알 수 있었다. 결국 나는 도중에 차장의 검표에 걸려 차비 일부를 물어야 했다. 없는 돈으로 겨우겨우 변상하였다.

서울역에 내리니 계절은 늦은 가을이라 갈 곳은 없고 다만 교장 선생님 댁뿐이었다. 염치없이 찾아가니 반갑게 맞아 주셨다. 곧 M학교로 갔다. 교장 선생님께 인사하니 내일부터 시간 강사로서 근무하라는 지시였다.

때는 1957년 10월이라 초겨울 느낌이 드는 서울의 기후는 영남과는 다소 차이가 있었다. 촌놈이 처음 서울 생활을 시작하게 되니 모든 게 설고 주저주저하게 되었다. 우선 하숙을 하여야 하는데, 몇몇 선생들과 상의하니 수위로 있는 유씨에게 가보라는 말을 일러 주었다. 유씨와 상의하니 자기의 어머니가 하숙을 치니 소개 하겠다 하였다. 유씨는 이북 출신으로 싹싹하고 명랑한 성격의 소유자로서 곧 나를 자기의 어머니 집으로 데려 가서 하숙하게 해주었다. 참으로 고마웠다.

그 후로 나는 그와 가까이 지내게 되었다. 어느 날 합천 출신의 정(鄭) 선생이 나를 데리고 가기에 어디 가는 지도 모르고 따라 갔더니 창경원 구경을 시켜 주기 위한 목적이었다. 처음 구경하는 창경원이라 신기하였다. 당시는 창경원에 동물원이 있었는데, 우리나라 왕실의 향수를 없애기 위한 일본 정부의 얼토당토 않는 정책으로 그리 된 것이었다. 호랑이, 사자, 홍학, 원숭이, 사슴, 코끼리, 악어 등 가지가지 짐승들을 모아 놓은 곳이었다.

옛 궁궐은 본모습을 잃은 채 나라 잃은 슬픈 모습을 그대로 표출하고 있는 듯하였다. 당시의 서울 모습은 참으로 초라하였다. 촌뜨기 내가 보아도 시시한 도시였다. 그럭저럭 그 해가 지나고 58년이 되었다. 시간강사에서 전임강사로 승격시켜 주었다. 교장 선생님이 나를 부르더니, 무슨 학과를 공부하겠느냐 하기에 법학과를 전공하고 싶다고 하였더니 법학과는 고등학교에서 담당할 시간이 많지 않으니 국어국문학과를 지망하라 하였다. 교장 선생님의 지시에 따라 건국대학교 야간부에 편입하였다. 주경야독하는 신세가 되었다. 본래 국어학에 대하여는 별 공부가 없었던 터라 서먹서먹하였으나 고향의 중학교에서 교편을 잡았을 때 최현배 선생의 문법을 공부한 경험이 있어 앞으로 문법을 전공하겠다는 마음으로 열심히 다녔다. 그러다보니 가까이 사귀는 친구도 생기게 되고 학과에서 연구를 할 때는 발표도 하게 되면서 학과장 교수와의 사이도 가까워지게 되었다. 당시에는 6·25전쟁으로 대학을 다니지 못한 사람들이 대학졸업장이 필요하여 야간대학을 많이 다녔다. 중·고등학교 선생, 회사직원, 공무원, 방송사에 근무하는 사람 등 별별 직업의 사람들이 뒤섞이어 공부를 하게 되었다.

광복 후 우리나라 대학교수들의 학력을 보면 일제 때 교사로 근무하다가 문교부 교수자격 심의 위원회에 논문을 제출·합격하여 교수가 된 분, 사범학교를 졸업하고 초등학교 교사를 하다가 대학 3학년에 편입하여 대학원 석사학위를 받은 분, 제국대학을 졸업하여 그대로 교수가 된 분이 있는가 하면 일제 때 대학학부를 졸업하여 교수가 된 분, 초등학교만 졸업하고서 일제 때 소설가나 시인으로 활동하여 명성을 얻은 분도 많았다. 또 일제 때 사법고시나 행정고시에 합격했던 분은 물론 외국에서 공부하여 학위를 받은 분 등 교수들의 학력이 다양하였다. 그러니 강의가 제대로 될 리가 없었다. 일제 때 식으로 노트를 하여 강의 시간에 불러 주면 받아쓰기도 하고 교재가 없어서 일본 학자들이 쓴 책을 가지고 강의하는 그런 수준이었다. 강의도 2~3 주일 하고 나면 한 학기 동안은 휴강하였다. 그래도 강사료는 제대로 지불하는 것이 당시의 풍습이었다. 앞으로 교수가 되고 싶은 사람은 자기 나름대로 열심히 공부하지 아니하면 아니 되었다.

그러나 깊이 생각해 보면, 그런 선학들의 공이 아니었더라면 우리나라 학문이 오늘날 세계 수준에 이를 수 있었겠는가 생각된다. 선학들의 공은 참으로 위대하였다 하지 않을 수 없다. 나는 박봉에 일 년 반을 하숙으로 지내고 있으면서 고향에 두고 온 식구들을 데려 오기 위하여 계를 들어 조금씩 저축하고 있었다.

방학 때 고향에 가면 아내 보기에 민망하고 서울로 떠나올 때는 발이 떨어지지 아니하였다. 그 동안 나도 없는 사이에 아내는 또 딸을 낳아서 기르느라 고생이 말이 아니었다. 첫 딸은 그래도 씩씩하게 잘 자라 주었는데 아내는 또 잉태하여 두 번째도 딸을 낳았는데 방에 따뜻하게 불을 때어 주지 아니하다가 추운 겨울에 견디기 어렵다는 말을 들은 어느 날 하루는, 불을 지나치게 때어 갓 태어난 딸이 엉덩이가 타서 고생을 하는데도 모두 관심이 없었다. 나는 떨어져 서울에 있는데 아내는 혼자서 온갖 어려움을 겪으면서 한의원에 가서 새경사라는 가루약을 지어다 바르고 하여 몇 달 만에 겨우 상처가 아물었다. 그래도 착한 아기는 언니와는 달리 울지 아니하였다. 때로는 혹시 벙어리는 아닌가 하여 살을 꼬집어 보기도 하였다. 아들이 귀한 집안인데 시집 와서 딸만 자꾸 낳으니 시부님이 좋아할 리가 없다. 그러니, 우는 아이를 아주 미워하는 일도 자주 있었다.

아내는 또 얼마나 마음고생을 하는지 말도 못할 지경이었다. 여름에 그

더운데, 채소밭을 메어라, 고추가 익으면 가서 따오너라 하는가 하면 밤이면 물을 길러야 하니, 여우가 우는데 혼자 솔밭길을 걸어 다니면서 하룻밤에 몇 번씩 물을 길어야 했다. 윗마을에는 우물이 하나밖에 없어서 물이 귀하여 밤에 남이 잘 때 긷지 않으면 아니 되었기 때문이었다. 그 이외에 술을 좋아하시는 아버지는 자다가 일어나서 밤중이나 새벽녘에 만삭이 된 며느리를 술 받아 오라고 하니 무시무시한 시골 산골마을에서 혼자 갔다 오기란 여간 어려운 일이 아니었다. 마침 술이 있어서 받아 오면 좋아하시고 술이 없어 못 사 오면 "네가 정성이 부족하여 술이 없다"하시면서 며느리를 나무라는 것이었다. 그러한 일이 일 년을 두고도 수십 번이었다. 왜 그렇게 미워 하셨을까? 농사일도 못하면서 파마는 하였지. 봄과 가을이면 꽃을 꺾어다가 방에 꽂아 놓지. 그 위에 딸만 둘을 낳았지, 첫 딸은 밤낮으로 울어대니 시아버지 마음에 하나도 드는 게 없었던 까닭이었다. 더구나 살림을 사는 동생은 어려운 살림인데 식구를 셋이나 맡겨 놓고 돈은 보내 주지 아니하니 겹겹이 밉고 미웠던 것이다. 그래도 아내는 양반 집안에서 자란 터이라 두말없이 꼬박꼬박 시키는 대로만 하였던 며느리였다. 불평을 할 줄 몰라서가 아니라, 홀로 계시는 시부를 잘 모시기 위해서였다.

그 반면, 작은 며느리는 신랑과 같이 들에 다니면서 농사일을 잘하지, 챙이 질(키질)도 잘하지, 특히 첫 아들을 낳았지 하니, 시부님 마음에 안 들 수가 없지 하여 아주 사랑하였다. 따라서 친정도 잘 보내 주었다. 신세만 지고 있는 며느리인 아내는 하는 일도 없이 하루 세 끼 밥만 먹으니 미움을 받을 수밖에 없었다. 나는 박봉에 대학 등록금을 내어야 하며 하숙비도 내어야 하니 집에 돈을 보낼 여유가 없었다. 대학을 다니면 책도 사야하고 노트도 사야하지 않는가? 우리 내외는 아버지의 미움을 받는 것은 지당한 일이었다. 그러나, 나는 게을리 하지 아니하고 강의를 열심히 듣고 공부를 착실히 하였다. M학교에서도 도서계를 맡아 교과서 공급에 어려움을 겪었는데 이 학교 학생들은 모두 가난한 집안의 아이들이라 교재 대금을 내지 않아 도서 공급에 어려움이 많았다. 더구나, 신입생에 대한 교과서 공급 또한 쉬운 일이 아니었다. 한 학생이 교과서 전체를 사기 위하여 대금을 전액 납부하면 좋은데 개중에는 한 권 또는 두 권 등을 사겠다고 돈을 내는 학생이 많아 통계 내기가 여간 어려운 일이 아니었다. 그러니 다른 학교에 비하여 교과서 공급액도 적을 뿐 아니라 교과서 공급자도 불편함이 많았다. 돈이란 잘 못 만지면 계산이 틀리는 법인데, 언제나 돈에 차이가 생기면 도서계가 물어내어야 하는 일도 다반사였다.

교과서 공급이 끝나면 공급자가 판매 대금 전액의 1~2%를 학교에 준다. 그것을 교장에 따라서는 경리과의 특별회계에 넣어 두었다가 봄철의 교원 야유회 때에 비용으로 쓰는 분도 있고 또는 전체 교사들에게 보너스로 지급하는 분도 있는가 하면 자기 혼자 가져가는 교장 선생도 있었다.

M학교에는 교사들이 두 파로 나뉘어 있었는데 교장 선생을 중심으로 한 영남파와 교감 선생님을 중심으로 하는 서울파였다. 학교에 온 지도 거의 일 년이 되어 가는 나는 교장파였음은 물론이다. 그런데, 교감파에서는 교장 쪽의 내막을 알고 싶어서 염탐을 하던 중, 아무 말 없이 고분고분하

고 조용한 나를 납치하다시피 데리고 "만세집"으로 갔다. 때는 1958년 12월경이었다. 그때 청계천의 양쪽에는 판잣집이 줄지어있었다. 두 기둥은 청계천에 박고 도로에는 나지막하게 기둥을 세워 얄팍한 판자로 마룻바닥을 만들어 거기에 탁자 한두 개를 놓고 술을 파는 집이 대부분이었다. "만세집"이란 옥호를 지어 준 사람들은 M학교 선생들이었다. 그때 돈 2~3천원 어치 술을 마시면 기분이 좋아 만세를 부를 지경으로 술값이 쌌기 때문이었다.

나는 술도 담배도 못 하는 사람이었다. 나를 데려 간 선생은 생막걸리를 권하면서 마시라 하였다. '나는 술도 담배도 못 한다'하니까, 어디 시골 촌놈이 말이 많다 하면서 한 사람은 코를 막고 한 사람은 술을 입으로 들이부었다. 마치 소에게 약술을 먹이는 격이었다. 소에게 약술을 먹일 때 한 사람은 소의 꼬뜨래를 잡고 한 사람은 소의 입을 벌려서 술을 먹이는 것이다. 숨을 쉬어야 하므로 하는 수 없이 술을 마시게 된 나는 정신이 얼떨떨하였다. 당시 서울의 목로집에서는 생막걸리가 유행이었다. 값도 싸고 또 술이 좀 독해서 서민들이 주로 많이 마셨다. 거기에다 안주는 노가리였다.

그날 밤, 나는 하숙집에 와서 숨이 끊어지는 듯 답답하여 그 추운 겨울날 밤에 방문을 열어 놓고 잠을 잔 상태였다. 당시의 추위는 대단하여 한옥인 하숙집 방 벽에는 얼음이 1센티 정도 얼어서 아무리 불을 때어도 방안 공기는 차가웠다. 아침에 일어나서 이불을 개면 이불이 눅눅하여 기분이 좋지 않았다. 봄이 되어 벽의 얼음이 녹으면 벽지가 더러워져서 보기에 아주 좋지 않았다. 그래서 돈이 많은 집은 봄에 다시 도배를 하고들

하였다.

그런 하숙 생활에도 만족하고 열심히 살고 있는데, 술에 관한 일은 날로 더불어 점점 더 심해졌다. 1950년대 말에는 전후라 직장 구하기가 하늘의 별 따기였다. 교직원들이 서로 어울리지 않으면 따돌림을 당하고 그 직장에서 쫓겨나게 된다. 서울에는 사기꾼들이 득실득실하여 취직을 미끼로 돈을 요구하는 일이 비일비재하였는데, 돈을 주면 어떤 짓을 하느냐 하면 자기가 돈을 받고 취직시켜 준 사람이 5~6개월이 되면 그를 쫓아내고 다시 돈을 받은 사람을 그 자리에 취직시켜 주는 그러한 일이 다반사였다. 따라서, 직장에서 따돌림을 당하면 그러한 일을 겪기 때문에 술을 마시지 못하더라도 같이 어울려 다니면서 술을 마셔야 하는 사회였다.

나도 따돌림을 당하지 않으려고 생활은 돌보지 아니하고 술을 마시게 되니 나중에는 폭주가 되어 버린 것이었다. 남이 한 잔 사면 나도 한 잔 사야하고 남이 두 잔 사면 나는 석 잔을 사야하는 사회 풍조였다. 그 무렵 흑맥주가 유행이었다. 반드시 일차를 하고 2차로 가는 게 당시의 술 풍습이었는데, 그 비싼 데를 한두 번 간 적이 있었다. 천지분간도 못하고 살아남기 위하여 예사로 다녔던 것이다. 거기가 아니면 학교 가까이에 신흥반점이란 중국집이 있었는데 우리 학교 선생들의 단골집이어서 나도 거래를 트게 되었다. 간혹 식사도 하지마는 술을 마시러 다니기도 하였다. 독한 빼갈이었다. 이렇게 될 정도로 술이 늘었으니, 못된 생활에 빠지고 만 것이었다.

그런데, 느닷없이 1959년 봄에 장인어른이 아내와 두 딸을 데리고 서울에 왔다. 한 6개월만 있으면 계를 타서 방을 얻어 놓고 가족을 데려 오려고 계획을 세우고 있었는데 갑자기 가족이 왔으니, 더 큰 어려움을 맞이하게 되었다. 급하게 빚을 내서 북아현동의 어느 판잣집 셋방을 얻어 살림을 차리게 되었다. 맨몸으로 올라왔는데 살림이 있을 리 만무하였다. 우선 솥과 밥그릇, 수저, 기타 반찬 그릇 등을 대충 준비하고 쌀과 연탄을 구입하였다. 그리고 깔고 덮을 이불자리를 간단히 마련하였다. 그리고 입고 나갈 옷도 간단히 마련하여, 겨우 살림을 시작하게 되었다.

1960년에는 자유당 정권이 막바지에 이를 때라 M학교 교장에게 종로경찰서에서 자유당에 입당하라는 요구를 하게 되었다. 그때 교장 선생은 김준연님이 창단한 통일당의 중요 직책을 가지고 있었을 뿐 아니라 민주당의 경상남북도 도당 위원장을 지낸 분이며 유명한 변호사였으므로 자유당에서는 필요로 하는 인물이었다. 만일 입당하지 않으면 교묘한 죄목을 씌워 구속시키는 시대라 부득이 자유당에 입당하게 되었다. 더구나 사학의 경영자이므로 입당하지 않고는 견딜 수가 없었다.

나는 어렵게 어렵게 공부하여 1960년 2월에 대학을 졸업하게 되었다. 형편도 좋지 않고 학교 수업도 있고 하여 졸업식에 참여하지도 못하였다. 참으로 눈물겨운 삶이었다. 그 해 3월에 이승만 대통령의 4선으로 장기집권을 하게 되자, 고려대 학생들이 정권타도운동을 전개하게 되었다. 그것이 도화선이 되어 모든 대학교의 학생들이 들고 일어나 데모를 하였는데, 경찰의 심한 저지가 시작되고 희생자가 생기고 하니, 대학 교수들이 정권 타도를 외치면서 종로거리로 밀고 나왔다. 견디다 못한 이승만 대통령은 하야를 하고 5월에 하와이로 망명하게 되니, 자유당은 보기 좋게 무너지게 되었다.

정권이 무너지니 자유당 당원들은 모든 직장에서 물러나게 되어 M학교 교장선생도 그만 두게 되었다. 그러나, 이 교장 선생이 와서 쌓은 업적은 참으로 컸다. 학교 면적이 좁아 그 이웃의 주택을 사들여 4층 건물을 짓고 그 만큼 학급 수가 늘었으며 2층에는 도서실을 만들어 학생들이 이용할 수 있게 하였다. 도서계를 맡은 나는 도서실 운영을 맡았는데, 사서에 대한 지식이 없어 충분한 운영을 할 수 없었다.

교장 선생이 그만 두었으니 사학인 M학교는 지휘 체계가 무너지게 되면서 영남파 교사와 서울파 교사 사이에 보이지 않은 싸움이 시작되었다. 서로 쫓아내려는 싸움이었다. 사세가 불리하게 된 영남파 교사들은 똘똘 뭉쳐 서울파 교사들의 정보를 캐는 한편 밤마다 여관에 모여 대비책을 상의하고 모의하였다. 그러나, 신출내기인 나는 한두 번 참석하고는 늘 같이 하지는 아니하였다.

거리는 매일같이 데모로 혼란스러운데다가 4 · 19로 혼란한 어느날 밤, 숙직하는 사람이 없어 나는 자진 숙직을 자처하여 그 무서웠던 밤을 혼자 학교에서 보내었다. 그때는 경찰이 데모 방지를 위하여 대학생들을 향해 발포하여 몇 명이 목숨을 잃었다. 막바지 데모가 극렬할 때는 고등학생까지 가담하였으니, 이승만 대통령이 견딜 수 없어 하야를 선언함으로써 서울은 어느 정도 안정되었다. 하야 선언 후 며칠 만에 이대통령은 광화문 거리를 거쳐 종로를 통하여 이화장으로 가는데, 그렇게 자유당 정권에 반대하던 시민들도 눈물을 흘리며 박수로 환송하였다. 이런 점이 우리 겨레의 좋은 점이라 할 수 있겠다.

나는 숙직을 하고 다음날 퇴근을 하여 집으로 가니 아내와 두 어린 딸들은 걱정을 너무 많이 하였던 것 같았다. 당시는 전화도 없고 하여 달리 알릴 길이 없었다. 아내는 신랑이 데모하다 총을 맞고 죽었는가 싶어 안달을 하였던 것 같았다. 모두 만나 안도의 숨을 쉬게 되었다.

이 보잘것없는 판잣집에서 3~4년 살았는데, 박봉에 대학 등록금 대느라고 생활이 아주 어려웠다. 아내는 잘 먹지 못하여 몰골이 말이 아니었다. 그래도 신랑이 대학을 졸업하고 2급 교사자격증을 따서 직장을 잃지 않고 근무하는 것으로 실낱같은 희망을 가지고 살았다. 북아현동 산 중턱에 있는 판잣집이라, 수도도 없어 물을 고개 너머 냉청동까지 가서 길어와야 하는가 하면 때로는 복지물(복지샘이 있어 일명 약물이라고도 하였다)을 길어다 먹어야 했다. 복지물까지는 거리가 1킬로미터도 더 되었다. 그래도 불평하나 안 하고 살림을 이끌어 나갔다. 친정에서는 일해 본 적도 없는 아내가 임신이 되어 만삭인데도 불구하고 냉천동 까지 가서 물을 길어 오는데 올 때는 산길이라 비탈이 굉장히 심했는데도 견디고 견디었다. 그런데도 나는 예사로 생각하는 무정하고 미련한 인간이었다. 일요일쯤은 물을 한두 번 길어 주었다면 얼마나 좋았을까. 90이 다 된 이제 와서 생각하면 아내에게 너무 많은 죄를 지었다고 생각된다.

그런데 교장이 없는 학교라 당시에는 학부형회가 있었는데 그 가운데 몇몇 모사꾼이 모임을 가지면서 학교를 자기들이 인수하겠다고 갖은 모략을 다하면서 설치던 중 설립자 쪽에서 새 교장 선생을 모시게 되었다. 이 분은 참 훌륭한 교육자로서 행정에도 밝고 하여 조용한 가운데 학교의 질서를 잡기 시작하였다. 또 한편으로는 사기성이 있는 학부모 집을 일일이 찾아다니면서 만나서, 학교가 질서를 잡고 정상적으로 운영되고 있으니 제발 협조하여 자녀들 교육이 제대로 되도록 하여 달라고 부탁하였다. 그러니, 그 모사꾼 학부형들도 더 이상 소란을 피우지 않게 되었다.

이제는 나도 안심을 하고 학교일에 열중하게 되었으나, 퇴근 후에는 매일같이 선생들의 술자리는 피할 수 없었다. 만일 참석하지 않게 되면 따돌림을 당하게 되고 그리 되면 학교에서 쫓겨 나가야만 되니 울며 겨자 먹기로 억지로 술자리를 같이 하게 되었다. 늦게 배운 도적이 밤샐 줄을 모른다는 말과 같이 만취가 되어 집에 오면 그냥 자 버리는 일이 다반사였다.

어느 날 밤에는 자다가 일어나 보니 아내가 혼자서 출산을 하였는데 아들을 낳고 이웃집 천씨 아주머니의 도움으로 탯줄까지 처리하고 누워 있었다. 잘 살면 출산과 동시에 미역국을 그리고 쌀밥을 맛있게 하여 먹여야 하는데 홀로 그 중대사를 겪고도 아무것도 먹지 못하고 누워 있는 것이었다. 바보 같은 나는 어찌 할 줄도 모르고 잠을 잤는데, 아침에 일어나 보니, 밤에 아기를 낳은 아내가 아침밥을 하여 가지고 밥상을 차려 주었다. 그래도 아내 걱정은 아니 하고 출근하였다.

지금 생각하면 천하에 무도한 놈이라 생각된다. 그래도 아내는 불평 한마디 아니하고 지냈는데, 산후 조리를 못하니 얼굴이 붓고 건강이 안 좋았다. 이래도 소견 없는 신랑이 아내 걱정은 아니하고 학교에만 미쳤다. 당시는 한번 직장을 잃으면 갈 곳이 없었기 때문이었다. 더구나 시골 촌뜨기가 누구 하나 아는 사람이라고는 없으니 어찌 되었던 직장을 놓지 않으려고만 설쳤기 때문이었다. 이런 사정을 아는 아내는 그렇게 서럽게 대접을 받아도 참고 참으면서 이것도 신랑이라고 뒷바라지를 잘 하였다.

학교 일이 이상하게 되어 또 교장이 바뀌어 심태진이란 분이 부임하게 되었다. 이분은 자유당 정권 당시 문교부장관의 비서를 하였는데, 정권의 붕괴와 더불어 그 자리도 변변찮았던 것 같았다. 그렇기에 서울에서 이름 없는 M학교 교장으로 온 것이 아니겠는가 싶었다. 심교장의 부임과 동시에 숙청바람이 불기 시작하는데, 바로 영남 출신 교사들의 퇴출작업이었다. 이삼년 동안에 거의 대부분의 교사들이 자취를 감추게 되면서 교장 자신의 심복들을 데려 오기 시작하였다.

당시 퇴출당하는 교사들은 첫째, 술자리에서나 식사 자리에서 교장이나 교감, 아니면 교무주임, 학생주임 등에 대하여 비판적인 말을 하거나 아니면 학교 이야기를 하는 교사, 둘째는 근무태도가 성실하지 못한 자들이었다. 평소에 말솜씨가 없는 나는 술자리에 가서도 술만 마시면서 남의 이야기를 듣기만 하였을 뿐 아니라 혹 이야기하면 남의 칭찬을 하였고 그리고 근무는 철저하게 잘 하였으며 공부만을 열심히 하였기 때문에 끝까지 쫓겨나지 않았다.

1963년이 된 어느 날 뜻밖에 주임교수로부터 전화가 왔는데 대학원이 생겼으니 석사과정에 입학을 하라는 것이었다. 나는 생활이 어려워 안 되겠다고 거절하였으나, 끝내 입학하라고 권하였다. 스승의 말씀을 거역할 수 없어서 석사학위과정에 입학하게 되었다. 물론 시험은 보아야 한다. 그래서, 아내는 걱정이 태산 같았다.

쥐꼬리만 한 월급을 가지고 한 달 먹을 쌀을 사 오면 계획을 세워 하루 어느 정도면 되겠는지를 따져서 살림살이를 하였는데 먼 훗날에 안 일이지만 아내는 밥 먹듯이 굶었다는 것이었다. 그래서 하룻밤에는 새벽에 갑자기 아내가 아파서 견디기 어려워 했다. 나는 아내를 업고 통행금지시간도 불구하고 마음 합동병원으로 갔는데 의사 선생이 조금의 내색도 없이 급히 일어나서 치료하여 주었다. 합동병원 의사는 서울 의대를 졸업하고 의대 강사로 나가던 아주 실력꾼이었다. 북아현동 부자촌에서 자기 집이 바로 병원이었는데 잘 되었다. 치료 후 아내는 차차 병이 좋아졌다. 없이 살면 건강이 제일이라는 것을 깨닫게 되었다.

당시는 전후라도 외국 옷감이 많이 들어와서 여자들이 좋은 옷을 해 입었는데, 아내는 시골에서 입고 온 옷 그대로 생활하니 이웃 아주머니들이 애기 어머니는 신랑이 선생이라면서 왜 옷을 항상 그리 입느냐는 말을 자주 들었으나, 묵묵부답으로 지냈다. 못 사니 할 말이 없었던 것이다. 그런데, 설상가상으로 큰 딸이 초등학교에 입학까지 하게 되니, 그 뒷바라지가 여간이 아니었다.

당시는 전후사상이 사회를 지배하여 초등학교 선생에게 돈도 주고 선물도 하면 그 집 어린이는 반장도 하고 성적도 올려 주지만 나처럼 못 사는 학부형은 그렇게 할 수 없었다. 그러면 그 아이는 선생에게 천대 받고 성적도 좋지 않았다. 없이 살면 천대멸시 받는 자유당 정권시대였다. 이승만 대통령이 집권하기 위하여 모든 친일파들을 다 기용하고 요직을 주었기 때문에 그들은 일제 때도 호의호식하였고 자유당 때에도 호의호식하면서 아들네들도 군에 가지 않았고 이 나라를 지킨 군인은 모두 서민들의 아들들이었다. 죽어도 서민 살아도 서민으로 살아야 하였다.

서울에서의 첫 살림이라 보잘 것 없고 초라한데, 웬 손님은 그리 찾아오는지, 아내는 굶으면서 살림을 하는데 반갑지 않는 손님은 왜 그리도 자주 오는지, 초등학교 교사였던 바로 손윗 동서 내외가 식구 다섯에 단칸방 살이를 하는 우리 집에 오면 술대접에 반찬 준비로 아내는 골머리를 앓는다. 또 동서는 내외가 담배 골초라 담배를 아주 싫어하는 아내는 징역을 사는 형편이었다. 서울서 내가 중등학교 선생이라 하니 아주 잘 사는 것으로 착각하였던 모양 이었다.

그뿐 아니다. 고향에서 가르쳤던 제자가 서울에 취직하러 왔다가 의지할 곳이 없으니, 어려운 나에게 와서 아침저녁으로 식사를 수개월이나 하니, 나의 생활에는 어려움이 이만저만이 아니었다. 거기에다 처족 한 사람이 사업을 한다면서 서울에 왔는데, 잘 곳이 없어서 내가 하숙할 때부터 같이 기거하더니 어렵게 사는 나에게 또 와서 먹고 자고 하였던 것이다. 좁은 단칸방에 식구가 다섯인데, 거기에 같이 자고 먹었으니, 얼마나 염치없는 사람인가는 불문가지일 것이다. 설상가상으로 조카도 와서 취직을 시켜 달라면서 찡꼴을 대지, 외사촌이 입대하여 강원도에서 근무할 때 휴가로 고향 갈 때, 또 귀대할 때 오면 2~3일씩 묵고는 가지 않나,

좁은 방이 손님 치는 여관방과 같았다.

또 웃지 못 할 일은 고등학교 동기생인 김창백이 본처와 이혼을 하고 갈 곳이 없다면서 신세 좀 지자고 하며 엉겨 붙는데 하는 수 없이 데려 왔더니, 아무리 신세가 어려워도 그렇지 그 어려운 살림인 줄 알면서 얼마 동안 기거한 적도 있었다. 또 그 친구가 옷이 없다면서 양복집에서 월부 양복을 한 벌 지어 입었으니, 보증을 서 달라하여 서 주었더니, 결국 그 돈을 갚지 않고 말았다. 그 후 그가 사기를 쳐서 어떤 가구점 여자를 꼬셔 결혼을 하더니, 제법 살기가 좋아졌는데도 과거에 진 신세는 아랑곳하지 않았다.

이런 사실을 보면 어려운 사람을 굳이 동정하거나 구하여 줄 필요가 없다고 생각되었다. 정을 베풀 때는 반드시 보은을 생각하고 하는 것은 아니지마는 그래도 제가 잘 살게 되면 어려운 친구를 한번쯤은 돕는 것이 도리가 아니겠는가? 그래도 나는 아무 생각 없이 대학원을 다니면서 학교일에 전념하여 살아갔다. 이런 어려움을 몇 번이나 겪으면서도 아내는 한 마디 불평도 하지 아니하고 못난 신랑을 도왔다. 앞에서도 말하였지마는 큰딸이 초등학교에 입학하였으니 거기에도 신경 쓰임이 보통이 아니었다. 도시락을 싸 주어야지, 좋은 옷은 못 입혀도 깨끗이는 입혀야지, 겨울이면, 방석을 만들어 가방에 넣어 주면서 따뜻하게 앉으라고 가르쳤다. 여학생은 몸을 차게 하면 냉이 생긴다든지 기타 좋지 않은 여성 병이 생긴다며 여간 신경을 쓰는 것이 아니었다. 그러니, 아내의 생활이 얼마나 고달팠겠는지 상상할 수 있다.

이제 기한이 되어서 이사를 하여야 했는데, 그 집 바깥주인의 고마움을 잊을 수가 없는 일이 있다. 첫 아들을 낳았을 때 문에다 금줄을 쳐 주었다. 옛날은 아기를 낳으면 일주일 동안 외인의 출입을 삼가라는 뜻으로 금줄을 대문에 걸었는데, 그 까닭은 즉 나쁜 병이라도 옮겨 올까 하여 그리 하였던 것이다. 그래도 아랑곳하지 않고 사람들은 드나들었다. 주인의 고마움도 잊은 듯, 작별하여 역시 아현동 길웅이라는 사람의 집으로 이사하게 되었다.

이 집은 길 밑에 방이 있어 마치 지하실을 방불하게 하였다. 여름에 비가 오면 방 안으로 물이 새어드는 그런 방이었다. 그래도 돈이 없는 신세라 하는 수 없이 참고 살아야 했다. 이때도 골치 아픈 친구들 때문에 고생이 보통이 아니었다. 시골 사람들은 서울에서 고등학교 선생이라 하니 떼돈을 버는가 싶었던 모양이었다. 진석구라는 친구가 느닷없이 나타났는데, 몰골을 보니 고생덩어리였다. 퇴근시간이 되니까 와서 술을 사 달라는 억지를 부렸다. 하는 수 없이 데려가 술을 사 주었더니, 이 자(者)가 가지 않고 길바닥에 드러눕는 것이 아닌가. 일으켜서 숙소까지 가자 하니, 또 드러눕는 것이었다. 하는 수 없이 들쳐 메고 종로 3가에서 서울 고등학교 옆 여관까지 데려다 주고 나는 집으로 왔다. 가만히 생각하니 나에게 찡골을 낼 모양이었다. 그 다음날 또 나타났다. 퇴근 후에 술을 사 주니 하는 말이 어제 여관에서 요이불에 오줌을 누어서 주인한테 혼이 났다는 것이었다. 그는 일찍이 이혼하고 정처 없이 돌아다니다가 술이 취하면 길바닥이나 아무데나 자고 하였던 사실을 후에 알게 되었다. 삼일째 되는 날 아침에 술이 취해서 어디서 잤는지 바지는 흙투성이를 해 가지고 집 근처에 와 있다는 사실을 안 아내가 나에게 귀뜸해 주어서 다른 길로 하여 출근하였다. 그 후로는 나타나지 아니하였다.

그 후 또 고향의 초등학교 동기생인 정재용이 느닷없이 ○○여관에 있으니 와 달라고 연락이 왔다. 평소 나하고 친하지도 않은 사이인데 이상하게 여겨 갔더니, 여관비가 없으니 좀 대어 달라는 것이었다. 자기가 나한테 평소 한 일이 뭐 있는데, 여관비를 내어 달라는 것인가? 고향이 무서워 부득이 지불하여 주었다. 그리고 며칠 후에 출근하려고 하는데 어떻게 알았던지 집 앞의 입구에 와서 앉아 있는 것이 아닌가, 하도 괘씸해서 모른 척하고 있었으나 몇 시간이 지나도 가지 않아 물으니 여비가 없어 좀 달라는 것이었다. 하는 수 없이 내보내기 위해 여비를 주었다.

또 한 번은 고향에서 아무 상관이 없는 1년 선배인 오상근이 와서 나를 찾았다. 만나 보니 고향의 면장이었다. 박대통령 혁명 후에 면장이 된 것이었다. 면장이라고 좀 깨끗한 집에 데려 가서 술대접을 하였더니, 고향에 가서 하는 말이 '김 아무개는 서울 가면 굶어 죽을 줄 알았더니 제법 괜찮더라'라고 친구들에게 말하였다는 말이 내 귀에 들려 왔다. 출신이 미천하니 면장이라도 가정교육이 전혀 없는 장가에서 자란 사람이니 그럴 수밖에 없을 것이다.

앞에서 말하였지마는 이사한 집도 보잘것없는데 종동서 내외가 찾아온 것이다. 서울에 볼 일이 있으면 일을 보고 가던가 아니면 여관에 갈 것이지 굳이 못 사는 나에게 와서 그 비좁은 방에 자고 간 일도 있었다. 그러니, 아내의 고생이야 필설로 다할 수 없었다. 그래도 불평 한 마디 하지 않고 박봉이나마 학교에 붙어 있는 것 자체가 고마워서 내조를 잘 하여 주어서 오늘의 내가 있게 된 것이다.

나는 석사과정을 마치고 「15세기 국어의 조사 연구」로 학위를 받고 그만두려고 하는데 계속 주임교수가 박사학위과정을 하라고 하여 응시하여 합격하였다. 두 사람은 정식으로 합격되고 한 사람은 후보로 뽑혔다. 내가 조사 연구를 하게 된 원인은 지도교수였던 정인승 박사님의 지도에 따랐기 때문이었다. 정인승 박사님은 우리나라 형태론의 일인자로서 하시는 말씀이 국어의 연구는 「조사와 어미 연구」밖에 없다고 하시었다.

박사님은 한글학회에서 1957년에 완간된 「조선말큰사전」 6권의 원고를 다 다룬 대학자였기 때문에 국어의 형태론에 대해서는 덮을 사람이 아무도 없었다. 박사학위 과정을 다닐 때, 잊을 수 없는 친구 한 분이 있는데 이규희였다. 한번은 등록금이 없어 빌리러 갔더니 쾌히 빌려 주면서 술까지 사 주었다. 당시 그는 제약회사 전무로서 아주 잘 살았다. 그 친구와는 지금도 서로 잘 지내고 있다. 건강이 안 좋다 하는데 걱정이다.

나는 오로지 공부만 하고 열심히 일을 하니 심 교장은 나를 인정하여 내쫓지 아니하였다. 심교장도 나를 믿고 도서계를 계속 맡기었다. 2~3년 동안 도서계를 맡고 보니, 가뜩이나 어려운데 정산하여 보면 항상 돈이 모자라서 월급에서 물어내어야 하였다. 그래서 한번은 교장 선생님께 말하였다. 등록금이며 생활비가 없어 더 이상 도서계를 맡을 수가 없다 하였더니 자기와 절친한 친구의 아들인 서병찬 선생께 맡기었다.

도서계를 맡고 정산하여 보면 언제나 돈이 모자라는 까닭은 이러하였기 때문이었다. 당시는 국정교과서와 부교재가 있었는데, 국정교과서는 교과서 공급처가 있어서 법에서 학교마다 어느 공급처로 주문하라고 정해 주었다. 그리고 부교재는 외판원이 있어서 부교재 견본을 가져 와서, 자기 것을 써 달라고 교섭하여 오는 것이었다. 부교재의 종류는 펜멘십, 한자 공부책, 또는 문제집 등이 있었다. 국정교과서의 대금은 입학금 등록 시에 은행에 내고, 2~3학년의 경우는 서무과에서 징수하는데 부교재는 담임선생에게 내거나 서무과에 내게 되어 있었다. 담임선생 중에는 질이 좋지 못한 사람이 2~3명이 있어서 학생들의 부교재 대금을 받아서 서무과에 내지 않고 자기가 써 버리는 것이었다. 왜 그러느냐, 따지면 말도 하지 않는다. 그 까닭을 생각해 보면, 도서계는 공급처에서 사례금을 받는데, 이것쯤이야 우리도 좀 받아쓰면 어떠하겠는가 하는 심보에서 그리 하는 것 같았다. 그러나, 공급처에서 오는 사례금은 교과서 공급 종류와 수량에 따라서 일일이 계산하여 오기 때문에 손을 댈 수가 없으며 부교재의 경우도 마찬가지이다. 그런데도, 내용을 모르는 교사들은 못된 짓을 하는 것이었다.

서 선생은 마음씨가 고와서 남의 말을 거절하지 못하였다. 그가 도서계를 받아서 돈을 다룬다는 사실을 안 사기꾼 친구가 "내가 사업을 하는데 물건을 구입해야 하니 돈이 조금 모자라니 20만원만 빌려 달라"하였다. 그는 그 돈을 가지고 도망을 가고 말았다. 도서 대금 정산은 해야 하는데 아무리 기다려도 오지 않자, 끝내 사고를 내고 말았다. 그 결과 심 교장은 도서계를 다시 나에게 맡기었다. 어느 해인가 기억이 나지 않는데, 군사 혁명 후에 사태가 조금 수습되고 사회가 안정된 때에, 심 교장은 자기가 좋아하는 직원 몇 명을 데리고 명동의 바를 가게 되었다. 나도 가자하여 같이 끼이게 되었다. 술이 좀 취한 듯한 교장은 나를 보더니 빙그레 웃으면서 볼을 한번 꼬집었다. 귀엽다는 표시였다.

내가 도서 담당을 하고 있는 어느 때 시청에서 공문이 오기를 사서교사 연수가 있으니 희망자는 참가하라는 안내였다. 교무주임이 나와 가까운 사이라 교장선생께 김승곤을 연수로 보내자 하여 여름 방학 동안을 연세대학교 도서관에서 연수를 받았는데, 특히 도서 분류학을 열심히 배웠다. 그리고 귀중 도서 수집 방법도 민 교수로부터 잘 배웠다. 그 결과 도서실을 제대로 운영하게 되었는데, 나는 토요일, 일요일도 없이 늘 학교에서 살았다. 쫓겨나지 않기 위해서였다. 어느 여름 방학에 일요일인데 하늘에 먹구름이 가득 끼이고 비가 억수같이 퍼붓는데 그래도 아내는 새벽같이 일어나서 밥을 해 주었다. 급히 먹고 학교 도서실에서 도서 정리를 하고 있는데 누가 문을 더르릉 여는데 보니, 교장이었다.

그가 왜 쉬는 날 아침 일찍 나왔느냐 하면 자기가 취직을 시켜야 할 사람이 있는 듯하였다. 그래서 내가 게을리 하면 쫓고 그를 내 자리에 취직시킬 목적이었던 것 같았다. 그는 아주 질이 좋지 않은 사람이었다. 누가 쉬는 날 더구나, 비까지 오는데, 도서실에 일찍 나와서 책을 정리하겠는가? 옳지 이때다 싶었던 교장이 교활한 수단으로 나를 테스트한 것이다. 평소 말없이 성실한 내가 그런 얄팍한 꾀에 넘어갈 리가 없었다. 교장은 감탄하고 나갔다. 참으로 일 순간의 위기였다.

길웅이네 집에서도 기한이 되어 다시 전에 살았던 마을의 어떤 집을 얻어서 이사를 하였다. 이 집은 그래도 길웅이네 집보다는 나았다. 여기서 둘째 딸이 미동초등학교에 입학하여 큰 딸과 같이 학교를 다녔다. 이 아이는 태어날 때 한번 울고는 평상시는 우는 모습을 보지 못했다. 그리고 조용하면서 머리가 좋았다. 특히 수학을 잘 하였다. 큰딸이 공부가 좀 미진하여 이웃 대학생에게 과외를 보내면 같이 따라가서 공부하는 것을 옆에서 조용히 엿듣는데도 언니보다 잘 한다는 대학생 어머니의 말이었다. 그러면서 노래도 잘하여 아카시아 꽃이 피는 봄날에는 보잘 것 없는 산골 고향이 그리운 듯, "고향 땅이 여기서 몇 리나 되나, 푸른 하늘 끝닿은 저기가 거긴가 아카시아꽃잎이 바람에 날리면 고향에도 지금 쯤 뻐국새 울겠지"하고 노래를 부르면, 나의 눈에서는 눈물이 핑 돌 지경이었다. 못 사니까, 서럽고 마음이 약하여 괴로웠기 때문이었다. 이태리의 독재자 무솔리니는 "힘이 정의다"라고 외치면서 국민들을 단합시켜 "일본, 독일, 이태리" 삼국동맹을 맺어 미국 · 영국 · 프랑스를 상대로 이차대전을 일으켰던 것이다. 가난하게 살아 보니까, '돈이 힘이요, 정의다'라는 생각이 들었다.

이 집에서는 일년 정도 있다가 여러 가지 형편상 다시 이사를 하게 되었다. 돈이 없어 어디 싼 전세방은 없나 하고 이곳저곳 헤매다가 아현동 소재 중앙여고가 있었는데 그 뒤의 어느 전세방을 얻어 이사를 하게 되었다. 그때, 우연히도 고향의 대선배인 서태홍 선생이 와서 도와주어서 이사를 무사히 마쳤다. 이 집에는 홀어머니와 여학생 두 가족이 전세로 살고 있었고 주인은 몸채에 살고 있었다. 집의 구조는 ㄷ자형이었는데 우리는 대문쪽 방에서 살게 되었다. 여기서 차를 타기 위해서는 서대문 네거리까지 1.5㎞ 정도의 거리이다. 그 먼데서 걸어서 학교를 가려니 아이들도 힘들었고 나도 힘들었다. 그런데도 아무 힘없는 애비를 든든한 부모인 양 믿고 아이들은 잘도 다녔다. 세상에서 제일 불쌍한 사람은 가난하여 힘없는 사람이다.

그런데, 같은 집에 사는 여학생도 아주 외로운 듯, 가끔 나에게 공부에 대하여 묻기도 하고 인생살이에 관해서도 묻기도 하여 간혹 대문 밖의 길가에서 이야기를 하기도 하였는데 그 집 사람들은 이상하게 여겼던 듯하였다. 아내도 의아해 하였던 것 같았다. 여학생은 인생의 외로움에 대하여 많이 이야기하였고 아버지, 오빠가 있는 친구들을 보면 아주 부럽다고 하였다. 나는 사람이 외롭다고 좌절하면 되지 않으니 힘을 내라고 하면서 세계 위인들의 이야기를 들려주었다.

예를 들면 미국의 재벌 포드의 이야기며, 계모의 덕으로 대통령이 된 아브라힘 링컨의 이야기며, 우리의 원수였던 도요토미 히데요시 이야기 등등 많았다. 주지하는 바와 같이 도요토미 히데요시는 홀어머니가 하도 가난하여 '기노시다 도기찌로'인 아들을 데리고 오다노부나가 장군에게 가서 이 아이를 짚신을 가지고 다니는 하인으로 써 달라 하였는데 노부나가가 보더니, 마음에 들어 승낙하였다. 그런데, 그때는 일본도 미개하여 장군도 짚신을 신었는데, 추운 겨울날 아침에 일어나서 짚신을 신으면 따뜻하였다. 매일 그랬다. 하루는 노부나가가 도기찌로의 뺨을 때리면서, "네 이놈, 네가 밤 새 신고 있다가 아침에 가져 오는 것이 아니냐"고 호통을 치니 도기찌로는 "아닙니다. 장군님을 위하여 밤에 잘 때 짚신을 제 품에 품고 자기 때문입니다."라고 말하였다. 야, 요놈 봐라, 싹수가 있다 싶어서 키워주면서 이름도 '도요토미 히데요시'로 바꾸어 주었던 것이다. 그 여학생은 M학교 선생이라고 나의 교육적인 말을 듣고 열심히 공부하였다.

이즈음에, 우리나라 현대자동차 회사에서 새나라 택시라는 것이 나와서 한두 번 탄 적이 있었다. 밤이 늦은 때였다. 중앙여고 뒤의 집에서는 일 년도 채 못 있었다. 그 집 주인이 집을 팔고 시골에 가서 살면서 농사를 짓겠다고 하면서 방을 비우라고 독촉하였다. 그 여학생의 가족은 어찌되었는지 알 수가 없었다. 다시 북아현동으로 세 번째 이사하였던 집으로 이사하였다. 중앙여고 뒤의 집에서는 돈이 없어 사글세를 살았는데 여전히 돈이 없어 조목수네 집으로 사글세로 이사를 하면서 시골에 가서 논을 팔아 와서 전세금을 치르겠다는 조건으로 이사를 하였다.

아내는 막내를 업고 큰 아이는 걸리고 그 교통이 어려운 시기에 혼자서 고향으로 떠났다. 고향에는 맨손으로는 못 간다고 대구에서 사과를 한 바구니 사서 큰집이라고 찾아가니 오느냐는 인사말도 한 마디 없이 냉대를 하더라고 하였다. 그래서 다시 옛날 살던 동생 집으로 가서 마을의 권주호 어른께 말하여 논을 팔아 달라 하니 이 어른이 장터 국밥장사를 하는 집에 가서 서울 김 선생이 대학원에서 공부를 하는데 돈이 없어 자기 논을 팔아 달라 하니 사라고 이야기하니 쾌히 승낙하여 8만원에 샀는데, 그 돈을 아내에게 직접 주지 않고 큰집에 맡겨 놓았다고 하였다. 이튿날 제수씨가 가서 받아 왔다고 한다. 아내는 그 돈을 보자기에 똘똘 말아서 허리에 차고 친정에 가니 장인어른이 또 무실이라는 마을에 사는 작은 처남 집에 들러서 서울로 가라 하는 바람에 또 작은 처남 집에 가서 하룻밤을 세고 서울에 왔는데 작은 아이는 업고 큰애는 걸리고 하면서 말로 표현할 수 없는 고생을 하였던 것이다. 못난 나를 그래도 신랑이라고 묵묵히 뒷바라지를 하였던 것이다. 지금 여성 같았으면 아이고 뭐고 다 팽개치고 달아났을 것이다. 참으로 두고두고 잊을 수 없는 열녀라 칭송할만하다.

그 돈으로 전세값을 치르고 한 일 년쯤 살았는데 나의 박사과정 등록금이 없어서 궁리하던 끝에 그 전세값을 찾아서 등록금을 내고 나니, 돈이 사글세집으로 밖에 갈 수 없어서 그 옆에 있는 김진기라는 사람의 집 대문 밖에 있는 방을 얻어 이사를 하였다. 그때 막내아들이 아마 3~4세 정도 아주 인물도 좋은데다가 성격도 좋아서 명랑하게 잘 놀았다. 그런데 뜻밖에 홍역을 하게 되었는데 몸이 아파서 우니까 집 주인이 울음소리가 듣기 싫다면서 나가라는 말을 듣게 되었다. 이사한 지 몇 달밖에 되지 않았는데 말이다. 하루는 내가 가서 사정사정하여서 그대로 있게 되었다. 이상하게도 우리 아이들의 홍역은 첫째 딸애가 하고 나니까 첫째 아들이 하게 되고 그리고 나서 둘째 딸이 하였고 마지막으로 막내가 하게 된 것이다. 진기네 집이 재수가 없어서, 둘째 딸이 초등학교에 입학한 후, 한 달도 못 되어서, 맹장염에 걸리게 되었다. 마침내 야간부 학생인 홍계옥이 근무하던 병원이 있어 그 학생의 소개로 입원하여 수술을 마치고 일주일 후에 퇴원하여 집에서 한 열흘 치료하고 완전하다 싶을 때 학교에 갔는데, 가자마자 수학 시험이 있었는데 문제 중 하나를 틀리고 다 맞아서 95점을 맞았는데, 선생님이 김명화는 병원에서 수술하고 두 주 정도나 결석하고도 시험을 잘 쳤다고 자랑을 한 일도 있었다.

진기네 마을은 못사는 사람만 사는 곳이라 백일해에 걸린 앞집의 아이 때문에 막내가 백일해에 걸려 고생하였고, 첫 아들이 그네를 타고 놀다가 떨어져서 이마가 깨져서 고생을 하기도 하였다. 장모가 와 보고 너무 못사니까 돌아가서 한 말이 세상에 못 살고 못 살아도 그렇게 못 사는 사람은 처음 보았다고 하더라는 것이었다. 한번은 이웃 아주머니가 가을에는 고향에서 고춧가루며, 쌀이며 마늘 등이 오는 집이 많은데 왜 용기네는 그런 것이 없는가 묻더라는 것이다. 아내가 부끄러워 말을 못했다 하였다. 위로 형이 두 분이나 있어도 모두 살기가 넉넉하지 못하니 동생을 돌볼 능력이 되지 못하였다.

그런데, 둘째 누나도 생활이 넉넉하지 못하여 걸핏하면 돈 빌려 달라고 하니 어려운 내가 빌려 줄 돈이 어디 있겠는가, 사람이 못살면 눈에 보이는 것도 없고 염치도 없는 것이 진리인가 싶었다. 이런 상황인데, 엎친데 덮친 격으로 또 골칫거리가 생겼다. 시골에서 초등학교밖에 나오지 않은 생질이 취직시켜 달라면서 단칸방살이인 나의 집에 찾아온 것이다. 시골 사람들은 소견도 없고 염치도 없는 터라. 초등학교밖에 안 나온 그 어린 것을 어디에다 취직시키려는 것인지 답답하기 그지없었다. 취직시킨다면 남의 가게나 집에 심부름꾼으로밖에 더하겠는지, 좋은 생각이 떠오르지 않았다. 더구나, 내 자신의 문제도 해결할 수 없어 고생하는 판인데, 생질을 돌볼 여유가 어디 있겠는가? 2~3주일 동안 애를 먹이더니 더 이상 데리고 있을 수가 없어서, 없는 돈에 차비를 마련하여 내려 보내었다.

고생이 너무 심하여 나는 죽고 싶은 생각밖에 없으니 세수할 때 발을 안 씻으니, 아내가 발을 씻어 주면서, 공부하는 사람이 타락을 하면 어떻게 하느냐 하면서 오히려 용기를 주기도 하였다. 어린 아이의 홍역도 다행히 무사히 끝났다. 없이 사는 줄을 아는지 둘째 딸의 수술 이외에는 아이 넷 이 탈 없이 건강하게 자라 주어서 참으로 고마웠다. 아내는 약한 몸에 비탈진 곳에서 물을 길어다 먹어야지, 양식이 없어서 김진기내 집에서도 밥 먹듯이 굶었으니, 몸이 건강할 리가 없다. 그러나, 억지로 버티면서 말없이 어려움을 견디어 내었다. 특히 처녀 시절 친정에서는 일이라고는 몰랐던 아내가 물도 길러다 나르느라고 다리에 혈관이 툭툭 튀어 나와서 다리가 아파 고생이 여간이 아니었다. 그래도 아프다는 내색도 내지 아니하고 참고 살았다. 돈이 없어 사글세로 사니까 괴로워 죽고 싶어 하던 신랑과는 달랐다. 인내성이 대단하였다. 그뿐 아니라, 아내는 입을 옷이 없어 바깥출입을 할 수 없었고 치마가 없어, 싸구려 흰 비단을 사 와서 지어 입으니 속옷이 보일 정도여서, 치마를 접치고 접쳐서 끈으로 매어 속옷이 보이지 않게 하여 물을 길었던 것이다.

심봉사가 자기 신세를 칠궁의 으뜸이라 하였듯이 나의 신세 또한 참으로 말할 수 없이 비참하였다. 간혹 직장에서 밤에 술이라도 마시고 오거나, 회식이 있어 모임에 갔다 오면, 신랑의 저녁밥이 남게 되는데, 그러면 아내는 살림 밑천이라도 생긴 것처럼 마음이 흐뭇하였다고 하였으니 기가 막힐 일이 아니겠는가? 이런 일이 자주 있었으면 하고 마음속으로 은근히 바랐다고 하였다. 그런데도 고향의 권○○ 선생은 쌀을 두 말만 사 달라 하는가 하면 술이 마시고 싶으면 와서 쓸데없는 말을 하면서 칭얼대기도 하고 또 어떤 때는 돈을 좀 달라 하고 조르기도 하였다. 고향 출신 사람치고 나에게 애를 먹이지 아니한 사람이 별로 없었다. 다만 앞에서 이야기한 이규희님만이 나를 도와주고 술도 사 주고 하였다. 서울 와서 생활한 지 4~5년이 되었는데도 하도 어려워 소고기 한번 사 먹은 적이 없었다.

한번은 막내가 열이 나고 아파서 누웠는데 왜 그런가 하였더니 '엄마 고기가 먹고 싶다'고 하더라는 것이었다. 그래서 그 다음날 학교에서 돈을 조금 구해 왔더니 아내가 소고기를 한 근 사 와서 조려서 주니까, 어린 것이 그것을 다 먹고 나아서 일어났다고 하였다. 또 하루는 새벽같이 바로 위의 둘째 누나가 부산에서 찾아 왔다. 그 까닭은 동생이 돌아가고 나서 제수가 시골에는 못 있겠다고 서울에 살러 왔는데 나더러 고향의 논과 밭을 팔아 달라고 하였다. 그 돈으로 집을 마련하기 위해서였다. 나는 고향에 가서 논밭을 판돈을 가지고 왔는데 이 사실을 알고 그 돈을 빌리러 온 것이었다. 나는 어디까지나 제 핏줄에 대하여는 최선을 다하는 성질이라 빌려 주고 말았다. 나는 부산의 누나가 그렇게도 못하는 줄을 몰랐기 때문이었다. 빌려 가서는 약속 날짜까지 갚지 않았다. 그래서, 아내가 다니면서 1년 만에 그 돈을 겨우 찾아 와서 제수의 전셋집을 구해 주었다.

북아현동의 김진기네 집에서 약 2년을 있다가 더 있을 수 없어서 이사를 하여야 했다. 그 동안 아내가 착하고 성실하고 정직하니까, 그 마을 아주머니들이 계를 하나 들라고 하여 들었는데 자기 차례가 되어 탄 돈이 있어서 그 돈과 내가 학교에서 상으로 받은 조그마한 금반지를 판돈으로 아현동의 정순이네 집으로 방을 두 개를 얻어 이사를 하였다. 그때 처 질녀가 내가 근무하는 학교로 전학을 온 때문이었다.

이때도 동서 내외는 또 자고 갈려고 찾아왔다. 우리가 이사하는 곳마다 어떻게 아는지 잘도 찾아 다녔다. 이때도 자게 되면 돈 빌려 달라고 하였을 것이다. 방 하나는 큰 딸과 처 질녀가 자니 고등학교 학생인데 거기에 잘 수 없고 또 방 하나에는 우리 식구 다섯 명이 자니 잘 틈이 없었다. 그러니, 하는 수 없어 동서 내외는 밤에 가 버렸다.

한번은 장인어른이 새로 얻은 아내와 같이 쌀과 팥을 가져와서 떡을 만들어 달라고 하였는데, 아내는 낯선 곳이라 떡방앗간이 어디 있는지 몰랐는데, 주인댁의 둘째 딸, 화자가 가져가서 떡을 만들어 왔다. 새 장모님이 떡을 아이들에게 조금 주자고 하니, 장인어른이 자기 새 처가에 많이 갖다 주려고 '아이가, 아이들 주어서 뭐 하나, 안 된다'고 하며 시루떡 하나 외손자에게 주지 않고 또 수고한 화자에게도 맛보이지 않고 고스란히 싸 가지고 그대로 자기 처가로 가 버렸다. 이런 사실을 보면 남자에게는 여자가 제일이지, 자식이나 손자는 안중에도 없다는 것을 알았다.

'사랑'이 최고인 것이다. 정순이네로 이사 와서 다소 숨통이 트이는가 싫었는데 그래도 아내는 정순이에게 물지개 지는 법을 배워가지고 공동 수도에서 물을 길어다 먹였다. 그때도 아내의 다리에는 힘줄이 튀어나와 몹시 괴로워하였다. 하루는 하교하여 몸이 어슬어슬 춥더니 평생에 그렇게 심한 몸살을 앓아 본 적이 없는 나는 며칠을 꼼짝도 못하고 누워 있는데, 그 심술쟁이 형수가 찾아온 것이다. 몸이 아프니 반갑게 맞이할 수도 없어 앓고 있자니까, 조금 있다가 자기 아들에게로 갔다. 또 한 번은 형수가 막내아들을 데리고 왔는데 어느 날 갑자기 그 아들이 없어졌다. 당황하여 아내와 제수가 나서서 사방을 찾다가 그 구역 파출소에 부탁하려고 가보니 거기 있더라는 것이다. 순경에게 물으니 이상한 아이가 이리저리 헤매고 있어서 "너 어디를 찾느냐?"고 물으니 "친정 왔다 친정 왔다"고 하므로 이상하게 여기고 잡아 놓았다고 하더라는 것이다. 고맙다는 인사를 하고 데려왔다. 그 조카는 지능이 조금 모자라는 저능아였다.

또 불청객이 찾아 왔다. 처사촌 "주은"이었다. 이 처남은 박정희 대통령 때, 부산시청 과장으로 취직이 되었는데 박대통령이 정치가 자리가 잡혀 정계가 조용해지니까 공무원들에게 휴가비를 주면서 며칠 동안 여행을 시키는 제도가 있어 자기 과 직원 세 명을 데리고 와서 못사는 나를 찾아 왔다. 그때, 청계천에 "삼우정"이라는 소갈비집이 있었는데 인기가 있어 손님이 많았다. 그 집은 우리 학교 선생님들에게 외상을 잘 주어서 돈 없는 나는 그 가게로 데려갔다. 거기서 갈비와 술을 시켜서 대접을 하는데 데려온 세 사람이 고기를 먹더니, 갑자기 맛이 없어 못 먹겠다 하면서 가려고 하니 처사촌이「이 사람들아 내 제매가 잘 못 살아 이리 왔으니 더 많이 먹자」하니 경솔한 세 사람은 그저 가 버렸다. 당시에는 소갈비 대접이 최고였는데, 까분다고 소갈비가 맛이 없다니, 그런 자가 공무원이니 나라가 걱정이 되었다.

그 뒤에 소문을 들으니 처사촌은 대신동 동회장으로 옮겨갔다 하던데, 또 내 전세방을 찾아왔다. 바나나, 한 꼭지를 사와서 대단한 선물이나 되는 듯이 '하하'하고 웃으면서 거들거렸다. 동회장을 하면서 정직한 공무수행을 하여야 하는데도 뭔가 문제가 생겼던지 그 자리에서 해임되었다는 소식이 들려왔다. 사람은 누구를 막론하고 분수를 지켜서 살아야 하고 직무를 수행함에 있어서도 양심적으로 하여야 한다. 욕심을 부리면 결국 덫에 걸리고 만다. 아무리 부패한 사회라도 정의는 살아 있는 법이다.

박정희 대통령의 혁명 이후에 1960년대 후반부터 서울에 건축 붐이 일기 시작하여 변두리에서 개인 주택을 짓는 사람이 많았다. 그때 M학교 어떤 교사가 이문동에 땅값이 싸므로 집을 두 번만 지어서 팔면 자기 집 한 채가 생긴다고 하면서 자기도 지금 그곳에서 집을 사서 살고 있다 하였다. 귀가 솔깃했던 나는 아현동 집의 전세금을 빼서 집을 짓기로 하였다.

고향에서 음력 정월 14일 첫 새벽에 "용왕 먹이는 풍속"이 있었는데 평소에 하지 않던 일을 골라 가면서 아버지가 시키는데 아내에게 하라고 하시니, 하지 않을 수 없어 무시무시한 새벽에 먼 들 가운데 있는 우물까지 가서 "용왕을 먹이니" 참으로 서운한 일이였는데 서울에 와서 처음으로 내가 살 집이 생긴다는 기쁨에 과거의 서운했던 일들은 모두 잊어 버리기로 하였다.

V

양심적인 노력의 결과

나는 1965년 8월부터 강사가 되어 M학교에 있으면서 출강하였는데, 1970년 2월부터 건국대학교 문과대학 국어국문학과 교수가 되었다. 그러니 김일근 교수가 '교수의 체면이 있으니 집을 마련하라'고 하였다. 그러던 차에 이문동에서 땅을 사서 집을 지으면 좋다는 말을 들은 나는 아현동 정순이네 집에서 전세로 있던 돈과 김일근 교수님께 부탁하여 약간의 돈을 빌려 15평 정도의 좁은 땅을 사서 집을 지으려 하니 형수의 장남이 자기가 짓겠다고 하기에 맡기었다. 그러고 있는 동안 정순이네 아버지가 교통사고로 경찰에 구속되어 있어서 면회를 가서 힘을 다하여 석방운동을 하였더니 오래 있지 아니하여 석방되어 나왔다. 그런 까닭인지 자기 집에서 오래 같이 살자고 하였다.

그 무렵 잘 사는 집에서는 TV를 사서 보고 하였는데 우리네는 돈이 없어 TV가 없었다. 그러니, 장남이 아현 초등학교를 다녔는데 TV가 보고 싶어서 사 달라고 하니 능력이 되지 아니하였다. 집일이 차차 진행되어 감에 따라 정순이네 집에서 이사를 하게 되었다. 그때는 집이 완성된 것이 아니고 미완성된 상태였다.

집일을 하는 조카인 창기는 집을 잘 짓지 못하면서 집을 짓겠다고 하여 조카니까 안심하고 맡겼더니, 집짓는 돈을 물 쓰듯이 쓰면서 제 동생 정기를 학원에 보낸다면서 불러 올려서 방치를 하였다. 그러나, 정기는 돈을 가지고 여자 친구를 만나러 다니고 학원에는 가지 아니하였다. 창기는 부리는 아주머니들에게 일당을 다른 사람보다 더 많이 주면서 아주 잘 사는 척 뽐내었다. 그도 그럴 것이 못살아서 남의 일용직으로 일하다가 내가 돈을 많이 주니까, 못된 짓을 하고 다녔던 것이다.

집을 얼마나 잘못 지었느냐 하면 벽돌로 싸서 집을 지어야 하는데 엉뚱한 데 돈을 쓰다 보니까, 돈이 부족하여 시멘트로 만든 블록을 싸서 지었는가 하면 방에 구들도 제대로 놓지 아니하였고 벽장의 문도 쓸 수 없는 이상한 판자를 가지고 달았다. 그러니, 방바닥 한 구석은 썩고 불이 들어가는 데만 괜찮았다. 어떻게나 괘씸하던지 그 집을 헐값에 팔고 창기와는 손을 떼었다.

집 판 돈으로 무리하게 양키 네 집을 샀다. 양갈보가 살았다 하여 양키네 집이라 하였다. 그 집은 방이 셋이고 부엌도 따로 있었다. 그곳은 잘사는 사람보다 서민들이 사는 마을이라 집을 소개하는 아주머니가 있었는데 이 분이 가끔 드나들다가 제법 친하게 되었는데, 나중에 알고 보니까, 바람을 피우면서 이런저런 일도 하는 그런 사람이었다. 그 마을에서도 정이 들지 아니한데다가, 빚에 견딜 수 없어 팔고 이문동 시장 앞에 빈 집이 있었는데, 복덕방 소개로 그 집으로 이사하게 되었다. 집이 넓고 마당도 있으며 텃밭도 제법 넓었다. 그런데, 어떤 사람이 나타나서 그 집 주인과 함께 은행에 담보를 잡히고 돈을 내어 좋은 집을 살 수 있으니, 그렇게 하면 좋겠다고 꼬시니 그 집 주인은 여자라 그 말에 솔깃하였다. 알고 보니, 집주인의 아들이 건국대학교에 다녔다. 그래서 하루는 그 어머니가 나에게 상의하러 왔다. 나는 집을 담보 잡힌다고 하는 남자는 부동산 사기꾼임을 알고 집 주인에게 만일 그 사기꾼의 말을 들으면 집만 날리고 주인아주머니는 빈털털이가 될 것이니, 절대로 그 사람의 말을 믿지 말고 손을 떼라고 하였다. 그 후에는 그 남자는 다시 나타나지 않았다.

그 집에서 일본 모로바시가 지은 한일대사전 13권을 월부로 샀다. 아내가 형편이 좀 나아졌다는 말을 들었는지 또 애먹이는 처형이 나타났다. 다짜고짜 돈을 빌려 달라고 다그쳤던 듯하였다. 아내는 남에게 돈을 빌리지 아니하고 빌려 주지도 않는 야문 성질이라 끝내 거절하였다. 그러니 화를 내면서 처형은 이틀 만에 가고 말았다. 우리 집에 오는 사람은 모두가 애먹이는 인물들뿐이었다. 한번은 학교에 있는데 고향에서 정필식님이 찾아 왔다. 옷차림도 남루하고 갓도 양태가 헐어서 버려야 할 것을 썼다. 오더니 대뜸 하는 말이 건국대학교 병원에는 환자의 몸속도 훤히 들여다 보는 기계가 있다고 하여 자기가 몸속이 어떠한가 진단을 받아 보고 싶다 하였다. 그 어른을 데리고 민중병원으로 가서 진찰을 하니, 병이 없으니 안심하라 하였다. 퇴근할 때 나는 그 어른을 데리고 집으로 왔다. 기침을 자주 한다 하여 용각산 한 병을 사 주었다. 하룻밤을 자고 돌아갔다.

얼마 있다가 작은 처남의 큰 아들의 결혼식이 서울에서 있었는데, 시골에서 처남 내외와 장인어른, 처삼촌 등 몇 분이 왔다. 아내는 그 많은 사람들의 대접을 하여야 하니 얼마나 신경을 쓰며 괴로워하였겠는가, 이분들은 결혼식이 끝나고 이튿날까지 쉬고 갔다. 방은 셋이나 그 많은 사람들이 자는데 방이 모자라서 일부는 마루에 요를 깔고 잤다. 잔치는 처가 것인데, 손님은 아내가 치렀으니 서울에 사는 죄가 그리도 큰 것이었나 싶었다.

처조카 결혼 전에 누나의 큰 딸 외숙이 결혼식이 있었는데, 부산과 시골에서 사람들이 많이 와서 축하하였다. 잔치를 치르고 나니, 그 손님들을 나에게 네 집으로 데려 가라 하므로 착한 바보가 택시 두 대로 손님들을 데려 와서 잔칫집처럼 모셨다. 누나도 자기 집에 오는 손님은 무조건 우리 집으로 보내는 아주 못된 버릇이 있었다. 동생을 자기 노예처럼 이래라 저래라 부리었다. 그뿐 아니다. 자기 큰집 질녀 결혼식 때 나에게 부조를 많이 하라고 강권하였다. 자기는 돈이 없으니 동생을 시켜 얼굴을 내고자 하는 속셈이었다. 그때 처음으로 시중에 유행했던 큰 타올을 사서 결혼 부조로 하였다. 아마 자기가 한 것처럼 했는지도 모른다. 아주 못된 짓만 찾아 가면서 하였다.

또 한번은 자기 의동생 어머니가 찾아 왔는데, 우리 집으로 보내려고 하는 것을 아내가 극구 거절한 적도 있었다. 한번은 작은 누나가 아파서 고생을 많이 하였는데, 시골에 있던 큰누나가 동생이 죽기 전에 한번 본다면서 고추, 마늘, 쌀, 떡 등을 많이 하여 가지고 작은 누나 집을 찾아서로 만나 반기다가 또 큰누나와 큰 자형을 우리 집으로 보내 왔다. 자기 집에서 머물게 되면 창경원 구경도 시켜야지, 때때로 대접하기가 어렵기 때문이었다. 자기네 손님은 누구를 막론하고 나에게로 보내는 그런 야마리 없는 누나였다. 하는 수 없이, 나는 큰 누나를 창경원 구경을 시키고 또 식당에서 점심을 대접하였다. 그리고 또 자고 가는 누나에게 여비까지 주었다. 큰누나도 정답지 못하여 자기 여동생에게 많은 선물을 가져 오면서 남동생에게는 맨손으로 왔던 것이다.

더 얄밉기는 작은 누나이다. 자형 전병찬은 어떤 위인이냐 하면 밖에서 기분 나쁜 일이 있으면 집에 와서 아이들에게 화풀이를 하는데, 하루는 철규가 학교에서 와 가지고 방에 들어서려 하는데, 얼마나 구타를 하였던지 신발도 신지 않고 도망을 가서 보름동안을 돌아오지 않았다. 그래도 그 내외는 걱정 하나 하지 않았다. 아이가 돌아왔을 때는 요즈음 돈 이십만 원을 벌어 왔으므로 기분이 좋았을 것이다. 또 딸 영숙이가 여고 때, 공연히 화가 난 병찬님은 팔꿈치로 가슴을 쳤는데, 한참 동안 숨을 못 쉬고 쓰러졌다. 화를 왜 자기 자녀들에게 푸는지 못난 자 중에서도 아주 못난 위인이었다. 밖에서 남에게는 꼼짝도 못했다. 배움이 부족하여 말도 제대로 잘 못하는 데다 별 재주도 없고 하니 잘 살 수가 없었다. 그 울분을 아내와 자식들에게 푸는 버릇의 소유자였다. 그런데도, 그 마을의 과부가 하는 술집을 자주 드나들다가 그 여자를 애인으로 삼아 '아주 연애하는 남자가 상대 여자에게 하듯이' 아주 상냥하게 대하여 누나 몰래 간단한 선물도 한 것으로 보였다. 내가 간혹 자형이라고 찾아 가면 그 여자 집으로 데려 갔다. 술값은 물론 내가 내었다. 아무리 뜯어보아도 그는 쓸모가 눈곱만큼도 없는 남자였다.

이문동 시장 앞의 전셋집에 살 때, 도로를 건너면 이문시장이었다. 재래시장으로 물건도 없는 것이 없을 정도 좋았다. 그 시장을 자주 다니다가 어떤 건어물 장사를 하는 분을 알게 되었다. 이분은 내가 교수인 줄 알고 아주 단정하게 굴었다. 때로는 파장 후에 대포도 사고 하여 거의 격이 없을 정도로 가까웠다. 때로는 내가 그를 집에 초청하여 같이 술잔을 나누기도 하였다. 나중에 알고 보니, 그가 자기 조카를 어디에다 취직을 부탁하려고 하였던 것 같았다. 그때는 교수 신출내기인 내가 아무 힘도 없어 남을 취직시킬 수 없을 때였다.

내가 이문동으로 이사하고 나서 친구 두 사람이 생겼다. 이문동에 사는 농과대학의 백수봉 교수와 중화동에 사는 농과대학의 최규홍 교수였다. 건국대학교 퇴근버스가 경동시장 입구에 서면 세 사람은 같이 내린다. 청량리 대왕코너까지 걸어가야 시내버스를 타는 까닭이다. 걸어가다가 한 분이 길가 대포집에 들러서 한 잔 사게 되면 나도 또 한잔 사야 되는 까닭에 외국어대학교 앞의 골목길에 있는 대포집으로 가게 되었다. 드럼통에 둘러앉아 막걸리를 마시는 것이었다. 거나하게 취하면 세 사람은 헤어지는데 최규홍 교수는 청량리까기 가서 거기서 중화동으로 가는 버스를 타고 귀가하였다. 심하게 술이 취하면 택시로 가는 일도 가끔 있었다.

경희대학교 국문학과 박노춘 교수는 그 술집 가까이에 살았는데, 거기가 단골이었다. 박교수의 말에 의하면, 하루는 술이 취하여 집으로 간다는 게 망우리 공동묘지로 가서 옷을 벗어 소나무 가지에 걸어 놓고 잤는데, 아침에 일찍 깨어 보니 옷이 없더라는 것이다. 큰일이 났다. 궁리 끝에 조깅하는 것으로 하여 팬티 바람으로 집에까지 뛰었다고 하였다. 한번은 시내에서 만나 이차로 전에 다니던 삼우정으로 가보니 없어져서 버스로 외대 앞 정류장에서 내리니, 어떤 허름한 옷을 입은 자가 선생님 이제 오십니까 하면서 박 교수님을 모셔 가려 하기에 내가, 여보시오, 내가 모시고 왔는데 당신네들은 관계없으니 그만 두시오 하고 박 교수를 모시고 늘 가던 그 대포집으로 갔다. 그들은 박 교수가 취해서 오면 선생님 제가 모시겠습니다 하고는 돈을 훔쳐 가기를 일삼던 소매치기였다. 이문동에 그런 소매치기가 많았다. 박 교수에게 술 대접을 잘 하고 교수님을 집 대문간까지 모셔다 드리고 집으로 왔다. 다음날 학교에 있으니까 박 교수님이 전화하여 어제 어떻게 되었는가 묻기에 사실대로 말하니 아침에 일어나 보니 이문 3동 파출소였는데 호주머니에 지갑이 없어졌다고 하였다. 순경에게 어찌 되어 여기에서 잤느냐 물으니 순경의 말이 선생이 길가에 누워 있기에 이곳으로 데려 왔다고 하더라는 것이었다. 아마 길가에서 잘 때 그 소매치기들이 지갑을 훔쳐간 듯하였다.

박 교수님은 일제 때부터 문단활동을 한 유명한 문인이며 지식이 풍부

한 학자였다. 서울고등학교에 조영식 경희대 총장과 같이 근무하다가 조 총장이 경희대 총장이 되어 박교수님을 교수로 초청하였다. 그러면서 술자리에서 학교의 좋지 못한 이야기는 전혀 하지 않기 때문에 끝까지 경희대 교수로 있게 하였는데 정년 후에도 대우교수로 있게 되었다. 조총장을 비평하거나 학교일에 대하여 말하던 교수들은 다 쫓겨 나갔으나, 박교수는 좋은 대접을 받았다.

이문시장 앞집에서도 기한이 되어 물색하던 끝에 이문동에 조그마한 한옥을 구하여 이사하였다. 시간 강사로 있을 때 좋은 업적이 있어야 전임교수가 될 수 있다는 생각에서 박치홍 교수와 상의하니, 먼저 음성학을 공부하고 다음으로 음운론을 완성하여 형태론으로 나아가는 단계로 연구하여야 한다고 가르쳐 주었다. 이 코스는 허웅 선생이 공부한 과정과 같았다. 그래서 일본학자 핫도리시로(服部四郎) 교수의 "음성학", 론던대학교의 다니엘존스의 "영어음성학"을 중심으로 나름대로의 체계를 세워 1976년에 교문사에서 "일반음성학"을 간행하였으나 내용도 그렇고 체계에도 미흡한 생각이 들어 고심하여 오다가 이사한 한옥에서 다시 연구를 거듭하여 완전히 새로운 체계로 음성학 원고를 쓰기 시작하여 전임강사가 된 이후 1983년에 정음사에 제출하였더니, 정음사에서는 책을 낼 때 아무렇게나 내는 것이 아니고 저자가 어떤 사람인가를 조사하여 보고 또 원고도 면밀히 검토하고 좋다고 생각되면 책을 내어 주는 그런 출판사였다. 아마 원고가 마음에 들었던지 "음성학"이란 이름으로 책을 내어 주었다. 그 책은 일반적인 평가가 꽤 좋았다. 우리나라에서는 처음 나온 음성학이었다.

이문동의 조그마한 한옥을 구하게 된 것도 이문동 시장의 상인에 의해서인데, 그 집 주인은 상인과 인척 관계에 있는 분이었다. 그 상인은 형제보다도 더 나에게 잘 하여 주었다. 나는 그에게 보답한 것이 아무것도 없는데 말이다. 거기에서 원고를 쓰면서 무더운 여름도 아랑곳하지 않고 무리를 하였더니, 하루는 배에 가스가 차고 몸이 이상하여 견딜 수가 없어서 종로5가 광장시장 입구에 있는 "세강한의원"에 가서 진맥을 하니 "더위를 먹었다"하면서 탕약을 지어 주어서 그 약을 달여 먹고 나서 병이 나았다. 내가 왜 "세강한의원"을 찾았는가 하면 부산에서 학교를 다닐 때에 못사는 누나 댁에 하숙을 하였는데, 잠자리며 식사 따위가 여의치 못하여 고생하게 되었는데, 하루는 갑자기 칼로 가슴 밑을 찌르는 듯하게 아파서 견딜 수가 없었다. 누나가 나를 "세강한의원"에 데려 갔는데 의사가 진맥을 하더니, 담낭염이라고 하면서 배에 침을 놓아 주었는데 배가 시원하게 낫는 듯하였다. 탕약을 다려 먹으니 차도가 대단하였다. 3일인가 4일을 다니니까 병이 완전히 나았다. 당시로는 수술 기술도 없고 양의들은 담낭염을 고칠 수가 없었다. 그 후 얼마 있다가 또 도져서 "세강한의원"으로 가서 완전히 고쳤다. 그 병원은 널리 소문이 나서 넝마주이들이 메가 다니는 그런 바구니에 돈이 가득 찰 정도로 환자가 많았다. 지금도 그 의원에 대해서는 잊을 수가 없다.

나는 1968년에 박사과정을 수료하였는데, 수료 후 10년 안에 학위논문을 제출하여야지 그렇지 않으면 무효가 된다 하여 걱정을 하고 있던 중

1970년 2월에 전임강사가 되었다. 그래서 M학교를 그만 두고 나니, 퇴직금이 나왔다. 이 돈에 조금 더 보태면 집을 살 수 있겠다 하고 있던 중 어떻게 알았는지 누나가 벼락같이 달려 와서 그 돈을 빌려 달라는 것이었다. 어리석고 바보 같은 나는 누나라고 거절 못하고 빌려 주기로 하였다. 그때 돈으로 50만원이었다. 그때 누나의 말이 '내가 계를 들고 있는데, 내년 봄에 타면 갚겠다 하였다. 그 말을 믿고 있었다. 나는 여섯 식구에 전임강사 봉급으로는 여전히 생활이 어려워 M학교 야간부 교사로 1년 반을 더 근무하였다.

M학교는 심태진 교장의 힘으로, 구의동을 개발할 때 서울시에 손을 써서 구의동 벌판에 2천 평 정도의 땅을 불하 받아 거기에 4층 규모의 학교를 지어 필동 동국대학교 구내에서 그곳으로 이사하게 되어 유사 이래로 M학교는 학교다운 면모를 갖추게 되었다. 그러자 재단이 동국대학이라 재단이사들은 대부분이 스님들인데, 그 중에서도 힘이 있는 스님 한 분이 심교장을 그만 두게 하고 자기가 교장으로 취임하여 자기 고장인 충청도 사람들을 데려다 교감, 교무주임은 물론 경리 담당 직원까지도 모두 자기와 관계있는 사람으로 교체하였다. M학교는 본래 불교를 믿던 설립자가 세운 학교였는데 이제는 불교재단에서 운영하게 되는 제대로 임자를 만난 셈이었다. 현재는 광진구에서는 명문이 되었다고 한다. M학교는 심태진 교장 덕으로 학교다운 학교로서 대접을 받게 되었다.

내가 M학교 야간부를 그만 두면서 돈이 조금 모여서 빌려준 돈과 합하면 빚을 내지 않고도 집을 살 수 있을 것 같아서 복덕방을 찾으니 마침 지금 살고 있는 집 앞에 집이 났는데 가서 보니 방이 4개요 뜰도 있고 조그마한 화단도 있는데 라일락 꽃나무가 제법 크고 석류나무도 있고 하여 마음에 들었다. 그리하여 180만원 달라 하는 것을 5만원을 깎고 175만원에 계약을 하였다. 누나에게 돈을 돌려 달라 하니, 잘 돌려주지를 않아 아내가 그 집 문이 닳도록 드나들었는데 자꾸 조르니까, 누나가 가로되, 다음 달에 계를 타는 사람이 있는데 그것을 빌려서 갚겠다고 하였다. 그 말을 믿고 있다가 그때가 되어 아내가 계주인 누나의 손윗동서 집에 가서 사연을 자세히 이야기하니까, 그 동서의 말이 '그녀가 하는 말은 거짓말입니다' 하면서 곗돈을 건네주면서 가져가라고 하여 그 돈을 가지고 왔다. 자형이 하는 말이 나는 너에게 더 빌리려 하였다면서 언짢아하였다. 일 년 동안 공짜로 쓴 것만 해도 오감해서 그 따위 말을 하는 것이었나? 아무리 생각하여도 사람다운 점을 찾아볼 수가 없었다.

집을 청소하고 이사를 하니 나는 생애 처음으로 자기집을 가지게 된 것이다. 뒷방 하나는 부엌도 따로 있고 하여 전세를 놓았다. 그때 공교롭게도 나는 학과장의 일을 맡았는데 데모가 아주 심하여 학교가 정상이 아니었다. 때마침 정부에서 중요한 인사에게는 전화를 가설하여 주었는데 직통이 아니고 몇 집에서 교환으로 쓰는 전화였다. 그래서 전화국에 전화하여 학교가 복잡하여 전화를 자주 써야 하므로 직통으로 하여 달라고 하였더니, 그 후로 직통이 되어 편리하게 쓸 수 있었다.

김 서방이 이문동에 좋은 집을 샀다 하니 동서 내외는 서울에만 오면 찾아 와서 자고 먹고 하였다. 동서는 애주가로 술 없이는 못 사는데다 나도 술을 좋아하여 오면 대접을 하니 격이 없이 동서는 자주 드나들었다. 동서는 술은 꼭 소주를 마시는데 또 담배가 골초라 온 집안이 담배 냄새로 견딜 수가 없었다. 동서는 진동초등학교 교장으로 있으면서 화단에 양귀비를 심어 가꾸었는데 이것이 경찰에 발각되어 물러나게 되었다. 생계를 위하여 궁리하던 끝에 고무줄 넘는 놀이를 고안하여 그것을 만들어 초등학교 체육시간에 이용하도록 하는 방법을 설명하면서 팔러 다니는데 잘 팔리지 않았다. 그 위에 자금도 모자라니 면목동에 지점장을 하다 정년퇴직을 한 자기 자형에게 돈을 빌리기 위하여 자주 왔다. 거기에서 돈을 빌리지 못하면 나의 아내에게 빌려 달라고 조르는 것이었다. 아내는 절대로 남의 돈 심부름을 하는 성격이 아니므로 그때마다 거절하였다. 처형은 손이 커서 빚을 내어다 살면서도 반찬은 부자 못지 않게 호화스럽게 해 먹었다. 쓰임새가 아주 헤펐다. 동서 내외뿐만 아니라 장인어른은 달마다 찾아오듯이 자주 왔는데 어떤 때는 자기 친구까지 데리고 왔다. 동서는 자기 아들이 강원도의 어느 초등학교 교사로 근무하였는데 하숙집의 딸과 혼인이 되어 결혼식에 갈 때도 나의 집에서 자고 가고 또 돌아올 때도 내 집에서 자고 가고 하였다.

이런 와중에서도 나는 박사학위 논문 준비를 하기 시작하였다. 제목은 「국어 조사의 통시적 연구」였다. 이 논문이 완성되려면 신라시대의 향가에서부터 시작하여 15세기로부터 1930년까지의 책들이 다 있어야 거기에서 일일이 통계를 내어 우리말 조사의 어원과 그 용법의 변천, 조사의 생성과 소멸 등의 내용을 자세히 알 수 있다. 내가 평소 없는 돈에 구해 놓은 책으로는 도저히 부족하여 통계를 내다가 책이 없어서 통계를 내지 못하게 되면 김형규 박사님 댁을 찾아가서 책을 빌려 달라 하면 흔쾌히 빌려 주셨다. 내가 석·박사 과정시에 김형규 박사님과 친밀하게 지냈다. 자주 삼우정으로 모시어 술대접을 하는 등 여러 가지로 가까이 모셨는데 그 덕분에 책을 염치없이 많이 빌려 와서 논문을 잘 쓰게 되었다. 각 세기마다 적어도 열 권의 옛날 서적을 구하여 통계를 내어야 되는 것이다. 각 세기의 초기, 중기, 말기의 조사에 변화가 있는 까닭이다. 신라시대 향가는 덮어두고라도 15세기부터 20세기 초까지 통계를 낸 책의 수는 약 70권에 이른다.

이렇게 몸소 통계를 내다보니까, 여태껏 아무도 밝히지 못한 중요한 사실을 밝히게 되었다. 첫째로 "이 주격조사의 어원 문제"이다. 김방한 교수가 알타이어 연구를 한다면서 "이 주격조사"는 삼인칭대명사에서 왔다고 주장하였다. 그러나, 향가에서 통계를 내다보니까 "이"는 삼인칭대명사와 비인칭대명사에 다 같이 있었다. 삼인칭대명사 "이"는 이두로 "伊"로 표기되었고 비인칭대명사는 "是"로 표기되었음을 알게 되었다. 오늘날 "이 주격조사"는 사람이 주어가 될 때에도 쓰이고 사물이 주어일 때도 쓰이는데 그 까닭은 바로 다음에서 알게 될 것이다. 옛날 우리 조상이 얼마나 과학적이면서 우리말에 철저하였던지 사람명사가 주어가 될 때는 "伊"를 쓰고 사물명사가 주어가 될 때는 "是"를 구별하여 사용하였는데 훈민정음이 창제되면서 이두를 쓰지 않게 되니까 "伊"와 "是"를 구별하지 아니하고 "이" 하나로써 사용하다 보니까 "이 주격조사"의 어원을 잘못 밝히어 삼인칭대명사에서 발달하여 왔다고 주장하였던 것이다. 논문 심사 때 나의 이론이 백번 옳다고 심사위원 모두가 인정하였다.

또 관형격조사 「의」의 어원문제이다. 이두에서는 주로 「矣」로 표기하였는데 이것은 삼인칭대명사 「이」의 소유형이었다. 즉 삼인칭대명사는 주격(이)에–소유격(의)의 체계로 되어 있었다. 이것이 후대로 오면서 그 기능을 잃음에 따라 오늘날 관형격조사로 굳어 버린 것이다. 이 사실도 우리나라에서 처음으로 내가 밝힌 것이다. 이 이외에 목적격조사는 이두에서 「肹」로 표기하였는데 본래는 어떤 대상을 나타내는 명사였던 것으로 보인다. 또 방편격조사 「으로」의 문제인데 이두에서는 「以」로 표기하였는데 이 자의 뜻이 여러 가지가 있으나 만약 「사용하다/~에 의하여」의 뜻을 나타내었다면 동사에서 온 것이요, 「함께」의 뜻을 나타내었다면 「부사」에서 왔다고 볼 수 있으므로 글쓴이의 생각은 「사용하다」의 뜻으로 쓰인 것으로 판단하여 동사에서 왔다고 결론을 내렸다. 위치부사격조사 「에/애」, 「이/의」의 「예」 등을 비롯하여 「싀」의 어원은 장소를 나타내었던 대명사 「그어긔」에서 왔다고 보아진다. 15세기에 비유를 나타내기 위하여 「이」조사를 사용하였는데 글쓴이가 최초로 이것은 「비유격조사」라고 밝혔다. 예를 하나 보자. 월인석보 서문에 「부톄 百億世界예 化身ᄒᆞ야 敎化ᄒᆞ샤미 ᄃᆞ리 즈믄 ᄀᆞᄅᆞ매 비취요미 ᄀᆞᆮᄒᆞ니라(월석서)」라는 글귀가 있는데 밑줄 친 「이」가 바로 비유를 나타내는 조사이다. 글쓴이가 밝히기 전에는 문맥적 뜻으로만 가볍게 보고 모두 비교격조사라고 하였다. 글 내용으로 보아도 비유임을 쉽게 알 수 있다.

또 가정보조조사 「잇ᄃᆞᆫ」이 있다. 이 조사도 문맥적 뜻으로만 풀이하여 모든 교수가 다 강세보조조사라 하였으나 글쓴이가 깊이 연구하여 보니 가정보조조사임을 밝혔다. 우리말 글로써는 확실히 알 수 없어서 능엄경 언해를 조사하여 보면 한문으로 된 문장을 번역한 우리말에 「ᄯᆞᆫ」이 많이 나오는데 그 한문 문장을 일인 학자 「우시지마 도구지(牛島德次)」 의 한문 문법책을 보면 다음과 같이 풀이하고 있다. 「起對曰… 若君不脩德 舟中之人 盡爲敵國也」에서 「吳起가 대답하여 가로되 만약 임금이 덕을 닥지 아니ᄒᆞ야ᄯᆞᆫ 배 안의 사람들은 모두 적국이 될 것입니다」라고 설명하고 가정을 나타내는 한자에는 「若/苟」가 있고 「如」는 비교를 나타낸다고 하였다. 고려가요 중 정석가 한 구절에 「구스리 바회에 디신ᄃᆞᆯ 긴힛ᄃᆞᆫ 그츠리잇가 즈문 ᄒᆡᄅᆞᆯ 외오곰 녀신ᄃᆞᆯ 信잇ᄃᆞᆫ 그츠리잇가」가 있다. 앞 구절을 현대어로 풀이해 보면 「구슬이 바위에 떨어진들 끈이라면 끊어지겠습니까? 안 끊어집니다」라고 풀이하는 것이 전후 문맥으로 볼 때 합당하지 않을까? 아마 이런 뜻일 것이다. 「당신과 내가 사랑하는 사이인데, 당신이 어려움에 처한다고 한들 내가 진실로 당신을 사랑한다면 우리 사이 애정이 변하겠습니까? 절대로 변하지 않을 것입니다」이와 같이 풀이하는 것이 얼마나 자연스럽고 합당한가?

또 고려가요에 「ᄒᆞ니 ᄯᆞ녀」라는 어미가 나오는데 이것의 풀이를 문맥에 따라 「하겠는가?」로 풀이하나 그것은 잘못이다. 이 어미도 위의 일인 학자의 한문 문법론에 의하면 억양형 어미이다. 이 어미가 「노걸대언해」에서는 연결형 어미로서 「ᄯᆞ나」로 나타나는데 오늘날 경상도에서는 다음과 같이 쓰이고 있다. 「반찬이 없으나따나 많이 드세요」 이 글에서 보면 「따나」는 억양형어미임이 분명하다. 무슨 학문이든 깊이 연구하여 진리를 밝혀야지 무턱대고 쉽게 문맥에 따라 풀이하면 엉터리만 양산하는 결과가 되고 마는 것이다. 학자의 태도는 가벼워서는 아니 된다. 내가 그 많은 책을 일일이 살펴보면서 통계를 내어 본 결과 「조사의 발달 가설」을 얻게 되었다. 즉 「격조사는 반드시 대명사나 명사가 허사화하여 되고 보조조사는 의존명사, 동사, 형용사 등이 허사화하여 된다」는 결론을 얻은 것이다.

이 이외에도 말할 것이 많이 있으나, 이만 줄이기로 하겠다. 논문이 통과되어 1978년 8월에 박사학위를 받게 되었다. 그런데 이상한 일은 집의 라일락꽃이 설흔 세 송이가 피었다. 아내는 물론 아이들까지도 매우 기뻐하였다. 마치 내 박사학위 취득을 축복하여 주는 듯하여 더욱 기뻤다.

VI

대학의 보직과 기타 일 등

그 후, 얼마 지나서 나는 대학원 교학과장이 되었다. 정운경 박사가 대학원장이 되면서 나에게 중책을 맡겼다. 그 까닭은 내가 13년 동안 입시 출제위원이 되었는데, 모든 학과의 출제문제에 탈자 오자가 한 번도 없이 교정을 잘 보았고 국어문제도 무난하다는 평을 받았으며 문제가 완성되면 그것을 시험장마다 응시생 수에 따라 봉인을 하여야 하는데, 그럴 경우도 몸을 아끼지 않고 열심히 작업을 하였으나 다른 출제교수들은 일을 피하고 하지 않았으므로 나를 달리 본 까닭이었다.

우리 대학교의 대학원은 내가 일을 맡기 10년 전에 생겼는데, 막상 과장이 되어 가 보니, 여자 조교가 있고 직원들도 업무에 성실하지 못하였다. 놀랄 일은 대학원을 수료한 학생들이 학위 예비시험을 보아야 하는데도 통지를 하지 않고 있었다. 왜 통지를 아니 하느냐 물으니까, 자기들이 다 알아서 시험 치르러 온다는 것이었다. 더구나 여자 조교가 여름 방학이면 부산에 있는 예비시험을 보아야 하는 대학 교수에게 ○월○일에 해수욕하러 갈 터이니 호텔을 잡아 달라고 하는 등 도에 벗어난 일이 너무도 많았다. 그래서 나는 잘못된 관행을 고쳐야 하겠다고 생각하였다. 소위 학문을 연구하는 대학원에서 있을 수 없는 일이었다.

더구나 10년이 된 대학원에 요람 하나 없는 실정이었다. 그래서 내가 취임하면서 당장 여조교제를 폐지하고 직원 수도 교무주임 한 사람 그 밑에 직원 두 명으로 정리하고 예비고시 예정자들에게 공문으로 통지하는 등 운영방식을 완전히 바꾸는 동시에 대학원요람을 만들기 시작하였다. 왜냐하면, 지방 대학원에서 요람을 요구하는 일이 많았던 까닭이었다. 일이 잘 진행되었는데 그 까닭은 홍종설 교무주임의 협조가 있었던 때문이었다. 백방으로 자료를 모아서 검토하고 원고를 만들어 2학기에 인쇄에 붙여서 요람이 간행되었는데, 보기에 좀 부족하여 재간행을 위한 준비를 하였다.

동시에 예비시험의 감독을 철저히 하도록 하였고 입학시험 감독도 철저히 하여 전에 느슨하였던 시험감독을 철저히 하여, 대리응시자도 잡아내는 등 부정행위를 철저히 감시하여, 몇 사람을 잡아서 시험 무효로 하기도 하였다. 이렇게 하니까 소문이 퍼져 대학원의 질서가 잡히기 시작하였다. 어떤 경우에는 교수들이 입학을 좀 보아 달라 시험을 보아 달라 하는 요청이 있기도 하였는데, 그때마다 질서를 잡아가는 중이니 협조하여 달라고 간곡히 설명하니 교수들도 나의 말에 협조하여 주었다.

그러던 중 해가 바뀌어 1983년에 대학원장이 바뀌어 이정근 교수가 되었다. 그분은 원래 나를 좋아하지 아니하였다. 영남파였기 때문이다. 그래서 사무실을 정리하고 이정근 원장에게 사의를 밝히었다. 처음에는 받아들일 것 같았는데 확실한 결정이 없어서, 어느 날 출근을 하니 홍주임이 보이지 않았다. 약 한 시간 정도 있으니까 나타나더니 원장실에 갔다 왔다고 하였다. 내가 원장실에 가서 교학주임은 원장님하고 마음이 맞는 분이 와야 일이 잘 될 터이니 저는 내일부터 나오지 않겠다고 말하였더니, 원장님 말이 "김교수 나는 지금까지 임기 중에 있는 부하 직원을 중간에 그만두게 한 적이 없으니, 그대로 근무하여 달라"고 하였다. 알고 보니 홍주임이 내가 와서 대학원의 질서를 잡아간다는 일을 일일이 설명하였던 것 같았다.

나는 다시 마음을 가다듬고 대학원 일에 정진할 뿐만 아니라 다시 요람작업에 착수하여 연구하고 규정 등 다양하게 마련하여 1984년 2학기에 버젓한 요람을 만드니 모두가 대학원장의 업적이 되었다.

그때는 대학원에도 학생회가 있었는데 서울교육대학의 강경호 교수가 입학하였다. 나와 같은 국어국문학과 교수였고 성실한 것 같아 학생회장을 시켰더니, 알고 보니 교활하기 그지없어 학생회의 많은 돈을 다 써 버린 것이었다. 내가 200만원을 물어내라고 호통을 쳤더니, 물어내었다. 그 다음부터는 그를 사람으로 보지 않았다. 그는 초등학교 교사로서 육영수 여사의 아들 박지만의 담임을 하였으므로 육 여사가 자그마한 집을 사

주어서 거기서 살고 있으면서 기고만장하였던 사람이었다.

1983년도 지나서 1984년 2월에 나는 대학원 교학과장을 그만두게 되었는데, 그해부터 충주분교가 인문과학대학, 자연과학대학, 사회과학대학으로 나뉘어졌는데, 인문과학대학장은 본교 출신으로 학문도 있고 행정에 밝은 사람을 내정하게 되었는데 이정근 원장이 나를 추천하게 되었다. 당시 총장은 권영찬 박사였는데 이정근 원장과 사이가 좋은 관계여서 내가 선정되었다.

VII

신변이야기

이제 말을 바꾸어 최초의 내 소유의 이문동 집에 대한 여러 가지 일들에 대하여 말하고자 한다. 앞에서도 말하였지마는 처형은 자주 드나들면서 매번 돈 빌려 달라고 졸랐다. 그러나 아내로서는 언니의 요구를 충족시키지 못하였다. 생활도 빠듯한데 빌려줄 돈이 없었고 이웃에서 우리 보고 돈을 빌려 줄 사람도 없었던 까닭이었다. 나중에는 처형이 아내에게 화를 내면서 호통을 치기도 하였다. 자매간에 있을 수 없는 일이었다. 자기가 궁한 것을 왜 아내에게 화풀이를 하였는지 지금에 생각하여도 이해가 되지 않았다. 만일 내가 여유가 있으면 그 딱한 사정을 보고 있을 리가 없지 않겠는가? 바보 같은 나는 그래도 자매간의 일이려니 생각하고 아무런 내색도 내지 아니하였다.

처형뿐만 아니다. 누나가 세검정에 살았는데 나에게 거짓말을 하기로 유명하였다. (내가 고향의 중학교에서 근무할 때 계를 들어라 하여 두 번인가 들어서 곗돈을 내었는데, 자기 것 모양으로 곗돈을 타서 쓰고는 다음에 갚겠다고 하였으나, 누나이니 하고 그 말을 믿었는데 끝내 갚지 아니하였다.) 서울에 와서도 걸핏하면 계를 들라 하여 들어 놓으면 자기 마음대로 나를 속여 계를 탈 달이 되면, 내가 석 달 뒤에 타는 계가 있는데 이번에 내가 좀 타 쓰자 하므로 아내가 계주에게 그 이야기를 하면 계주의 말이 "거짓말입니다" 그런 계가 없다 하고 곗돈을 아내에게 돌려주어서 받아 온 적이 한 두 번이 아니었다.

그런가 하면 걸핏하면 우리 집에 찾아와서 백만 원을 빌려 달라 하여 그래도 누나니까, 이웃집에서 돈을 빌려 와서 주면, 우리 돈을 일부러 이웃에 가서 빌려 오는 것처럼 쇼를 하는 것으로 생각하고 이자를 잘 내지 않아 아내가 이자를 갚는가 하면, 나중에는 빚을 갚지 않아 독촉에 독촉을 하여 겨우 반만 갚고 나머지는 갚지 않아 우리가 갚은 일도 있었다.

또 한 번은 오십 만원을 빌려 달라고 하여 빌려 주었더니, 후에 갚을 때는 사십 오만원만 갚는 등 말할 수가 없었다. 그래도 나는 서울에는 혈육이라곤 누나밖에 없다 하고 바보처럼 착하게 말 한 마디도 하지 않고 섬겼다. 그뿐 아니라 그 누나의 아들이 사업을 한답시고 떠들다가 빚을 져서, 나에게 와서 백만 원을 빌려 달라고 하다가 빌려 줄 능력이 안 된다고 하였더니 오십 만원만 빌려 달라 하여 이웃집의 치과의사 집에서 빌려와서 주었더니, 결국 삼십 만원만 갚고 이십 만원은 갚지 않았다.

누나는 위에서 이야기한 것만이 아니라 아쉬우면 와서 돈을 빌려 달라 하여 빌려 주면 끝이 좋지 않았다. 내가 너무 착하다고 하여야 옳을까 바보라고 하여야 옳을까. 화 한번 내지 않고 꼬박꼬박 말을 잘 들어 주었기 때문이었다.

한번은 큰집의 조카가 와서 놀다 가면서 "우리 아버지도 작은아버지 공부할 때 애를 좀 썼다 하데예" 하였다. 큰형은 큰아버지 앞으로 양자를 갔는데 잘 살지 못하여 나는 도와 달라는 말 한번 한 적도 없고 또 자기가 나에게 백 원짜리 귀 떨어진 것도 한 푼 준 적이 없는데, 자기 아들네들 앞에 거짓말을 하는 그런 형이었다. 얼마 후에 연락이 왔다. 자기 집에 기와를 올리니 돈을 보내라는 것이었다. 그래도 말 한 마디 아니하고 그때 돈 십 만원을 보냈다. 요즈음 돈으로 말하면 백만 원이 되었을 것이다. 그런데, 형수는 재취로 왔는데 누나는 고향에 가면 그 형수에게 내 흉을 보는 것이었다. 그러면 그 형수는 아내보다 한 살이 위인데 다 같은 나이에 재취로 온 것을 시샘하여 누나와 손발이 맞아 우리를 항상 나쁘게 말하며 지내었다. 나는 복이 없어 좋은 일을 하고서도 언제나 좋지 못한 말만 듣고 살았다.

과수가 된 제수가 있었는데, 두 아들 중 큰아들은 남의 집에 취직을 하여 있었고 작은아들이 중학교에 다니고 있었다. 이 둘째를 자꾸 우리에게 데리고 있으라 하면서 우리 집으로 보내었다. 얼마 동안은 데리고 있다가 "왜 제 자식은 제가 데리고 있어야지 우리 집으로 보내느냐?"고 따지면서 돌려보낸 적도 있었다. 제수의 큰아들은 몇 년 후에 독립하여 표구업을 하고 있었는데, 제수가 같이 살았다. 아마 외간 남자를 만나고 품행이 이상하였던지 아들이 어머니에게 말은 못하고 밤마다 소주를 몇 병식 마시다가 몸이 좋지 못하게 되었다. 나의 작은형의 환갑잔치에 왔다가 큰 형님 집에서 피를 토하고 쓰러졌는데, 형수가 나에게 대구 큰 병원으로 데려 가야 하지 않겠느냐 하기에 쌀무리를 갈아서 먹이고 조용히 누워 있게 하라고 하였더니, 생색내기를 좋아하는 재취한 형수라 그날로 택시를 내어 대구 영남대학교 병원으로 입원을 시켰는데, 내가 가서 보니 호흡을 돕게 한다는 처치를 하였는데 보기에 신통하지 않더니, 며칠 후에 죽고 말았다.

또 작은 형님의 차남이 이문동 집으로 다니러 왔다. 술을 대접하였더니, 이놈이 술은 마시지 않고 술에다가 물을 부어서 흉악한 짓을 하였다. 그래도 나는 나무라지 아니하였다. 심구력을 부리는 그 심보는 무엇이었을까? 제 집은 못사는데 작은아버지는 잘 살면서 도와주지 않는다는 뜻에서였다. 사람은 제 노력에 따라 복지복대로 사는 법인데 제 아버지는 노름을 하여 재산을 탕진하고 고생을 하는데 넉넉하지도 않게 사는 내가 미웠던 것이었다. 한번은 영남대학병원에서 죽은 조카가 생전에 친구 몇 사람과 다니러 왔다. 그때 나는 근무 중이라 대학에 있었는데 아내의 말에 따르면 애들은 술을 먹고 취하여 대문을 나서면서 봉기는 고생하는데 자기들은 잘 살면서 도와주지 않는다고 고함을 지르더라고 하였다. 나에게 오는 사람치고 나를 욕하지 아니한 사람은 장인어른밖에 없었다.

또 먼 일가 중에 김임수라는 동생이 있었는데 생전 처음 서울에 와서 전화를 하면서 이상한 말을 하기 때문에 아내가 사기꾼이 아닌가 하고 의심할 정도였는데 나중 내가 전화를 받아 보니 임수임을 알고 만나니, 거창에 돌산이 있는데 이것을 개발해야 하겠는데 돕는 길이 없겠는가 하기에 나로서는 불가능하다고 답하여 끊고 말았다. 한번은 자기 처가에 가자 하여 같이 가 보았더니 살기가 괜찮은 것 같았고 술대접을 받고 온 일이 있었다.

또 골칫거리가 있는데 고종 누나 아들이 부산에서 와서 우리 집에 전화를 걸어 왔는데, 아내가 누구냐고 물으니 "히로시인데요"하더라는 것이었다. 아내는 "히로시"가 누군지도 모른다. 이 아이는 일본에서 났기 때문에 일본명 이름을 썼는데, 광복 후 수십 년이 지났는데도 그 이름을 썼으니, 집사람이 모를 수밖에 없었다. 언젠가, 시일은 확실히 알 수 없으나 장인어른이 와서 자기 누나가 면목동에 살고 있는데 보고 싶다면서 전화하라고 하여, 연락하였더니 찾아왔다. 아내에게는 움고모였다. 장인어른의 친누나는 돌아가고 그 후처로 시집 온 분이었다. 하루를 쉬고 아들이 와서 모셔 갔다고 한다. 그 손님을 대접한다고 아내가 얼마나 고생하였는지 모를 일이었다. 또 처사촌 "주은"이 부산 동회장을 그만 둔 후 처음으로 찾아왔는데, 왜 왔는지 아무 말도 하지 아니하고 있다가 갔다. 아마 취직 문제를 의논하려고 온듯한데 차마 말을 못하였던 것 같았다.

나에게 8촌 누님이 있었는데 어떻게 알았는지 느닷없이 찾아 와서 자기 아들이 해외에 돈벌이 하러 갔는데, 보증을 서 달라는 것이었다. 그 누나는 내가 처음 만나는 분으로 그 신분을 확실히 알 수 없을 뿐만 아니라, 거주지도 잘 모르는데 어떻게 보증을 설 수 있겠는가? 며칠 동안 드나들며 별수단을 다 쓰면서 조르는데, 나는 기어코 보증을 서주지 않았다. 어쩌면 골칫거리 사람들만 찾아와서 자기 말을 들어 주지 않으면 돌아가서 별말을 다 하면서 나를 헐뜯는 일이 한 두 가지가 아니었다.

내가 대학원 교학과장으로 있었으므로 한 번은 청주의 모 대학교의 나이 많은 여교수가 대동야승 13권을 사 왔다. 예비시험을 잘 보아 달라는 뜻에서였을 것이다. 그러나, 그분의 뜻대로 잘 되지 아니하였을 것으로 생각된다. 한국외국어대학교에 다니는 처조카가 가끔 집에 오는데 인물도 좋고 인간성도 좋아서 아내가 아주 귀여워하였다. 이름이 "영웅"인데 그가 오면 부리나케 이문시장에 가서 채소반찬이라도 맛있게 하여 주면 밥을 두 그릇 정도는 맛있게 먹고 놀다 가기도 하였다. 또 아내와 별 가깝지도 않은 처족의 주기동이가 서울상대를 다녔는데, 하루는 이상하게도 찾아 오더니, 우리 집에 좀 있어야 되겠다고 하면서 한 달 동안을 기숙하였다. 집이 어려워 하숙할 돈이 오지 않았던 것 같았다.

우리 집에는 별별 어려운 사람이 다 찾아 왔다. 기동이 아버지도 서울에 왔다가 여관에 갈 형편이 안 되니까 우리 집에 와서 자고 가기도 하였다. 큰 처남이 목에 암이 생겨 서울 병원에 친찰 하러 왔었다. 그때 내가 위가 좋지 않아 한의사에게 침 치료를 받고 있었는데 그 병원장이 말하기를 암도 침으로 고칠 수 있다고 자신 있게 말하기에 데리고 가서 침을 맞췄는데 그 뒤 집으로 가서 병이 깊어지니 서울 김서방이 안내한 한의사의 침 때문에 병이 더 심해진 것 같다고 하더라는 것이다. 사실 침으로 암을 고쳤다는 보고는 지금까지 듣지 못하였다. 그런데 그때 침구원의 원장은 왜 근거 없는 말을 하여 나로 하여금 친절을 베푼 일이 허망한 일이 되게 하였는지 지금 생각하여도 원망스럽다. 사람은 누구를 막론하고 확실한 것이 아니면 함부로 이야기하여서는 아니 된다는 사실을 다시 한 번 확인하는 기회가 되었다. 즉 좋은 교훈이 되었다.

큰딸 설정이가 대학을 다닐 때, 여고 시절 친구였던 예○○가 자기 집안 오빠를 소개하여 주겠다 하더니, 실제로 소개하였는데 고려대학교 의과대학에 다니는 학생이었다. 인물도 잘 생겼고 착실한 것 같아서 둘이 서로 도를 넘지 않는 범위에서 사귀어 보라 하였다. 그랬더니, 이 학생이 매일같이 찾아와서 공부하였다. 이 학생의 집은 휘경동의 한옥으로 집도 좋았다. 그런데도 별로 좋지 않은 우리 집에 매일 오는 까닭은 칙사 대접을 하기 때문이었다. 자기 집에는 어머니와 어린 남동생이 있었는데, 어머니가 잘 챙겨 주지 않으므로, 우리 집이 마음에 흡족하였던 까닭이다.

식사 때마다 반찬도 좋아서 밥맛이 좋았으며 공부할 때는 아이들이 범접도 못하게 하지, 여름이면 마루에 책상을 갖다 놓고 선풍기를 돌려주지, 때때로 간식도 주지 하니까 그 학생으로서는 더 없는 별유천지였던 것처럼 느껴졌을 것이다. 가난한 대학교수가 의과대학생을 사위로 맞이한다는 것이 너무 흐뭇하였기 때문에 아내도 그 학생을 아주 따뜻하게 대하였던 것이다.

설정이가 대학 1학년 때부터 사귀게 되었는데 한 2년 정도 되니까 실증이 났던지, 병원에 근무하는 아가씨를 알게 되어, 설정이를 싫어하는 기색이 있어서, 사돈될 어른과 그 학생을 집으로 불러, 어떻게 할 것인가 따지니 사돈될 어른이 점잖은 분이어서 무사히 해결이 되었다. 사돈될 어른은 예쁘고 젊은 여성과 새 보금자리를 마련하여 따로 살고 있었는데 아들이 둘, 딸 하나가 있었다. 아마 따로 산지가 오래 된 것 같았다. 돈이 많아서 남 부럽지 않게 살았다.

설정이가 대학을 졸업하고 결혼하게 되었으니, 재명군이 우리 집을 4년 동안 드나들게 되었다. 결혼할 때 나는 돈이 없어 예단도 신통하지 못하였지마는, 당시는 사윗감은 "사"자 붙은 사람이 일등 사윗감이라고 되어 먹지 못한, 조금 잘 사는 여자들이 떠들고 다녔기 때문에 한 가지 사회의 통념처럼 되어 있었다. 우리 사회의 문제는 모두가 강남의 잘 사는 못된 여성들의 입에서 비롯되었다. "사"자는 "의사, 판사"를 뜻하는 것으로, 일제때 "운전사, 초등학교 교사"가 일등 사윗감이라고 여겼던 일과 일맥상통하는 데가 있다. 현대 여성들이 사회의 폐단을 만드는 것은 모두 전후사상의 연장선상에서 비롯된 것인데, 간단히 소개하면 이러하다.

즉 어디에 여행을 하면 꼭 친구를 찾아가서 술을 얻어 마신다든지 아니면 친구 집을 찾아가서 숙식을 한다든지 아니면 여비를 얻어 낸다든지 하여 제가 잘난 것처럼 남에게 자랑하며 으스대는 웃지 못할 풍습이었는데 그래야 자기가 아는 사람도 많고 빽도 많다는 것을 남에게 자랑하여 자기 자위를 높이고자 하는 데 못된 심리적 결과의 풍조였다. 따라서 예군의 어머니는 "사"자가 붙은 사위를 보는데 집 한 채는 사 주어야 되지 않겠느냐 하며 설정이를 못살게 굴었던 것이다. 본래 술을 마실 줄 몰랐는데,

예군이 연애하는 동안 데리고 다니면서 술을 가르쳐서 술을 제법 마셨던 듯한데, 시집가서 임신을 하였는데도 시어머니의 구박에 화가 나서 술을 마시게 되니, 머리 좋은 손자를 기대할 수 있었겠는가? 우리나라 시어머니들은 제 자신도 칭찬 받을 만한 인물도 아닌데, 며느리만 맞이하게 되면 시어머니의 권위를 세우기 위하여 구박하게 되는데, 이와 같은 일은 구식의 소치요 교양의 부재를 뜻하는 것이다. 교양 있는 시어머니들은 며느리를 맞이하면 딸과 같이 사랑하고 귀여워하는 것이 정도라고 생각한다. 옛날은 12~13살 정도의 어린 며느리를 맞이하는 것이 풍습으로 되어 있어서 시집 온 며느리를 "며늘아기"라고 하였는데, 오늘날은 대학을 졸업한 성인인 숙녀를 며느리로 맞이하게 되므로, "며늘아기"란 말을 하여서는 아니 된다.

설정이가 결혼 할 때 고향의 작은 형님 내외와 자형이 축하차 왔는데 작은 형님은 돼지 한 마리를 잡아 왔다. 식이 끝난 다음날에 일행을 모시고 용인 민속촌을 구경시키고 갈 때는 여비를 드려서 잘 보내 드렸다. 돼지 값도 드렸다.

설정이는 시어머니의 구박 속에 시집살이를 하였는데, 시간이 흘러 아들을 생산하였다. 사돈이 기뻐하면서 작명가에게 가서 "성용"이란 이름을 지어 왔다. 아주 좋은 이름이라 하였다. 그런데 성용이는 어릴 때부터 외가를 좋아하였다. 돌이 지나고 어느 날 성용이가 놀라서 고려대 의대로 데려가서 치료를 하고 집으로 오는데 계속 울어대는 바람에 예서방과 예실이가 외가로 가 보자 하여 데리고 오는데 이문동 골목에 들어서는 순간부터 울음을 그치고 싱글벙글 웃어대는 바람에 기분이 좋은 내외는 보잘 것 없는 우리집에 와서 그날 밤을 자고 다음날 자기 집으로 돌아갔다. 성용이는 점점 자라면서 그리도 외가를 좋아하였는데 나이 35~6세가 된 지금에도 좋아한다. 그러면서 외가의 고향이 의령군 부림면 신반인데 저는 후에 장가가서 살면 성을 "신반 예가"로 할 것이라며 좋아하였다.

성용이가 돌을 지나고 나서 예서방이 군에 가게 되었는데 논산에 가서 훈련을 마치니 군의관으로 임관되어 근무지가 경상북도 봉화군 법전의 보건소로 배정이 되었다. 그곳에서 2년 동안 근무하였는데, 가끔 다니러 오는데, 갈 때 김치를 담가 주면 우리나라에서 처음 나온 승용차 엑셀의 짐칸이 무거워 차가 뒤로 기울 정도로 실어 주면 가져가서 맛이 있다고 보건소 의사들끼리 잔치를 하였다고 한다. 나도 궁금하여 아내와 그 먼 곳을 찾아가 보았더니, 참으로 산골이었다. 거기 예실이의 안내로 영주 부석사도 가 보았고 백암온천도 가서 목욕도 하였다. 딸 덕에 좋은 구경을 많이 하였다. 예서방은 그곳이 마음에 듬뿍 들었는데, 기간이 되어 온양의 시골에 있는 보건소로 옮기게 되었다. 추운 겨울날 저녁에 이상한 사람이 보건소 사택에 와서 어른거리는 게 도적인 것 같아서 고함을 지르면서 쫓았는데 그로부터 무서워서 있을 수 없어 포항 성심병원으로 옮겼다. 나도 아내와 같이 온양 그 병원에 가 보았는데 집 뒤에는 산이고 소나무가 우거져 있고 너무 한적하였다. 포항으로 가서는 그 곳이 좋아서 오래 근무하였다가, 일정 기간이 지나서는 홀로 독립하여 산부인과 병원을 개업하여 인기가 좋았다. 오늘날은 종합병원에 취직하여 근무하고 있다.

예실이는 아들 성용과 딸 서연을 두었는데 모두 잘 자라 성용이는 체육대학을 나와서 큰 사업을 하고 있고 딸 서연이는 부산 외국어대학교를 나와 미국에 사는 장서방과 결혼하여 미국에서 행복하게 살고 있다. 시아버지는 의사로서 우리 예서방과 잘 아는 사이라 사돈이 된 것이다.

예실이가 결혼하고 나서 얼마 후에 둘째 딸 명화가 결혼을 하여야 하는데 나의 제자 박혜숙 교수의 신랑과 친구인 회계사 파평 윤씨 윤구병을 소개하기에 바로 이어 충무로에 있는 세종호텔에서 선을 보게 되었다.

그때 수원대학의 유선무 교수가 박사과정에 다니면서 나하고 가까이 지냈는데 우연히 같이 가게 되었다. 세종호텔 커피숍에서 윤군을 만났는데 내가 보기에는 너무 무엇 한 것 같아서 의아하게 생각하였다. 그리고 그날 오후에 윤군이 명화와 서로 만나게 되었다. 선을 보고 나서 우리는 대폿집으로 가서 술을 마시는데 유선무 교수가 사위감으로서는 일등이니 꼭 사위를 삼으라고 권유하였다. 본래 파평 윤씨는 몸이 작고 머리가 뛰어난데 오늘 선 본 그 사람은 참으로 훌륭하며 마누라한테 변함없이 잘할 것이니 꼭 혼인을 결정하라고 간곡하게 말하였다. 다시 술자리를 옮겨 종로3가에 있는 미정이관 일식집으로 옮겨서 술을 마시는데 재차 그 사람을 꼭 사위 삼으라고 진정으로 말하였다. 그때 나는 어느 정도 마음을 굳혔는데, 뒤에 알고 보니 유선무 교수는 관상을 아주 잘 본다고 하였다.

선을 본 날이 토요일인데 그날 밤에 늦게 명화가 돌아오더니, 윤구병 군과 만난 기분이 썩 좋은 것 같지 않았다. 어떻게 약속하였느냐 물으니 내일 12시에 남산에서 만나기로 하였다는 것이었다. 다음날 아침 일어나 보니, 윤군하고 만나러 갈 생각도 없이 늦잠을 자고 있기에 호통을 치며 일으켜 빨리 윤구병군을 만나러 가라고 내쫓았다. 그날 밤 늦게 윤군을 데리고 집으로 오더니 제 방에 가서 남동생들과 같이 놀면서 노래도 부르고 제법 야단이었다.

이튿날 명화에게 물으니 남산에서 만나 서로 대화를 하여 보니 유머러스하면서 말재주가 대단하여 사람을 끄는 능력이 있어서 기분이 좋았다고 하였다. 윤군은 회계사로서 전국에서 손꼽히는 재원으로서 중진급이라고 하였다. 얼마 동안 사귀다가 장위동 슬라브집으로 이사하여 정리가 다 된 때에 지체 없이 서둘러 결혼을 시켰다.

그때 나는 돈이 없어 식장은 홍릉의 세종대왕 기념사업회에서 운영하는 곳에서 거행하였다. 기념사업회 회장인 박종국 박사가 당시에 우리 대학에서 석사과정을 밟고 있었던 덕으로 싸게 이용할 수 있었다. 윤실이는 단란한 가정을 이루어 아들 일승이와 경탁을 두었는데 일승이는 포항공과대학에서 이학박사 학위를 받고 삼성의 전자회사에 입사하면서 바로 과장이 되어 근무하고 있고 경탁은 인하대학 전자과를 졸업하고 바로 SK에 합격하여 능력 있는 사원으로 사랑을 받고 근무하던 중 자기 상관의 처제를 소개 받아 국민은행 과장으로 근무하던 중 결혼하여 딸 하랑을 낳아 아주 행복하게 살고 있다.

두 딸을 결혼시키고 나니, 설정이가 이문동 집으로 찾아와서 아버지 이 집으로서는 교수 체면이 서지 않으니 좀 큰 집으로 옮기라고 권하였다. 제가 돈이라도 좀 대어 줄 것같이 말하였다. 생각 끝에 정들었던 이문동 집을 팔기로 하였다. 이문동 우리 집 앞에는 치과의사인 이 선생이 살았는데 그 아주머니와 아내와는 아주 가까이 지냈으며 그 집 아들이 둘인데, 이름이 철환, 창환이었다. 예 서방이 장가들기 전에 오면 용기, 종헌이와 같이 길에서 공차기도 하며 지냈고 철환 창환이는 예 서방을 보고 재명형 재명형 하며 아주 다정하게 지냈으며 용기, 종헌이 하고도 각별히 친형제처럼 지냈다. 한번은 그 이 선생이 나를 집으로 청하여 술대접을 잘 하여 주어서 아주 고마웠는데, 그 후로는 더욱 다정하게 지냈다. 애를 먹이던 누나가 와서 돈을 빌려 달라 하면 창환의 어머니에게 빌려 와서 주었다. 그런 돈을 때로는 갚지 않아 아내가 살림을 아껴 가면서 갚기도 하였다. 애 먹이는 누나는 그 집에서 돈을 빌려 오면 우리 돈을 가지고 일부러 앞집에서 빌려 오는 척하면서 쇼하는 줄 알았다. 못살면 마음이라도 고와야 할 텐데, 하는 짓거리마다 얄미웠다.

이문동 집을 팔아 보았자 좋은 집을 살 수가 없었다. 동래중학교 동창인 박현태 의원에게 부탁하여 조흥은행에서 일부 대출을 받아 장위동에 일층 슬라브집을 샀다. 꽃밭도 있고, 방이 셋에다가 화장실, 부엌 등 두루 갖추어 내가 살기에는 아주 좋은 집이었다. 그 집은 은행장을 하던 사람이 살던 집으로서 가난한 대학교수에 비하면 아주 잘 살았던 것으로 보였다. 이사한 후로는 은행 빚을 갚느라고 아내는 여전히 고생이 많았다.

당시 박현태 의원은 공화당의 중진이었는데 나는 평생을 두고 잊을 수 없는 중학교 동기생이었다. 앞에서 내가 대학원 교학부장이었던 때의 이야기를 하였는데 내 업적을 고맙게 생각했던 대학원장 이정근 박사가 권영찬 총장과 가까웠던 사이라 때마침 충주 분교의 대학이 인문과학대학, 자연과학대학, 사회과학대학의 셋으로 분립되었는데 인문과학 대학장은 본교 출신으로 보한다는 내규가 되어 있었는데 이정근 원장이 나를 초대 인문과학 대학장으로 추천하였던 것이다.

그때의 충주 사택은 조그마한 아파트였는데 식사는 밖에서 하고 잠만 잤는데, 금요일 오후에 서울로 와서 토 · 일요일은 지내고 월요일 새벽 첫 차로 가서 근무하게 되었다. 세 대학을 총괄 지휘하는 학장은 사회과학 대학장이 하였다. 사회과학대학에서 분리 독립되었기 때문이었다. 그때가 1984년이었는데 학교가 완전한 체계가 서 있지 않아서 교수들의 수업도 부실한 것 같고 행정도 미흡한 데가 있어서 교수들에게 수업을 철저히 하여 달라고 부탁하고 행정에 대해서는 내 나름대로는 잘 처리한다고 하였는데 교수들로부터는 중 · 고등학교도 아닌데 수업철저니, 뭐니 하면서 감독을 하느냐고 말씽도 많이 들었다. 생각해 보면 공부가 좀 떨어져서 충주 분교까지 왔는데 강의마저 부실하다면 그 학생들의 장래는 어찌 되겠는가 걱정이 되어서 한 일이었던 것이다. 그런데다 매주 목요일은 자연학습이라 하여 강의도 없이 야외에서 모임을 갖고 지내는 제도였으니, 수업이 얼마나 부실하였는지 짐작할 것이다. 교수는 학자로서의 자세를 가져야 한다. 개중에는 연구도 열심히 하지 아니하고, 논문 발표도 별로 하지 않는 교수는 있지 아니하였는지 궁금하였다. 학생들을 하늘같이 여기면서 최선을 다하는 것이 교수의 임무임에랴!

어느 토요일, 장위동 슬라브집에서 있을 때 일이다. 밤에 10시나 되었던가 한데, 누가 벨을 눌러서 아내가 나가 대문을 열고 보니 육군 중령 두 분이 찾아 온 것이 아닌가? 잠자리에 누워서 잠이 들었던 나는 급히 일어나서 방을 치우고 옷을 입고 맞으니, 용기 대대장하고 또 한 분의 중령이었다. 아내를 시켜 중국집에 전화하여 음식과 술을 가져 와서 대접을 하여 찾아온 연유를 물으니, 용기 대대장 친구가 예편을 하게 되어 있는데 충주 분교의 ROTC의 교관으로 취직시켜 달라고 하였다. 그래서, 나는 애써 보겠다고 하였다. 그 후에 충주 ROTC 관계에 대하여 알아 보니 마침 자리가 있어서 그 중령을 ROTC 교관으로 취임시켰다.

용기는 산정호수 입구에 있는 부대에서 근무하면서, 휴가를 나오면 집에 있는 양주며 설탕 등을 가져가서 대대장에게 주고 하니, 대대장의 사랑을 많이 받았다. 더구나, 대대장이 부탁하는 친구를 충주 ROTC의 교관으로 취직시켰으니 더 사랑을 받았다. 때로는 중앙고교 선배가 직업군인으로 있었는데 용기가 취사 담당으로 물품을 구입하는 일을 맡고 있었으므로, 가끔 돈을 빌려 달라하여 빌려 주면 갚지 않아 집에서 돈을 가지고 가서 채워 넣고 하였다.

나에게는 자형이 두 분이 있었는데, 큰 자형은 고향에 살았고 작은 자형은 세검정에 살았는데 나에게 애를 먹이던 누나의 신랑이다. 시골의 큰 자형은 서울에 오면 이문동에서부터 가끔 우리 집에 들러서 쉬고 가기도 하였는데, 장위동으로 이사한 뒤에도 가끔 오면, 소고기 안주에다 하루 세끼 아침, 점심, 저녁에 걸쳐 술을 대접하고 식사도 좋은 찬으로 대접하니, 한번 오면 하루나 이틀을 쉬고 갔다. 갈 때는 새 와이셔츠에 양복도 깨끗한 것으로 갈아 입혀서 보내 드렸다. 그러니, 볼일이 있어서 서울에 오면 자기 누님 집이 있어도 가지 않고 꼭 우리 집으로 와서 쉬었다.

앞에서도 이야기하였지마는 명화가 결혼할 때도 나는 생활이 넉넉하지 못하여 해 준 것이 별로 없어서 지금도 가슴이 아프다. 자랄 때에는 애를 전혀 먹이지 않고 자기 일은 알아서 착착 하는 현명한 아이였다. 축산대학을 졸업하고 2~3년 가정부인으로 생활하더니 공부를 더 하여야 한다면서 석사과정, 박사과정을 밟더니, 나중에 농학박사가 되어 강의를 하게 되었다. 평이 아주 좋았던 것 같았다.

장위동 집에는 황대석 교수도 와서 놀다 갔고 청주대학교의 김 교수도 가끔 놀러 와서 학문에 대한 이야기도 나누고 하였다. 그런데 장위동 집은 담이 낮아서 간혹 도적이 드는 일이 있어서, 다시 집을 옮겨야 하겠다는 생각이 들었다. 그 마을은 비교적 제법 사는 사람들이 사는 곳이어서 도적이 자주 들었다. 더구나, 내가 충주에 4일 동안 머무니 아내는 허전할 터인데 도적이 가끔 들면 얼마나 감수하겠나, 걱정이 되지 않을 수 없었다. 그래서, 결국 집을 팔기로 하고 물색하고 있던 중 복덕방에서 소개한 집이 같은 장위동의 김상준씨 집이었다.

이층으로 설계도 잘 되어 보기에도 의젓해 보였다. 좁은 뜰이지만 감나무, 대추나무가 있고 또 꽃도 심을 수 있는 화단도 있었다. 그런데 집값이 너무 비싸서 슬라브집을 팔아서는 도저히 살수 없는 가격이었다. 다행히 김상준씨도 그 집을 짓고 나서 오래 동안 팔리지 않아 고심하도 있던 터이라 집을 서로 교환하고 모자라는 금액은 내가 은행에서 대출을 받아 갚기로 하자고 하니 서로 의견 일치를 보아 계약이 이루어졌다. 문제는 은행 대출 건이었다. 생각하다 못하여 또 박현태 의원을 찾아갔다. 박의원은 흔쾌히 대출을 하게 소개하여 주어서 상업은행(지금의 우리 은행) 장위동지점에서 대출을 받아 김상준씨에게 돈을 지불하고 집을 서로 바꾸게 되었다.

그 집은 나의 생애에 있어서 아주 흡족한 집이었다. 이층으로 되어 있는데 일층에는 방이 둘이고 부엌과 욕실이 있고 부엌에는 세탁을 할 수 있는 공간도 있었다. 이층에는 방이 셋이고 마루도 넓으며 화장실 겸 욕실이 있어 내가 살기에는 아주 넉넉하였다.

1984년 3월부터 1985년 2월까지 충주 인문과학대학 학장으로 있었는데 서울의 문과대학 학장 자리가 비어 있어서 서울로 오게 되었다. 와 보니, 학교 분위기가 아주 좋지 않은데다, 학생 데모가 많았던 때라 학장 노릇하기가 아주 어려웠다. 생각하다 못하여 취임 직후부터 제일 말썽이 많은 철학과부터 매일 교수 2명 내지 3명씩을 데리고 학교 단골인 일식집으로 가서 대화하면서 술을 샀다. 철학과가 끝나면 독문학과, 다음에는 영문학과 등으로 바꾸어 가면서 술을 샀다. 그렇게 하니 나의 월급은 하나도 없어졌다. 그리하여 상조회에서 돈을 빌려 생활하기도 하였다. 그와 같이 여러 차례 하고 나니 학교 분위기가 좋아졌다. 그 결과 총장으로부터 능력을 인정받게 되었다.

나의 삶 가운데서 이때가 전성기였던 것으로 생각되었다. 1985년 6월부터 서울특별시 교육회 대의원이 되고 1986년 4월부터 정년 때까지 한글학회 이사 및 재단이사가 되었다. 학회 이사회가 있을 때마다 허웅 박사를 모시고 "카누"라는 술집에 가서 술을 마시고 노래도 부르고 하였다. 허웅 박사가 돌아가실 때까지 그렇게 하며 지냈다. 또 가끔 지방에서 온 이사가 있으면 역시 "카누"에 가서 술을 대접하였다. 특히 대구 계명대학교의 서재국 교수가 오면 같이 가서 마시는데, 서교수는 술이 거나하면 노래를 부르는 성격이었다. 또 박지홍 교수가 이사로서 회의에 오시면 내가 대접을 하였다. 언제나 나는 대접하는 사람이 되었다.

언젠가 기억은 없는데 포항에서 중학교를 다니던 성용이가 서울로 학교를 옮겨서 우리 집에 있게 되었다. 포항에서 얼마나 고급으로 길렀던지 식당에 가서 사 먹는 것을 좋아하고 거기에다 맛있는 음식을 좋아하니 힘이 들었다. 돈이야 물론 제 에미가 보내 주지마는 그 심부름하기가 여간한 일이 아니었다. 결국 1년 정도 있다가 에미가 와서 포항으로 데리고 갔다.

1987년 3월부터 일 년 동안 나는 총무처장이 되어, 학교 살림을 살았는데 이 또한 보통일이 아니었다. 직원의 배치 문제, 공사가 있을 때는 업자들이 부실공사는 하지 아니하는지, 자재는 속이지 않는지 학교 전체를 군데군데 살피고 다녀야 하며, 공사 현장에 가서 살피지 않으면 아니 되니, 하루라도 편한 날이 없었다. 더구나, 공사 입찰이 있을 때는 어느 회사가 믿음직한지 살펴야 하고 또 재단과 총장과도 상의를 하여야 하며, 연말에 총장 명의로 선물을 마련하여야 할 때, 예산이 없으면 어떻게 해서라도 마련하여야 임무를 다하는 셈이니 법에 어긋나지 않도록 면밀히 살펴서 처리하여야 하지 않으면 아니 되었다.

처장 시절에 대학원 박사과정을 밟는 중고교 선생들도 많았다. 학위를 받고 교수가 된분은 이석구, 정동환, 최윤현, 최남희, 최두식, 김선호, 구현정님 들이며 본교 출신으로서는 조오현, 이근영, 허원욱, 허재영, 고창운, 여자로서 김○○, 박혜숙 등이며 교수로서 학위를 받은 분은 신현숙, 리의도님 등이다.

이분들 중 본교 출신으로 지금도 나를 욕하고 다니는 사람이 3~4명이 있다. 이들은 내가 교수까지 시켜 주었는데도 은혜를 원수로 갚고 있다. 또 이들은 모두 연구도 하지 않고 논문이나 저서가 전혀 없는 박사들이다.

지금도 나와 관계를 유지하고 있는 분도 있다. 이근영, 리의도, 정동환, 구현정, 고창운 교수 등이다. 이근영 교수는 대진대학교 총장을 역임하였으며 리의도, 정동환, 구현정 교수는 명절이면 꼭 선물을 보내 오고 인사도 잊지 않는 진실한 교수들이다. 리의도, 정동환 구현정 교수는 학계의 인정을 받아 한글학회 이사로 일하였는가 하면 지금도 이사로서 학회를 위하여 일하고 있다.

위에 열거한 교수들 중 기독교 장로인 최두식 교수가 세상을 떴났다. 고혈압이었던 것 같았다. 최두식 교수는 부산 동아대학교 고전문학 교수로 근무하다가 정년퇴직한 후 만주 자치하얼 대학 교수로 재직하면서 나와 아내를 초청하여 주어 삼박사일 동안 묵으면서 특강도 하고 그 대학교의 김선희 교수로부터 융숭한 대접도 받았다. 김선희 교수는 한글학회의 흑룡강성지회를 만든 분으로서 지금도 한글날이면 기념식에 꼭 참석하는 성의가 대단한 교수이다.(이에 관하여는 내가 한글학회회장 시절의 이야기에서 더 자세히 말하겠다) 나는 국어국문학과 교수로서 제자들에게 학위도 많이 주었고 교수도 많이 시켰다. 굳이 본교 출신 제자들만이 나를 욕하고 다니는 불출이 있다.

내가 총무처장 당시에 종헌이가 대학교 2학년 재학 중에 자원하여 군에 입대하였는데 영등포에 있는 한강 도하부대로 전속되어 군에서 생활하였다. 고참이 어떻게 기압을 넣는지 견디기 힘들었다 한다. 면회를 가서 종헌이가 좋아하는 닭고기와 기타 먹을거리를 사 가서 고참과 나누어 먹으며 시간을 보내기도 하였다. 도하부대는 무거운 쇠뭉치를 어깨에 메고 나르기 때문에 어깨에 무리가 심하여 고통을 받는 일이 많았는데, 한번은 휴가를 나오면서 키가 큰 호남 출신 군인을 데리고 왔다. 그는 어깨가 아파서 고생을 많이 하였다고 하는데 서울에서는 갈 곳이 없어 우리 집에서 자고 그 다음날 자기 고향으로 떠났다. 종헌이는 2년 복무를 끝내고 제대하여 다시 복학하였다.

앞에서도 잠깐 언급하였는데 내가 충주 인문과학대학장 1년 근무 중 갑자기 권영찬 총장이 나를 불러 올렸다. 그때 문과대학은 교수들 분위기가 좋지 않아서 학교 당국이 상당히 고심한 것 같았다. 나는 문과대학 학장 임명장을 받고 그날부터 교수 등을 화합시키기 시작하였다. 맨 먼저 말썽 많은 철학과 교수들부터 퇴근 후에 "이목"이라는 일식당이 있었는데 그리로 불러 모아 같이 술잔을 나누면서 우리 다 같이 힘을 합하여 혼란한 나라 형편에 노력하자 하면서 시간을 보냈다. 우리는 교수들인데 누가 잘나고 못난 사람이 있느냐 하면서 화합하자고 호소하였다. 그때는 1985년이었는데 대학생 등 데모가 어떻게나 심하였는지 교수들이 단합이 안 되면 그 데모를 진정시킬 수가 없었다. 특히 문과대학은 철학과 학생이 주동이 되어 날마다 데모가 끊어지지 않았다. 학장의 판공비라야 요즈음 돈 백만원 미만이니, 월급으로는 부족하여 학교 상조회에서 돈을 빌려서 충당하였다. 학장이라고 생활이 나아지기는커녕 오히려 생활에 시달리게 되었다.

그런 중에 어느 날 학교로 전화가 왔다. 집에 불이 났다는 것이다. 아내가 장위시장에서 난로를 하나 사다가 부엌밖에 놓고 국도 끓이고, 물도 끓이고 하더니, 이게 불량품이었던 것이다. 폭발하였다는 것이었다. 부리나케 집에 와보니 일층, 이층이 모두 타서 말이 아니었다. 특히 이층 마루에 모아 두었던 책은 다 타 버렸다. 소형 트럭으로 한차가 가득 되는 분량이었다. 불을 끄느라고 다 파괴되었고 이층으로 올라가는 계단도 다 타 버렸으니 수리하려면 엄청난 비용이 들어야 하였다. 그래도 하는 수 없이 수리를 시작하니, 한 달 정도가 걸렸다. 비용은 빚이었다. 거기에다 아내는 놀라서 병원 신세를 져야 하였다. 다행이 이층 서재와 아이들이 거처하는 방은 문이 닫혀 있었으므로 무사하였다. 동문 교수들이 성의를 베풀어 주어서 크게 도움이 되었다. 집 내부를 완전히 새로 건축하는 꼴이 되었으니, 밤낮을 가리지 않고 야단법석이었다. 아까운 것은 불타버린 많은 서적이었다. 시간만 있으면 서점이나 헌책방을 다니면서 구입한 소중한 책들이니, 참으로 마음 아팠다. 타버린 책들은 다시 구입하지 못하였다.

나와 아내는 조상에 대한 숭배심이 대단하였다. 왜냐하면 6대조, 5대조, 고조부 할아버지, 아버지, 어머니 산소에 석물이 없기 때문이었다. 선고께서 증조부모, 할머니 산소에는 상석을 해 놓으셨다. 6대조, 5대조, 4대조 할아버지, 할머니 산소와 종증조부모의 산소는 합천군 대양면 도리에 있어서 자주 가서 살필 기회가 아주 적었다. 그래서 나와 아내는 윗대 어른들의 산소에 더 신경이 쓰이었다. 제일 먼저 할아버지 산소에 상석과 망주석을 놓았고 다음으로 아버지 산소에는 상석과 망주석 및 비석을 준비하였다. 그런데 상석과 망주석은 마을 뒤에 있는 물방아등에 모신 산소에 설치하였으나 비석은 지정면 양동에 계셨던 자형이 유허비로 하자 하여 옥동 마을 입구에 「서정 처사 김해 김공 인주 유허비」를 새겨서 마을 잔치를 겸해서 설치하였다. 비석의 글은 나의 은사이셨던 "건재 정인승 박사"께서 짓고 직접 쓰셨다. 그래서 유허비는 더 소중하고 후세에 이름이 남을 것이라 생각하였다.

어머니 산소에는 상석만 놓았다. 왜냐하면 자리가 임좌이기 때문이었다. 잇달아 합천 산소에 상석을 놓기로 하였다. 6대조 산소에는 두 분이 같은 곳에 계셔서 상석 하나만 놓으면 되었고 5대조 할아버지와 할머니 산소는 따로 떨어져 있어서 각각 상석을 놓아야 했고 4대조 산소는 두 분이 같이 계셔서 상석 하나만 놓으면 되었다. 그런데 종증조부모 산소는 떨어져 있어서 각각 상석을 놓아야 했다.

합천의 산역은 무실에 계셨던 작은 처남이 일꾼 4~5명을 데리고 와서 진두지휘하여 수고를 하였다. 점심이며 새참은 대량면 소재지에 있는 식당에서 배달해 주어서 잘 대접하였다. 산소 옆에 소나무가 몇 그루 있었는데 처남이 다 베어 버리라 하여 아주 깨끗하게 정비되었다. 그래 놓으니, 산소가 어떻게 환하고 좋던지 그 고마움은 필설로도 다할 수 없을 정도였다.

이 일을 하기 전에 산소 앞에 밭이 있었는데, 이것을 어떻게 해서라도 사들여야 하겠다고 마음먹고 있었는데, 다행히 그 주인이 아들 사업 자금이 필요하다 하면서 팔겠다고 하기에 반갑게 사기로 하여 흥정을 하여 총 372평에 8,345,000원을 지불하고 매입하였다. 너무나 비싼 것이었으나, 조상을 위해서는 하는 수가 없었다. 그뿐 아니라 5대조 할아버지의 산소는 합천군 대양면 관동에 있는데, 산소 위에 조그마한 밭이 있어 관동에 사는 어떤 할머니가 거기에 호박을 심었는데 비만 오면 그 밭의 흙이 할아버지 산소로 내려와서 지장을 주므로 내가 할머니 집을 찾아가서 요구하는 대로 돈을 드릴 터이니 그 밭에 호박을 심지 말라고 하였더니 돈 10만원을 요구하므로 드렸더니 그 다음부터는 호박을 심지 않아 비가 와도 흙이 산소로 흘러 내려오지 않았다.

6대조를 비롯한 여러 할아버지 산소에도 상석을 놓았는데 5대조 할아버지 산소 앞이 낭떠러지라 축대를 쌓았는데 그것이 잘못되어, 처조카 영필이가 다시 쌓았는데 거기에도 수월찮이 돈이 들어갔다. 이와 같이 나는 아버지, 어머니, 할아버지 및 윗대 할아버지, 할머니 산소를 위하여 토지 매입 등 많은 일을 하였다. 이제는 조상의 산소도 의젓하여 후손으로서 해야 할 일을 다 하였다. 그러나 독골 산소에는 잡초와 딸기나무가 많이 나서 이것을 처치하느라고 나와 아내는 땀을 흘리면서 캐내고는 하였는데 이것이 한두 번에 되는 일이 아니라서 서울에 살면서도 기회 있을 때마다 합천에 가서 산소에 나는 잡초와 잡목들을 캐내었으나 여전히 없어지지 않아 한번은 산소를 돌보아 주는 조성균님에게 돈을 주어 인부를 데려서라도 산소에 나는 잡초를 제거하여 달라 하였더니, 인부들이 쉽게 일을 하느라고 제초제를 많이 뿌려 잔디까지 마구 죽어 버린 것을 나는 알았다.

형님도 돌아가시고 지능이 모자라는 조카가 하나 있었는데, 장가를 가야 하는데 어떻게 되었나 싶어 신반으로 전화하니까 아가씨가 하나 와 있다 하여 그 다음날 신반으로 갔다. 가서 보니 아가씨는 안동 권씨로 괜찮아 보이는데 형수는 못마땅한 것처럼 대하는 태도였다.

더 있을 수 없어 합천 윗대 산소를 가 보아야겠다고 생각하여 아내와 같이 가보니까, 하얀 꽃을 피운 잡초가 우거져 있었다. 직접 산소에 가 보니 나의 키보다 크게 자란 잡초로 발 디딜 틈이 없었다. 곧 나와 아내는 잡초를 뽑기 시작하였다. 8월이라 날씨는 더운데, 땅은 단단하여 잡초를 뽑기가 여간 힘드는 일이 아니었다. 땀이 비오듯 흐르는데도 계속 뽑다가 오늘 하루에 다 뽑기는 어렵다고 판단하여 오후 늦게 신반으로 돌아갔다. 종손인 조카나 형수는 조상에 대한 관심은 전혀 없다. 다음날 아침 일찍 일어나서 식사도 하지 않고 아내와 같이 합천 산소로 달려갔다. 간밤에 다행히 비가 와서 땅이 물러 잡초가 잘 뽑히었다. 조성균님도 미안한지 와서 같이 좀 뽑기는 하였으나 끝까지 하지는 않았다. 오후 1~2시 되니까, 잡초를 다 뽑았는데, 나와 아내의 옷은 흙범벅이 되어 도저히 그 옷을 입고 서울로 갈 수가 없었다. 아내는 치마 자락을 물에 씻어 입었으나 나는 그럴 수가 없어 곤란해 하니까 조성균님이 바지를 하나 주어서 입고 서울로 떠나오다가 시장하여 합천읍에서 점심을 먹고 서울로 왔다. 뽑은 잡초는 씨가 산소에 떨어지지 않도록 조성균님에게 모두 밭언덕 아래로 갖다 버려 달라고 부탁하였으나 잡초라는 것은 한번만 뽑아서는 아니 된다. 그 후에도 몇 차례 다니면서 잡초를 뽑고 뽑아서 산소가 깨끗하게 되었다.

어느 해이던가 기억은 확실하지 않으나 음력 설인데 제자들이 대거 몰려와서 일층 이층으로 손님 대접한다고 정신이 없는데, 처사촌 처남의 댁이 왔으나 제대로 대접도 못하였는데 조금 있다가 갔다. 대접을 잘 못하여 지금도 마음이 아프다. 그때는 내가 총무처장 재직 때였다. 총무처는 학교 살림을 총괄하는 부서이다. 따라서 처장은 능력이 있어야 한다. 자칫하면 직원들에게 이용당하거나 바보 취급을 당하게 된다. 사실 시설과에서 하고자 하는 사업이 반드시 필요한 것인가? 기안을 해 오는 서류에 위장이나 서류상 잘못은 없는가? 구입한 자료에 속임수는 없는가? 업자와의 사이에 이상한 관계는 없는가? 등등 뿐만 아니라, 연초에 시행하는 인사 이동에 있어서 적격자를 알맞은 자리에 배정하여야 하였으며 평소 양심적으로 일하며 성실한가 등도 살펴야 한다. 처장은 정실에 좌우되어서는 아니 된다. 어떤 시설과장은 재직시 축재하여 주유소를 가지고 있다느니, 결혼예식장을 지어서 호화생활을 누린다는 등 별별 이야기가 다 있었으나 사실인가는 알 수 없었다. 공사를 하여도 부실공사를 하는 일도 있으니, 작년에 고친 화장실을 올해 또 고쳐야 하는 일이 있음도 발견하였다.

대학의 발전은 총장과 교무처장 각 대학장들이 양심적이며 학교를 위하는 마음이 철저하여야 한다. 만일 교수 초빙에 있어서 학과장이나 학장 또는 처장, 총장이 금전 거래로써 하면 그 대학은 망하고 만다. 4차산업 시대라고 떠드는 이 시대에 교수는 정말 인재를 뽑아야지 돈 받고 상거래하듯 임용하면 그 대학뿐만 아니라 나라의 장래가 걱정이 아닐 수 없다.

총무처장은 직원 임용에 있어서 철저하게 양심적이어야 한다. 정실관계나 돈을 받고 직원을 채용한다면 땅에다 혀를 박고 죽어야 한다. 나는 어떤 공사를 할 때 자재를 시설과에서 구입하면 수량이 맞는가 정품인지 아닌지를 확인하였으며, 업자와의 관계에도 엄격하였더니 직원들 입에서 나를 좋지 않게 말한다는 소문이 들려 왔다. 욕을 먹어도 학교를 위해서는 엄격하여야 했다.

1987~1988년 당시에 큰아들 용기가 대학을 졸업하게 되어, 조흥은행(지금의 신한은행)에 취직을 시켰다. 그러니, 여기저기에서 청혼이 들어오는데, 한번은 장위동의 어떤 미용실에 근무하는 처녀가 그 여동생이 있어 연예계 활동을 하며 동시에 미인이니 며느리로 맞이하면 어떻겠느냐 하여 용기를 시켜 만나보라 하였더니 마음에 드는 듯, 밤에 집으로 데려 왔는데 내 눈에는 좋지 않게 보여 그만두게 하였다.

후에 들으니, 그 아가씨가 품행이 좋지 않다는 소문이었다. 또 한 번은 새마을금고의 사장이라면서 이북 출신인데 따님이 있다고 누가 소개하여 만났는데 소문이 좋지 않아 용기가 그 아버지를 만나 정중하게 거절한 일도 있었다.

장위동에 목욕탕이 두 군데가 있었는데 골목에 한 군데가 있고 시장가 3층 건물에 한 군데가 있었다. 아내는 손님 없는 집을 도와 주어야 한다면서 골목에 있는 목욕탕을 다녔는데, 그 탕의 여주인이 자기 시동생 기석이와 용기가 친구인데, 아내가 용기 어미인 것을 알고 있었던 듯하여 하루는 아내가 목욕을 하고 나오면서 왜 오늘은 손님이 적으냐 하니까, 그 주인이 아내를 보고 용기 어머니는 언제 보아도 점잖고 인상이 좋다면서 혼담을 끄어내면서, 아주머니가 하도 좋아서 자기 여동생을 중매하려고 물어 보니 애인이 있다고 하므로 그러면 네가 아는 좋은 아가씨가 있으면 소개하라하면서, 총각 어머니가 너무 좋아서 그런 집에 시집가면 참 좋겠더라 하였더니, 그 여동생이 소개한 처녀가 바로 오늘날 나의 며느리가 된 미효당이었다.

혼담은 급진전 하여 처녀 아버지가 대구에서 만나자고 하여 나와 아내가 가서 내가 다방에서 만나기로 한 바, 처녀 아버지와 오빠 두 분이 왔다. 내가 명함을 드리고 인사 후에 이런저런 이야기가 있었다. 잠깐 동안 만나보고 헤어졌는데, 혼인이 허락되어 서울에서 결혼식을 올리게 되었다. 예식장은 잠실의 교통회관에서 허웅 교수님이 주례를 섰다. 손님이 참으로 많이 모였는데, 이남도 산림부청장도 참석하였다. 아들이 미국에서 공부하고 학위를 받고 왔는데 건국대학교 공과대학 교수를 시켜 달라고 하던 중이라 인사차 온 것 같았다. 교무처장에게 부탁하니 연세대 출신이 너무 많아 어렵다면서 끝내 나의 청을 거절하여 건국대학교에 오지 못하고 인천대학교에 취직이 되었다. 미안하기 그지없었다.

용기가 혼인하기 전에 나는 사돈을 만나서 예단은 그만두고 아이의 집이 급하니 예단비용을 현금으로 주면 아이에게 집을 사 주겠다 하였더니 사돈도 너무 좋아하였다. 미효당은 시집 와서 장위동 집에서 몇 달 있었는데 아내가 시장에 갈 때는 며느리를 데리고 가면서 손을 꼭 잡고 늘 다녔는데 며느리가 얼마나 기분이 좋았던지 지금도 아내와 같이 길을 가면 며느리가 시어머니의 손을 반드시 잡고 다닌다. 참으로 보기가 좋다. 아들 집을 사 주기 위하여 아내가 서예학원에 다니면서 계를 들어 돈을 조금 모으고, 사돈의 예단 값을 합하여 하계동에 20여 평짜리 아파트를 사 주었다. 용기는 새로운 살림에 재미를 붙여 은행에도 잘 다니면서 열심히 생활하여 기분이 좋았다.

내가 공과대학에서 교양국어를 강의할 때 우리말이 알타이어에 속한다는 설을 제일 먼저 한 학자가 핀란드의 헬싱키 대학의 람스테트라고 하면서 그가 도쿄에 와서 우리말을 연구하게 된 까닭을 다음과 같이 말한 적이 있었다. 즉 일차대전에서 승전국이 된 일본과 국교를 맺어야 되겠다고 생각한 핀란드 정부에서 대사로 인명할 인물을 물색하다 보니 일본말을 할 수 있는 인물은 한 사람도 없어서 망설이다가 일본은 알타이어가 쓰이고 있는 지역이니까 헬싱키 대학에 조사를 의뢰한 결과 알타이어과 교수 람스테트를 추천하였다. 그래서 그가 주일핀란드 대사로 임명되어 일본

도쿄에 부임하였다.

람스테트가 도쿄에 와서 몇 년이 지난 어느 날 퇴근길에 두 사람이 상투를 잡고 싸우면서 하는 말을 듣고 동행하던 일본 사람에게 저 말을 쓰는 사람은 어느 나라 사람이냐고 물은즉, 일인의 대답이 조선 사람이라고 하였다. "그래 코리언!" 하고는 왜 일본에 와서 사는가 물으니, 일인 대답이 그 나라는 잘 살지를 못하여 일본에 와서 산다고 하였다. 그러자, 람스테트는 "코리언, 코리언"하면서 "코리언"을 연구하여야 되겠다고 결심하고 한국어를 가르쳐 줄 사람을 물색하던 중 당시에 도쿄 중앙대학교 경제학과에 다니고 있던 류진걸(柳珍杰)씨를 소개받았다. 당시는 우리나라에는 표준말도 없었고 맞춤법도 없었다. 그러므로 류진걸씨는 자기 고향의 안동 사투리를 람스테트에게 잔뜩 가르쳤다. 즉 경상북도 사투리를 배운 람스테트는 깊이 연구하여 우리말이 알타이어라고 밝혔던 것이다.

이런 이야기를 교양 국어 시간에 여러 번 말하였더니, 내 강의를 들은 학생 가운데 류진걸씨 집안 출신이 있었던 것 같았다. 그 학생이 고향에 가서 나에 관한 이야기를 하였는데, 마침 류진걸씨의 자제 중 미국에 가서 교수로 있던 분이 안동 MBC방송국에 말하여 취재하도록 권유하였다. 하루는 휴일이 되어 집에 있는데 대문 앞에 MBC차가 들어닥친 것이었다. 놀라서 나가 보니 취재하러 왔다고 하였다. 그래서 이층 서재로 안내하여 람스테트의 저서 "한국어 문법" 등 몇 권을 보여 주고 취재에 응하였다. 이번에 취재한 내용은 모레 서울 MBC에서 방송할 것이라 하였다. 내 나름대로는 중국음식을 시켜 잘 대접하고 전송하였다. 그러니 소문이 온 마을(장위동)에 퍼져 내가 보통 교수는 아니구나 하는 평이 돌았다. 그 후 미국에서 교수로 있던 류진걸씨의 자제가 와서 나에게 점심을 사고 고마워하였다.

Ⅷ

종헌의 결혼과 모스크바 국립 대학교에 유학

둘째 아들 종헌이가 대학을 졸업하고 대학원 석사과정을 마쳤다. 그리고 조교생활을 하던 중, 중매가 들어왔다. 나의 제자 조미숙이 한글학회에서 사전편찬 사업에 종사하고 있었는데 연말에 그의 신랑 와이셔츠를 하나 사다 주었더니, 설에 세배를 왔다. 좋은 아가씨가 있으면 중매를 하라 하였더니, 자기 사촌 여동생이 있는데 인물은 자기보다 조금 못하나, 숙대 미술과를 나오고 재주가 있다 하며 소개하였다. 나는 그 집안이 머리가 좋다 하여 마음이 소곳해졌다. 그 후 며칠 있다가 내가 퇴근하려하는데 종헌이가 영문과의 윤 조교와 같이 내 앞에 나타나더니, 윤 조교가 느닷없이 종헌이와 결혼 하겠다 하였다. 그 아버지는 공과대학 교수였는데 평소 어쩐지 나는 그가 마음에 들지 않은 데다가 윤 조교가 그러니, 내 마음이 별로 내키지 않았다. 나는 이미 미숙이 사촌과 종헌이와의 궁합을 동대문에 있었던 김용희 교수가 소개한 사주관상가에게 본 결과 좋다고 하기에 믿음이 굳혀졌던 데도 이유의 일단이 있었다. 지금 생각하니 나의 잘못을 백번 후회하고 있어 마음이 아프다.

종헌이는 목사 딸 현아와 자주 만나고 있었는데, 목사니까 사람이 된 줄 알고 혼인 날짜를 잡았는데, 예단이 왔는데, 종헌이 양복이 형편없었다. 그 옷을 지은 양복점을 동대문 지하상가로 찾아 가서 옷을 다시 잘 지어 달라고 하였는데도 여전히 옷이 형편없었다. 그때 파혼을 하여야 하는 건데 서운함을 무릅쓰고 혼인을 추진한 내가 너무나 원망스러웠다. 결혼을 하고 현아가 시집을 왔는데, 빨랫감만 트럭에 가득 싣고 왔다. 생각하니, 목사라고 하지만 딸을 시집보내는 모습을 보고 무식하고 형편없는 집안인 줄 알았다. 나중에 알고 보니 목사는 젊어서 직장도 없이 방황하다가 6·25때 홀로 월남한 아가씨와 결혼을 하였는데, 그 여자가 기독교 신자라 여자의 권유에 의하여 교회에 나나가다가 겨우겨우 목사가 된 족보도 없는 서민 중의 서민이었다.

종헌이가 며느리 현아와 결혼하기 전에 우리 집 뒤에 장석교회에 다니는 김동현 장로가 살았는데, 그분의 형은 염광여자중·고등학교를 운영하고 있는 비교적 부유한 집안이었다. 김 장로 집에 둘째 딸이 있었는데 혼기가 되어 결혼 문제를 생각하고 있었던 것 같았다. 그때 내 집 앞에 살고 있던 김계장님이 중매를 서서 그 따님과 종헌이가 몇 번이나 만났는데 머리가 별로 좋지 않은 것 같다고 종헌이가 말을 하였다. 한번은 우리 가족 모임에 그 처녀를 초청하여 식사를 같이 하기도 하였는데, 결국 혼인이 성사되지 못하고 말았다. 그래서 종헌이는 사귀고 있던 목사 딸 현아와 결혼하게 되었다. 결혼 후 종헌이는 모스크바 국립대학교의 대학원에서 박사과정을 공부하고 있었다. 그 경위를 말하면 다음과 같다. 내가 인문과학대학장으로 있던 시기에 러시아 대사관의 참사관을 알게 되었다. 그는 일식집을 좋아하여 가끔 내가 생선회와 술을 대접하면서 아들를 모스크바 국립대학에 유학을 시켜 달라고 부탁한 일이 있었다. 그가 한번은 모스크바 대학의 학장과 연락을 해 보겠다고 하기에 종헌이로 하여금 종로에 있는 러시아어 학원에 다니게 하여 알파벳 및 초보적인 러시아어를 공부시키고 있었다. 1985년경 참사관으로부터 모스크바대학과 합의가 되었으니, 유학을 시키라며 입학허가서를 보내 왔다. 그래서 현아와 갓 태어난 상록이를 두고 혼자 모스크바로 가게 되었다. 내가 왜 종헌이를 모스크바대학에 유학시키려 했느냐 하면 입학금도 싸고 하숙비도 싼 까닭이었다. 경제력이 없는 나로서는 잘 선택하였다고 생각되었다. 종헌이는 모스크바대학에 가서 1년 동안 러시아어를 배워서 시험에 만점을 받아야 입학이 허가 되었으므로 밤낮을 가리지 않고 열심히 한 결과 어학시험에 만점을 받고 그 다음해에 모스크바대학의 역사학과에 입학하였다. 러시아에서는 정치학과가 없는 까닭에 지도교수가 역사학과에 입학을 시켰던 것이다. 그래서 나는 역사과에서 세계 정치사를 연구하면 되지 않겠느냐 하면서 기뻐하였다.

1년을 혼자 지낸 며느리가 안쓰러워 그 다음해에 종헌이와 타협하여 가족을 데려가서 공부하라 하였더니, 좋아하며 현아와 상록을 데리고 모스크바로 갔다. 일 년이 지나 상록의 돌이 돌아왔다. 나와 아내는 최초로 모스크바로 가면서 먹을거리를 준비하여 갔다. 모스크바에서 종헌이는 연수차 온 우리 정부 고위공무원과 잘 사귀어서 아는 이가 많았다. 그 들 중의 한 분이 이문동에 집이 있었는데, 뭔가 가져다 달라는 요구가 있어서 그것도 같이 가지고 갔다. 상록이는 애비를 닮아 애를 먹이지 않고 순하게 잘 자랐다. 돌잔치는 서울에서 사 간 과일이며 서울에서 준비하여 간 음식으로 거룩하였다. 종헌이가 사귄 고위 공무원들도 청하여 아주 재미있게 잘 먹고 놀았다.

모스크바대학은 정문을 들어서면 10여 명의 세계적인 교수의 동상이 세워져 있고 거기에 그 교수의 업적이 기록되어 있어서 보는 이로 하여금 과연 훌륭한 대학이구나 하고 감탄을 자아내게 하였다. 캠퍼스는 너무도 넓어서, 그 안에 도로가 나 있을 정도였다. 종헌이가 공부하고 있는 건물 안을 구경하였는데, 역사가 오래되었으므로 낡아 있었고 특히 화장실은 사용하기에 불편하였다.

하루는 시내 구경을 갔는데 마침 일요일이라 휴가 나온 군인들이 술에 취하여 거리에서 거칠게 노는 것을 보고 겁이 났다. 음식점이라고는 없고 먹고 싶은 먹거리를 사고 싶으면 가게 안에 들어가서 사야 하는데, 돈을 내는 데서 대금을 지불하면 표를 받아, 먹고 싶은 것을 골라서 그 표와 바꾸어 가지고 와야 하였다. 왜 복잡한 이런 제도를 만들었느냐 물으니,

공산주의 국가이므로 일자리를 많이 만들어야 하기 때문에 그런 복잡한 제도를 만들었다 한다. 상록이는 돌이 12월 12일이므로 모스크바는 굉장히 추운 줄 알았는데 그렇게 심하게 춥지 않았다.

며칠이 지났는지 종헌가 세인트 뻬제스버그 구경을 가자하여 오후에 모스크바역에서 표를 사서 기차를 타고 가는데, 러시아의 평야는 굉장히 넓으나 기후 관계로 농사를 짓는 데는 그리 많지 않았고 초원으로 펼쳐 있는 땅이 너무도 많았다. 학교 때 백야라는 말을 많이 들었으나 확실한 뜻을 몰랐는데 뻬제스버그는 워낙 북쪽에 있어 그런지 밤중에도 훤하게 밝아서 어둡지가 않았다. 새벽에 도착하여 호텔을 정하고 식사 후에 그곳의 겨울궁전 구경을 갔다. 일층 이층이 모두 박물관이었는데 구경거리가 너무 많아서 피곤하여, 3층 이상은 그리 중요하지 않았다고는 하였으나 모두 보지 못한 것이 몹시 아쉬웠다. 뻬제스버그는 여러 개의 섬이 모여 이루어진 도시인데, 유서 깊은 곳이 많았다. 겨울 궁전을 구경하고 나오는데 예쁜 여자 한 분이 밥상보 같은 것을 하나 들고 종일 서 있어서 까닭을 물으니 종헌이 말이 생활이 어려워 그것을 팔아 생활비에 충당하고자 저렇게 종일 서 있다고 하였다. 내가 생각하기에 그 보자기가 팔리지 않았을 것으로 생각되었다.

시내 구경이 거의 끝나고 다음날에는 발트해변에 위치하고 있는 옛 러시아 왕의 여름 궁전을 구경하였는데 그곳에서 종헌이와 같이 공부하는 학생이 그 부모님을 모시고 놀러 왔다가 서로 만나 인사하였다. 뻬제스버그로 돌아와서 다음에는 톨스토이 무덤을 구경하였는데 공동묘지가 도시 안에 있었다. 무덤이라고는 하나 돌 비석에 이름을 새긴 것이 전부였다. 그런 비석이 수십 개 모여 있는 곳이 공동묘지라 하였다. 그리고는 도스토옙스키 생가를 구경하였다. 관광 코스로 되어 있어 입장료를 사서 들어가 보니, 일층과 이층의 좁은 아파트였는데 별로 볼 것은 없고 평소에 글을 쓴 원고지, 안경, 펜, 테이블과 의자 외에 소박한 가구가 있을 뿐이었다. 대절한 택시기사가 이곳은 보통 특별한 손님들이 찾는데, 학생의 아버지는 무엇 하는 분인가 묻기에 교수라고 하였더니, 그런 분이니까 이곳을 찾는구나 하고 우리를 달리 보더라고 하였다.

한번은 환전하러 갔는데, 환전하여 주겠다던 사람이 이상하게 행동하더니, 사기를 치는 것이었다. 그때 상록이를 안고 있었는데, 옷에 훈장을 많이 달고 있던 할아버지가 상록이를 보고 아주 귀여워하다가 그 사실을 알고, 곧 경찰을 불러 사기꾼을 구속하고 돈을 모두 돌려받는 사건도 있었다. 그때 러시아에서는 환전하고자 하는 사람이 많았는데 반드시 환전소에서만 하여야지 길거리에서 환전하여 주겠다고 접근하는 사람은 조심하여야 하였다.

서울로 돌아올 때는 대구를 사서 짐에 넣어 가지고 왔는데 비행장에서 체크인 할 때 사무직원에게 좋은 선물이나, 달러를 선사하면 무사히 통과된다 하여 나도 뭔가를 주고 무사히 통과되어 비행기를 탈 수 있었다. 모스크바와 서울로 오가는 비행기를 영어로 에어로 플로우트(aero-flot)라 하였는데, "공중에 떠다니는 배"라는 뜻이었다. 승객 수는 대개 40~50명 정도로 작은 비행기였으나 아주 안전하게 조종을 잘 하여 편안하였다.

종헌이가 유학 간 지 4~5년이 지나서 서진이가 태어났다. 물론 현아가 서울에 나와서 아이를 낳았다. 몇 달 뒤에 다시 모스크바로 들어갔다. 나는 모스크바를 다녀온 지 2년 뒤 여름에 다시 모스크바를 방문하였다. 먹고 싶은 것이 많다 하여 그런 것을 마련하여 방학을 이용하였다. 모스크바에 가서 만물상이 있는 시장도 구경하였고 며느리가 외국 음식을 먹고 싶다 하여 베트남인가 라오스인가에서 온 사람이 운영하는 식당에 가서 음식을 사 주었는데 그날 밤에 며느리가 과식하였다고 몸이 불편하다 하였다. 종헌이가 잘 아는 우리나라 중앙청의 고위 공무원이 사는 집도 방문하여 식사 대접을 거룩하게 받았다. 또 그 답으로 종헌이가 자기 집으로 그분을 청하여 저녁 대접을 하기도 하였다. 모스크바에는 한국 사람이 운영하는 "코리어하우스"가 있고 북한의 공산정권이 운영하는 식당이 있다. 먼저 갔을 때는 "코리어하우스"에도 가서 식사를 하였고 두 번째 가서는 평양식당에 가서 인삼주와 뱀술을 마셨는데 인삼주는 너무도 좋은데 뱀술은 이상한 냄새도 나고 좋지 않았다. 내가 갔을 때는 종헌이가 먹고 싶다는 데는 다 가 보았다. 식당에 가지 않을 때는 보드카 "중"짜를 사 와서 집에서 같이 마셨는데 맛이 괜찮았다.

우리가 2차로 모스크바를 다녀와서 얼마 있지 아니하여 현아가 아이를 데리고 서울로 왔다. 그 까닭을 물으니 서진이가 자주 보채서 더 있을 수가 없어서 나왔다고 하였다.

그 후에 장위동 집에서 1년가량 머물었는데 고향에서는 집일이 시작되고 있어서 집을 빨리 팔아야겠다는 생각에 백방으로 서둘러서 장위도 집을 2억 2천원에 팔아서 지하철역 근처의 현 세이브존 앞에 있는 장미아파트 1층에 23평짜리를 사서 완전 수리와 함께 방범창 시설까지 하여 이사를 시켜 주고는 집안이 정리되는 대로 나는 1998년 고향으로 이사를 하였다. 이때 종헌이는 모스크바 국립대학에서 공부를 하고 있어서 현아는 혼자 하계동 아파트에서 살고 있었다. 생활비는 물론 내가 대었다. 나는 종헌이 유학 비용을 마련하기 위하여 호서대학교 총무처장이었던 김영화 교수의 도움으로 전임강사로 출근하였다. 호서대학교에 출근할 때는 고향집에서 아침 8시 10분발 대원고속을 타고 서울로 가서 현아 집에서 자고 아침 일찍 차로 호서대학에 출근을 한다든지 아니면, 서울에서 다시 천안까지 가서 버스로 출근하고는 다시 서울로 와서 오후 4시에 출발하는 대원고속버스로 고향까지 가면 홀로 있던 송화당이 배나무진까지 마중을 나오고 하였다.

종헌이는 1992년 9월 1일에 모스크바 국립대학교 산하 예비학부에서 1년 동안 어학공부를 하고 마칠 때 시험에 만점을 받아서 1993년 9월 1일에 모스크바 국립대학교 역사학부의 박사과정에 입학하였다. 오랫동안 수고하여 2001년 1월 20일에 "외교사/러시아 극동정책"이란 논문으로 박사학위를 받았다. 논문이 좋아서 지도교수가 자기와 같이 대학에 남아서 공동연구하기를 하자고 청하였으나, 집안 사정으로 돌아왔다. 지금 생각하면 그때 거기에서 연구하였더라면 모스크바대학의 전임교수가 되었을 것을 하고 후회스럽다. 종헌이 자신도 고생을 많이 하였고 나도 두 집 생활비를 대려 하니 힘들었기 때문이었다.

내가 호서대학교 전임강사 시절에 생긴 일이 있었다. 대학 당국에서는 나를 시간강사로 임명하여 놓고 교육부에 보고는 정식교수로 보고하였던 것 같은데, 나와 같은 처지의 교수가 5~6명이 더 있었다. 외국어대학교 총장을 역임한 교수를 비롯하여 고려대학교에서 정년퇴임한 교수 몇 분이 있었다. 당시 교육부장관은 이해찬씨였다. 그는 박정희 대통령시절에 반정부 운동을 한 인물로서 당시의 대통령은 좌파의 노무현이었는데 모든 각료를 좌파 아니면 박대통령 시절에 심하게 반정부 운동을 한 인사들로 꾸려졌는데 그는 그 중의 한 사람이었다. 그는 원만하지 못하고 모가 난 분으로 정년 후에 연금을 받으면서 타 대학에 교수로 있는 사람을 조사하라 하였던바, 그때 호서대학 전임강사가 모두 걸려들었던 것이다. 당시 고급군인 출신으로 연금을 받으면서 대학에서 학군단 교관으로 있던 사람도 많았는데, 겁이 나서 군인은 손을 대지 못하고 힘없는 교수들에게만 철퇴로 내리쳤던 것이다.

그 내용은 최초 납입한 연금 액수대로 다시 납부하라는 것이었다. 나는 1억2천만 원을 연금으로 내었으니까 다시 1억2천만 원을 내어야 한다는 것이었다. 우리 일행과 호서대학 사이에 문제가 야기되었다. 왜 정교수로 보고하여 학과도 증설하고 모집 학생 수도 상당히 늘리었던가를 문제 삼았다. 그러자 대학 당국에서 김영화 처장을 대표로 내세워 우리가 물어야 할 액수의 70%를 대학에서 부담하고 30%는 우리가 매달 받는 급료에서 부담하되 우리들이 근무할 수 있는 데까지 근무하라는 것이었다. 우리 일행은 공동으로 이해찬 장관에게 무효소송을 제기하자는 등, 총장을 직접 만나야지 김 처장은 믿을 수 없다는 둥, 별 말이 오고갔다. 결국 마지막 협상에서 내가 제의하기를 "김영화 처장을 상대하지 않겠다면 총장이 자기 대신에 협상 대표로 보낸 분인데 어떻게 하겠느냐?" 대학 당국도 상당히 양보를 하였고 또 김처장의 체면도 있으니, 이 정도로 하여 학교 안에 동의하자고 하였더니 모두가 찬동하여 도장을 찍었다. 나는 이 빚을 갚는데 3년이란 시간이 걸렸다. 고향인 시반에서 천안까지 다니기란 여간 어려운 일이 아니었다. 우리나라 역대 대통령을 보면 반정부운동을 하던 정치인이 대부분이다.

국회의원도 그러하다. 그러니, 이러한 시류를 타고 대학생 중에 학교 당국에 반대운동을 하거나 정부에 대한 강렬한 반대운동을 하던 이들 중에 상당수가 국회의원이 되어 나라를 움직이니 나라의 앞날이 걱정되지 아니할 수 없다. 그들은 자기들에게 유리한 법은 빨리 만들고 국민을 위한 법안은 몇 년 동안 잠재우고 있으니 나라가 어찌 잘 될 수 있겠는가? 매일 하는 말이 "재벌의 민중화"니 "정경유착"을 끊어야 한다 면서도 국회의원에 출마할 때는 재벌에 손을 벌리거나 아니면 재임 중에 모은 돈으로 유권자들에게 돈을 뿌려 당선이 되니 적폐가 적폐를 생성케 되는 것이었다.

역대로 우리나라는 깨끗하게 공직생활을 한 사람의 후손들은 빛을 보지 못하고 토색질을 하여, 거실세족인 것처럼 산 후손들은 땡땡거리고 행세하는 우리의 현실이다. 그런 자들의 집이나 재실들은 오늘날 국가 문화재로 재정되어 보호를 받고 있는 곳도 있다. 그러니, 국민 모두가 돈밖에 모른다. 나라야 망하든 말든 부정을 저지르는 현실이 안타깝다. 돈을 모았다가 난리가 나면 미국으로 도망가면 그만이라는 생각이 머리에 가득 차 있는 사람이 얼마나 많은가? 우리 모두 정신을 차려야 한다. 국회의원의 수가 너무 많다. 나의 생각으로는 100명 정도로써 봉사직으로 하여야 한다고 생각한다. 스위스나 덴마크처럼 국회의원도 자전거로 국회에 등원하는 그런 나라가 되어야 한다고 생각한다.

아들 유학을 시키기 위하여 나는 1991년부터 1995년까지 5년 동안 호서대학에 출강하다가 그만 두고 고향에서 의령군 군지 편찬에 관여하게 되었다. 군지가 발행된 해는 2003년 6월 30일이었다. 나는 이때 군지편찬위원장이었던 이종경 전교와도 아주 친하게 되었다. 내 집에 와서 술도 마셨고 그 어른 선친께서 돌아가셨을 때 문상도 하였다. 고향에서 몇 년 있어 보니까, 친구들이 마시는 술이라고는 꼭 "소주"만을 마시니 나는 견딜 수가 없었다.

앞에서 말하였지마는 지정면 백산에 있는 증조부모님 산소와 조모님 산소는 물론 합천 대양면 도리 소재 웃대 조상님들의 산소를 달이 멀다 하고 다니며 돌보고 가꾸었으니 나는 말할 것도 없지마는 송화당의 협조가 너무도 고마웠다. 조상 산소까지 정성을 다하여 모시는 며느리가 그리 쉽지 않은데 송화당이야 말로 효부로서 상을 받아야 할 정도로 조상을 숭배하였다.

큰아들 용기는 며느리 미효당(호는 내가 지어 주었다. 예쁘고 효성이 지극하기 때문이다)과 결혼하여 아들 해욱이를 낳았다. 해욱은 중앙고등학교 1학년 때 유학시험에 합격하여 곧 미국 플로리다주의 고등학교에 입학하여 졸업 후 켄터키주립대학교에서 경제학을 전공하고 귀국하여 하나금융회사의 시험에서 10대1의 경쟁에서 당당히 1등으로 합격하여 지금 열심히 근무하고 있다.

둘째 아들 종헌이는 국립모스크바대학에서 역사학박사를 받고 귀국하여 대학에서 강의하고 있는데, 아들 상록이와 딸 서진이를 둔 바 상록은 서강대학교를 나와 사원으로 활동하고 있으며 서진이는 한양여자전문대학교를 졸업하고 회사에서 근무하고 있다. 해욱이, 상록이, 서진이는 좋은 사람 만나 행복하게 살아가리라고 믿고 있다. 왜냐하면 착한데다가 성실하기 때문이다.

IX

한글학회 시절

더 이상 고향에 있을 수가 없어서 서울로 다시 올라오기로 결심하고 고심하여 있을 때에, 큰아들 김사장이 아파트가 있으니 서울로 오라는 연락이 왔다. 그래서, 꼭 필요한 책과 책장을 챙기고 생활에 필요한 도구 등을 준비하여 트럭으로 상경하였는데 주덕돈 회장과 변영규군이 동행하여, 이삿짐을 정리하는데 아주 적극적으로 협조하면서 무사히 이사를 마치고 그 두 분은 그날로 귀향하였다. 물론 김사장이 차비를 주었다.

나는 1986년 4월부터 한글학회 이사와 재단이사로 있었기 때문에 상경하여서는 계속 이사로서 활동하였다. 그러던 중 2003년 허웅 교수가 갑자기 타계하는 바람에 김계곤 교수가 회장을 대신하다가 2004년 3월부터는 정식으로 학회와 재단의 책임을 맡음으로써 나는 학회의 부회장이 되었다. 그런데, 2007년이 되면서 이상하게도 외부에서 나를 회장이 되어야 한다는 움직임이 일기 시작하더니 3월 선거일에 학회 회장으로 나를 당선시켰다. 그러니, 김계곤 전회장과 보이지 않는 갈등이 시작되었다.

나는 지금까지 쌓여 왔던 폐단과 잘못되었던 운영방법을 고쳐 나가기 시작하였다. 제일 먼저 직원들이 매일 아침 9시에 회장실에 모여 회의를 하기로 하면서 일기장을 만들어 일기를 쓰게 하였고 다음으로 도서계로 하여금 도서실 정리를 하게 하였다.

두 번째는 논현동의 이인 선생이 희사한 주택을 전세 놓기로 하여 유운상 상무를 이사 가게 하였다. 일 년 수입이 1억에 가까워 학회 운영에 큰 보탬이 되었다. 지금까지는 십 수 년을 유운상이 살게 하였던 것이다. 학회가 어려운데 그 큰 재원을 놀리고 있었던 것이 큰 잘못이었다. 그런데, 내가 일을 해 나가는데 큰 지장이 있었는데, 그것은 김계곤 재단이사장이 나를 괴롭히기 위하여 총무부장인 유운상을 재단 상무이사를 시켰던 것이니, 그가 내 말을 고분고분 들을 수가 있나, 직원회의를 할 때는 고함을 지르면서 기고만장하였고 내 책상에 컴퓨터를 마련하여 달라 하여도 말을 듣지 않아 나는 컴맹이 되어 버렸다.

세 번째는 1908년 8월 31일 오후에 주시경 선생이 신촌의 새절에서 "국어연구학회"를 창립하였는데 이에 대한 준비를 하여야 했다. 무엇보다 먼저 "한글학회 100년사"를 저술하는 일이요 다음은 신촌 새절에 창립 기념비를 세우는 일, 저명인사로 홍보대사를 임명하여 학회를 널리 홍보하는 일. 넷번째는 그 간 공로가 있는 분에 대한 시상하는 일이며 다섯번째는 비용의 조달, 여섯번째는 행사장 결정, 일곱번째는 "한글 기념관 건립" 문제 등이었다. 위에 열거한 사업 가운데 가장 중요한 일은 100년사 편찬이었다. 그래서 100년사 편찬 작업이 제일 먼저 시작되었다.

1. 「한글학회 100년사」의 편찬

100년사를 편찬하는 데는 시간이 오래 걸리므로 편찬위원회는 김계곤 전 회장이 계실 때인 2006년 5월에 설립되어 위원장에 김석득, 위원에는 이돈주, 배해수, 리의도가 임명되었다. 편찬위원회에서는 몇 차례 회의를 통하여 편찬 방침을 정하고 전체 체제와 내용을 구성하였으며 분야별 최초의 집필자를 다음과 같이 배정하였다. 우리말사전에 관한 것은 오랫동안 그 일을 맡았던 조재수에게 맡기고 나머지는 모두 이사들에게 분담시켰다.

1908~1920년의 통사: 김석득
1921~2008년의 통사 및 회칙과 임원: 리의도
한글맞춤법의 제정과 개정 · 이돈주 김차균
우리말사전의 편찬과 간행: 조재수
연구발표회 개최: 권재일
기관지의 발행과 보급: 리의도
각종 도서의 편찬 및 출판: 리의도

우리말 바로쓰기 운동: 김종택

한글만 쓰기운동: 최기호

우리말글 보급 및 교육: 김승곤

갖가지 기념사업: 하치근

한글날 제정과 기념 · 각종 행사: 리의도

2006년 7월 27일에는 초고 집필자 회의를 소집하여 편찬 방침, 집필 방법, 집필 과정의 유의 사항, 편찬 일정 등을 설명하고 여러 의견을 나누었다. 그 결과 각각의 분야별로 ①1908년부터 1920년까지의 내용은 새로 집필하고 ②1921년부터 1981년까지의 내용은 「한글학회 50년사(1971)」와 「50돌 뒤의 10년의 한글학회 발자취(1981)」의 내용을 검토하여 수정 · 보충한 다음에 주제에 맞도록 다시 기술하며 ③ 1982년부터 2008년까지의 내용은 아주 새로 집필하기로 서로 확인하였다. 그리고 이 책은 "한글학회" 발전의 역사라는 점을 강조하였으며 원고 마감은 2006년 12월 31일로 하였다. 초고를 모은 다음에는 개별 원고를 내용과 체제 면에서 전체적으로 균형 있게 다듬기로 하고 그 일은 리의도 출판이사가 전담하기로 결정하였다. 초고는 2007년 3월 말에야 대강 접수되었으므로 4월 20일에 편찬위원회를 열었다.

백년사를 편찬하는 데에는 수많은 자료와 문헌을 참고 · 참조하였으며 기본 자료는 다음과 같다.

「한글모 죽보기」 필사본

「한글학회 50년사」 1971

「50돌 뒤 10년의 한글학회 발자취」1981년 동인지 「한글」 모두(제1호~제9호)

기관지 「한글」 제1호~제280호

「한글 새소식」 제1호~제432호

「한글학회 이사회 회의록」 1948년 6월부터

「한글학회 정기총회 회의록」 1953년 5월부터

위의 여러 자료의 도움을 받아 2009년 8월 30일에 출간되었다. (이 책은 국립국어원으로부터 국고 보조금을 지원 받아 이루어졌다.)

〈100년사의 대체적인 차례〉

(1) 한글학회 100년의 줄거리

① 학회 창립 이전의 상황

② 학회의 창립과 초창기 10년: 1908~1918년

③ 조선어연구회 12년 : 1919~1930년

④ 조선어학회로 19년 : 1931~1949년

⑤ 한글학회 제1기 21년 : 1949~1970년

⑥ 한글학회 제2기 33년 : 1971~2003년

⑦ 한글학회 제3기 :2004~2008년

⑧ 부설 기구와 재단법인 설립

(2) 교육 활동

① 부설 강습소

② 조선어 · 한글 강습회 개최

③ 국어교원 양성과 각종 강습회 개최

④ 한국어 연수회 및 교양강좌 개최

⑤ 국외 한국어교원을 위한 재교육

(3) 연구발표회 개최

① 겨레말글의 규범 확립

② 한국어 연구의 기반확립

③ 한국어 연구의 심화 · 다양화

④ 한국어 연구의 전문화 세계화

⑤ 국제 학술대회

⑥지회 활동 연구 발표회

(4) 기관지 발행

① 한글 발행

② 한글 새 소식 발행

(5) 표기법 제정과 한글 연구

① 훈민정음 운용 체제

② 한국어의 한글 표기법

③ 한국어 외래어의 한글 표기법

④ 한국어의 로마자 표기법

⑤ 조선어음 민국음성기호 표기법

⑥ 한글연구

a. 한글 풀어쓰기 연구

b. 한글 글자 꼴의 발전을 위한 노력

c. 한글 기계화 연구

(6) 표준말 사정과 말다듬기

① 표준말 사전

② 말 다듬기

③ 「학교문법 통일안」 논란

(7) 한국어 사전의 편찬과 간행

① 조선어 연구회 이전의 사전 편찬

② 「조선말 큰사전」의 편찬과 간행

③ 「중사전」, 「소사전」, 「새한글사전」의 편찬과 간행

④ 「우리말 큰사전」의 편찬과 간행

⑤ 「우리 토박이말사전」과 「우리말사전」의 편찬과 간행

(8) 각종 간행물의 편찬 및 출판

① 1933~1941의 출판 및 도서 보급

② 1945~1949년의 교과서 편찬과 출판

③ 1960~2008년의 편찬 및 출판

(9) 한글날의 제정과 기념식 · 경축식

① 한글날의 발전 과정

② 한글날 기념식 · 경축식

(10) 한글전용과 한말글 펴기 운동

① 법령의 한글전용 운동

② 교과서의 한글전용 운동

③ 일상생활의 한글전용 운동

④ 국어순화 운동 및 영어 범람 막아내기

⑤ 한말글 펴기 행사

(11) 숭모 · 추모 및 학회 창립 기념행사

① 세종대왕 추모 행사

② 주시경 스승 추모 · 선양 사업

③ 유공 선현 추모 사업

④ 한글학회 창립 기념식

(12) 지회의 발자취

① 부산지회

② 전북지회

③ 대구지회

④ 대전지회

⑤ 김해지회

⑥ 인천지회

⑦ 경남지회

⑧ 광주 · 전남지회

⑨ 울산지회

⑩ 진주지회

⑪ 충남지회

⑫ 국외의 분회

a 일본분회

b 핀란드분회

c 흑룡강분회

d 간사이 분회

(13) 한말운동의 기구와 단체들

① 한자폐지회

② 한글문화보급회

③ 한글전용추진회

④ 한글전용국민실천회

⑤ 한말글문화협회

⑥ 한글문화단체 모두모임

⑦ 학생 동아리

(14) 갖가지 자료들

① 회칙과 규정

② 성명서 · 건의서 · 청원서

③ 한글맞춤법 대조표

(15) 간추린 한글학회 발자취

찾아보기를 위한 세부 목차

2. 신촌 봉원사(새절) 어학회 발상지 표지석 제막

학회에서 그 동안 준비해 오던 표지석을 2008년 8월 20일 오후 1시 30분에 학회 발상지 표지석을 세우고 제막식을 가졌다. 그 전에 나는 봉원사를 몇 차례 방문하여 선암 스님과 면담하면서 장소 대여를 협의하였던 바 승낙과 동시에 장소까지 지정하여 주었기 때문이었다. 제막식이 끝나고 선암스님께서 차를 마시고 가라 하면서 차 대접을 하였다.

〈표지석 전면의 글〉

한글학회 창립한 곳

이 곳 유서 깊은 봉원사는 우리 말글의 연구와 교육을 목적으로 1908년 8월 31일 국어연구학회(지금의 한글학회)가 창립 총회를 연 곳으로 그 높은 뜻을 깊이 남기고자 학회 창립 100돌에 이 표지석을 세우다.

2008년 8월 31일

한글학회 창립 백돌 기념사업회

〈표지석 뒷면 내용〉

1908년 8월 31일 한흰샘 주 시경 선생의 가르침을 받은 하기 국어강습소 졸업생과 뜻있는 인사들이 모여 우리말과 우리글의 연구와 교육을 목적으로 국어연구학회를 만들었다.

우리 얼 · 말 · 글을 지키고 널리 펴려는 선각자들은 어려운 여건 속에서도 우리나라 최초의 연구모임인 국어연구학회가 개화와 요람기에 봉원사에서 창립 총회를 열게 됨으로써 배달말글(1911)→한글모(1913)→조선어연구회(1921)→조선어학회(1931)로 이름이 바뀌어 오늘날 한글학회(1949)의 터전이 되었다.

2008년 8월 31일 학회 창립 100돌을 맞아 이 곳 봉원사에 표지석을 세워 한글학회가 처음 시작한 곳임을 같이 남기고자 한다.

3. 해외분회설립과 재흥 사업

(1) 「흑룡강 분회」의 재흥 사업

흑룡강분회는 1993년 10월 9일 중국 흑룡강성 아성시 사리향 근로촌에서 창립대회를 열었다. 그 대회에는 흑룡강성에서 활약하고 있는 한민족의 언론인 · 학자 · 교육자 30여 명이 참가하였다.

그날 창립대회는 한글날 기념식을 겸하여 열렸으며, 초대분회장으로 림국웅(흑룡강신문사 문예부 주임)이 뽑힌 것을 비롯하여 다음과 같이 각 부서의 책임자를 선출하였다.

분회장: 림국웅

부회장: 정학문 · 한명국

총무부장: 김대환

연구부장: 윤송봉

외사부장: 한광천

출판부장: 림승환

명예회장: 홍만호

고문: 리삼월 · 김창학 · 전봉락

창립대회를 마친 뒤 오후에는 제1차 학술발표회를 가졌으며 그 자리에서 「우리말의 소리의 길이에 대하여」를 비롯하여 3편의 논문 발표가 있었다.

1995년 10월 9일 549돌 한글날에는 흑룡강성 대경시에서 한글날 기념식 및 기념 발표회를 열었다. 발표한 이들과 제목은 다음과 같다.

헌찬순(상지시 조선족 소학교 교장): 말이 고와야 마음도 고와져

권순남(목당강시 조선족 고급중학교 교원): 중학교 교수에서 제기되는 '이'에 대한 몇 가지 문제

리명재(대경시 교육학원 교수): 한글전용은 역사적 필연이다.

고금숙(소화지구 교육학원 교수): 중국 조선족 산재지구의 유아들의 언어 사용과 사유 발전 특징

이봉집(하얼빈시 교육학원 교수): 한글로 한문을 배우는 데 역할과 중요성

위에서 보인 바와 같이 흑룡강분회는 처음에는 활발한 활동을 하였으나, 어른들이 연세가 많아지고 활동이 자유스럽지 못하게 되어 그 전통을 이어가지 못하게 되었다. 내가 2008년 4월에, 전 동아대학교 최두식 교수가 치치할 대학교의 초빙교수가 되어 근무하면서 그곳에서도 우리국어 교육이 대단하니, 와서 힘을 불어넣어 달라고 하기에 아내와 같이 방문하여 3박4일 동안 머물었던 일이 있었다. 그때 강연도 하고 치치할 공산당 간부의 점심 대접에 초청되어 많은 이야기를 나누었는데, 그때 하계 해외 한국어 교사 초청 연수회에 치치할 대학의 한국어 교수를 많이 초청해 달라 하기에 원칙은 각 나라의 각 대학에서 한 분만 모시게 되어 있으나 치치할 대학만은 두 분으로 하겠다고 약속하였다. 그 다음날은 우리를 학의 공원으로 안내하였는데 나는 생전 학을 눈앞에서 자세히 볼 수 있었던 것은 처음이었다. 학은 몸집이 크고 다리의 발톱도 아주 날카로와 우리가 평소 생각하고 있던 우아한 새는 아닌 것 같았다. 다음날 나는 하얼빈에 와서 그곳에서 하룻밤을 자고 시내 구경도 시켜 주어 잘 하였다. 최두식 교수와 김선희 교수도 동행하여 친절히 안내하여 주었다. 하얼빈대학교에서 강연을 하였고 흑룡강성분회의 부흥과 앞으로의 활발한 운영이 있기를 부탁하였다. 그 후 해마다 한글날이면 많은 돈은 아니지마는 후원금을 보내기도 하였다. 지금도 한글날에는 김선희 교수는 한국에 와서 회의에 참석하고 있다.

요즈음은 흑룡강성분회는 분회로서만 존속하고 회장은 흑룡강성대학교의 문연희 교수이며 새로이 「중국동부지회」가 설립되어 회장은 통화사범대학교의 김선희 교수로서 모든 활동은 흑룡강성분회와 공동으로 하고 있다. 아주 바람직한 일이라 생각한다.

4. 일본 간사이분회 창립

내가 학회 회장 재임 중인 2008년 2월 17일에 일본 쿄토의 「언터어학숙」에서 창립총회를 개최한다고 초청이 와서 나는 아내와 같이 방문하였다. 17일 당일 나는 그 모임에 참석하여 축사도 하였는데 간사이분회 임원은 다음과 같다.

지회장: 김리박
고문 겸 이사: 오카야마 젠이치로 · 한남수
이사겸 지회장 서리: 한성
사무국장: 우에노 미야꼬
이사: 박현국

2008년 4월 20일에는 언터어학숙에서 첫 학술발표 모임을 가졌는데 발표한 이들과 제목은 다음과 같다.

한성: 일본말과 한국말의 비교연구—일본 말(야마토 말)이 된 한국말
우에노 미야꼬: 원본 대조 윤동주 전집
「하늘과 바람과 별과 시」에서 일본말로 옮겨진 시의 사적 검증
한남수: 한글 자모 ㅇ의 배열에 관한 고찰

등이었다. 그 이후에도 매년 연구발표회를 가지며 김리박 회장은 해마다 한글학회 창립 기념식 및 한글날 경축식에는 꼭 참석하고 있다. 참으로 훌륭한 분이다. 창립당일 밤에 베풀어진 만찬회에서는 나는 기분이 좋아 노래를 부르면서 즐거워하니 그 분위기가 화기애애하게 되어 모두들 즐기며 노래 부르고 춤도 추었다.

5. 한글학회 창립 100돌 기념사업

(1) 조직

성상철
서울대병원장

강천석
조선일보 주필

신달자
명지대교수 시인

신용선
전국민체육진흥공단이사장

이인용
삼성전자 전무

노경수
아시아소사이어티회장

윤학수
한미연합사령부소장

조태원
한국휴렛팩커드부사장

신영일
전아나운서

김동근
전개성공업지구관회회장

구분	내용
고문 단장	• 전택부
기념사업회 회장	• 김계곤, 김승곤
기념사업회 부회장	• 김석득, 박붕배, 박종국
편찬 분과	• 위원장: 김석득 • 위원: 이돈주, 김차균, 리의도 • 간사: 성기지
행사/홍보 분과	• 위원장: 이현복 • 위원: 최기호, 김정수, 오동춘 • 간사: 조광복
학술 분과	• 위원장: 김종택 • 위원: 권재일, 하치근, 조오현, 임용기 • 간사: 김한빛나리
기념관 건립 분과	• 재단 임원 외 별도 구성
기념사업회 사무국	• 국장: 유운상 • 회계: 이수영, 손순영 • 운영: 박기욱, 박임흠, 이한교

(2) 홍보대사 선정

학회에서는 창립 100돌을 맞아 널리 국내외에 홍보할 필요가 있어, 홍보대사를 선정하여 임명장을 수여함으로써 학회의 위상을 더욱 높이고자 하여 여러 면으로 선정에 애써오던 중 나의 장남 김용기 사장이 여러 분야에서 이름 있는 분들을 선정하도록 권유하기에 심사숙고 하였던바 다음과 같은 10분이 선정되었다.

(3) 한글학회 100돌 홍보대사 명단

이름	소속	직위	주소와 연락처/누리 편지
성상철	서울대병원	병원장	110-744/ 서울 종로구 대학로 101번지 서울대학교병원 누리편지: sangchul@plaza.snu.ac.kr
강천석	조선일보	주필	100-756/서울 중구 태령로1가 61번지 조선일보 논설위원실 누리편지: editchif@chosun.com
신달자	명지대학교	교수, 시인	135-884/ 서울 강남구 수저동 누리편지: dalja7@hanmail.net
신용선	(전)국민체육진흥공단	부이사장 * 전 김영삼 개인비서	135-110/ 서울 강남구 압구정동 한양아파트 누리편지: yssnyou@naver.com
이인용	삼성전자	* 전무 (홍보팀장) * 전 MBC 앵커	100-742/서울 중구 태평로2가 250번지 삼성본과 삼성전자 누리편지: ir.rhee@samsung.com
노경수	아시아 소사이티	회장 서울대 교수	151-742/서울 관악구 신림동 산56-1 서울대학교 행정대학원 누리편지: 1ks@sun.ac.kr
윤학수	한미연합사령부	소장	156-807/ 서울 동작구 대방동 20-6 공군부장관사 5호 누리편지: hs1947yoon@hotmail.com
조태원	한국휴렛팩커드	부사장	150-724/ 서울 영등포구 여의도동 213-6 한국휴렛팩커드
신영일	(전)KBS	아나운서	150-044/ 서울 영등포구 당산동4가 성산삼성 아파트 누리편지: 012@kbs.co.kr
김동근	(전) 개성공업지구	관리위원회 원장	138-767/ 송파구 문정동 올림픽패밀리 아파트

(4) 홍보대사 위촉식 모습

한글 학회 창립 백돌

(5) 한글학회 100돌 기념 홍보대사 위촉

한글 학회 100돌 기념 홍보대사 위촉식에 자리를 함께한
홍보대사들과 한글 학회 임원들과 관련 단체장들

우리 학회는 4월 23일 오후 2시부터 서울 소공동 롯데호텔(에메랄드룸)에서 한글 창립 100돌 기념 홍보대사 위촉식을 가졌다.

이번 위촉식에서 우리 학회는 사회 각계 저명인사 10분을 홍보대사로 위촉하였는데 위촉받은 이는 성상철(서울대병원장), 강천석(조선일보 주필), 신 달자(명지대 교수, 시인) 신용선(전 국민체육진흥공단 부이사장), 이인용(삼성전자 전무, 전 문화방송 앵커), 노경수(아시아 소사이어티 회장, 서울대 교수), 윤학수(한미연합사령부 정보참모부장), 조 태원(한국 휴렛팩커드 부사장), 신영일(전 한국방송 아나운서), 김동근(전 개성공업지구 관리위원회 원장)님 들이다. 위촉식은 손범규 아나운서(SBS)의 사회로 국민의례에 이어, 우리 학회 김석득 부회장의 '한글학회 소개'를 비롯하여 김승곤 회장의 인사 말씀, 국립국어원 이상규 원장의 축하말씀, 홍보대사 위촉패 전달과 인사, 짚신문학회, 오동춘 회장의 축시 낭독으로 제1부를 마치고, 테너 유승범 님과 소프라노 강혜정 님의 축하공연(성악)으로 제2부를 마무리하였다.

이 날 행사에는 한글관련 단체 임직원과 회원, 그리고 홍보대사, 언론사 기자들이 자리를 함께하여 100자리를 마련한 위촉식장을 가득 메워 성황리에 마치었다.

(6) 기념식장 문제

기념식장 구하기가 그리 만만치 아니하였다. 여의도의 63빌딩에 문의하니 내빈에 대한 식사대가 너무 비싸서 정할 수가 없었다. 그래서 광화문의 신문회관에 문의하니 이미 예약이 되었다는 것이었다. 호텔도 여기저기 알아보니 강당이 협소하여 정할 수가 없었다. 그래서 내빈이 오기에 교통이 편리한 곳, 주차 공간이 넓은 곳, 식사비가 저렴한 곳 등을 고려하여 찾아본 결과 건국대학교 새천년관이 알맞다 하여 기념식장으로 결정하였다.

(7) 기념식 거행

때: 2008년 8월 30일 오후 5시

곳: 건국대학교 새천년관

기념식의 차례는 다음과 같았다.

사회: 정재환(방송인)

이광연(YTV 앵커)

개식;

① 국민의례

② 인사말씀: 회장 김승곤

김승곤
한글학회 회장

한글 학회 백 돌을 기리며

주시경 선생이 국어 연구학회를 세운 근본 뜻은 어리석은 백성을 깨우쳐 나라의 독립을 쟁취하기 위해서였다. 오늘날 우리나라가 이만큼 잘 살게 된 것은 오로지 주시경 선생의 덕분이라 생각한다.

아는 바와 같이 우리 학회는 1908년 8월 31일 오후, 신촌의 봉원사에서 그 창립총회를 열고서 힘찬 발걸음을 내딛었다. 동양에서 제일 먼저 세워진 학회임을 자랑으로 생각한다. 일본의 국어학회가 1944년에 세워졌고 국립 국어연구소가 1948년에 세워진 것에 비하면 36년에서 40년을 앞선다. 그랬는데도 오늘날 우리말에 대한 연구가 부진하고 잡티(들어온 말)가 많이 섞인 것은 조선 오백년의 한자 생활과 일제 식민지 생활을 하였기 때문이다.

이런 점으로 볼 때, 우리는 정신을 차려서 우리말을 아름답게 다듬고 사랑해야 할 터인데도 일본말을 우리말처럼 쓰면서 유식하고 잘난 체하는가 하면, 영어, 불어, 독일어 등을 예사로 쓰니 이래서야 아름다운 문화의 발전을 기대할 수 있겠는가?

우리 학회는 애국 학자들이 목숨과 재산을 바쳐 가면서 한글 맞춤법과 외래어 표기법을 제정하고 표준말을 사정하고 사전을 우리의 힘으로 만듦으로써 문화국가의 수준에 올려놓았는데도 이를 얕보고 남의 나라말을 씀으로서 으스대니, 기가 막힐 지경이다. 우리 학회는 투쟁에 투쟁을 거듭하면서 오늘날까지 이어 오고 있다.

세종대왕이 『훈민정음』 머리말에서 "나라의 말이 중국에 달라 한자와는 서로 통하지 아니하므로 한글을 지었다."고 함으로써 우리글과 한자는 다를 뿐만 아니라 한자는 우리 글자가 아님을 밝혔는데도 일본을 못 잊는 사람들이 한자는 우리 글자이니 써야 한다고 하니, 이 또한 딱한 일이 아닐 수 없다.

우리 학회는 오늘날까지 많은 업적을 쌓아, 아름다운 글과 말을 만들어 놓았지마는 앞으로는 남 · 북한 언어의 통일과 한글의 국제화에 힘을 기울여야 할 큰 짐을 지고 있다. 말이 번지면 나라가 번지고 말이 쪼그라지면 나라도 쪼그라지는 법이니, 백돌을 맞아 기뻐만 할 일이 아니고 마음을 다져 빛나는 조국을 이룩하여야 하겠다는 새로운 다짐을 하여야 할 것이다.

한글은 세종대왕이 만들었지마는 우리말본은 주시경 선생이 처음으로 만들었고, 뒤를 이어 외솔 선생이 대성함으로써 세계가 인정하는 명실 공히 빛나는 한글이 된 것이다. 부디 모두 오늘을 기하여 말 · 글 사랑에 힘써 나아갈 것을 새삼 다짐하여야 할 것이다.

③ 해적이 낭독: 총무이사 임용기
④ 한글학회 발자취 상영: 방송실
⑤ 문화체육관광부장관 공로 표창: 박지홍, 김용태, 김계곤
⑥ 공로기립
전택부 주영하 장하일 장재도 문제안 박병순 이강로 이용호 이상보 유동삼 정휘창 문효근 장세경 박종국 조용란 김석득 이현복 최창식 최상덕 이제인 박대희 조재수 ㈜한솔교육 한겨레신문사 ㈜와이티엔 ㈜을유문화사 ㈜어문각
⑦ 축하말씀

문화체육부장관

문화체육부장관 유인촌입니다.

먼저 우리의 말과 글을 연구하고 발전시켜 온 한글 학회가 백 번째의 생일을 맞게 된 것을 진심으로 축하드립니다.

한글 학회의 백 번째 생일은 백 개의 나이테를 지닌 아름드리나무가 그 풍성함으로 온 누리를 푸르고 청량하게 하는 것과 같습니다. 백 개의 나이테는 연못 위로 번져가는 물결처럼 그 모양만으로도 비할 데 없이 참으로 아름답습니다.

지난 세기를 돌이켜 볼 때, 그 숱한 고난의 역사를 지나오면서도 오늘날 우리말과 우리글이 온전하게 남아 민족의 정체성을 밝혀 주고 자유로운 의사소통이 가능하게 된 데에는 한글 학회의 공로가 매우 크다고 하겠습니다.

더욱이 이제는 우리의 말과 글이 우리나라를 벗어나서 전 세계 곳곳에서 한국어와 한글 배우기 바람이 불고 있으니 되새길수록 가슴이 벅차오릅니다. 이렇게 볼 때 한글 학회가 창립 백돌을 맞이한 기쁨은 한글 학회는 물론, 나라 안팎의 온 국민이 함께 나누어 가져야 할 경사입니다.

말은 사람을 닮고, 그 사람이 속한 땅과 자연의 사정을 닮습니다. 이 땅의 넉넉한 마음과 빼어난 자연처럼 우리는 아름답고 풍성한 말과 글로 숨 쉬며 오랜 세월 이 터를 지켜왔습니다.

이 땅의 얼과 숨결이 고스란히 배어 있는 한글은 우리 민족 으뜸의 문화유산일 뿐 아니라 인류의 위대한 지적 성취입니다.

유네스코에서도 「훈민정음 해례본」을 세계 기록문화 유산으로 지정했고, 세계 언어학계도 한글을 가장 뛰어난 표현력과 실용성을 가진 문자로 인정하고 있습니다. 더구나 21세기 첨단 정보 시대에 한글은 디지털 기기에 가장 적합한 문자로서 다른 나라의 부러움을 받고 있습니다.

이러한 한글의 우수함과 아름다움을 문화 영역으로 넓혀 국내외에 적극 알리고, 한국어와 한글을 과학화, 세계화, 산업화하는 데 정성을 아끼지 않아야 하겠습니다.

오늘 행사를 위해 애써 주신 한글 학회 김 승곤 회장님, 김 계곤 이사장님과 여러 학회 선생님들께 격려와 감사의 말씀을 드립니다. 그리고 한글을 지키고 발전시키고자 노력하신 공로로 오늘 상을 받으신 수상자 여러분들께도 진심으로 축하의 말씀을 드립니다.

한글 학회 창립 백 돌을 다시 한 번 축하하며, 백 년의 전통을 값지게 승화시켜 우리의 말과 글로 우리 문화의 실팍한 강줄기가 더 넓은 바다로 뻗어나갈 수 있도록 힘을 모아 주시기를 당부 드립니다. 또 다른 백 년을 기약하는 한글 학회의 항해에 거듭 순풍이 불길 기원하겠습니다. 고맙습니다.

2008년 8월 30일

문화체육부장관 유인촌

이기수
고려대학교총장

백 세 청년 한글 학회여!

한글 학회가 창립 백 주년을 맞이하였습니다. 민족의 대학을 책임지고 있는 한 사람으로서, 한글 학회 일백 년 역사를 돌아보는 깊은 감회와 함께 진심 어린 축하의 뜻을 보내는 바입니다.

한글은 우리 민족이 창출한 고유의 문자언어로서, 이를테면 세계 인류 앞에 우리 민족의 존엄과 자주를 선언한 최초의 성문법입니다. 법을 연구하는 사람이기 때문에 저로서는 특히 한 민족의 언어 체계와 한 나라의 헌법 체계가 갖는 공동의 사명감을 깊이 인식하는 것입니다. 한글이 걸어 온 영욕의 역사는 그대로 우리 민족의 운명이기도 합니다.

일제시대 창씨개명 혹은 조선어 말살 정책 등과 맞서 싸우던 옛 조선어 학회의 민족 지킴이 정신을 소중하게 기억해야 할 것입니다. 위기의 한글 시대일수록 그만큼 한글 학회의 역할도 커질 것은 당연합니다.

백 세 청년 한글 학회여! 민족과 언어를 빛내는 진정한 한글 지킴이로서 도도히 흐르는 역사 위에 우뚝 서 주기를 기대하는 바입니다.

위의 두 분 이외에 축하의 글을 보내 주신 분은 다음과 같습니다.

박희태
한나라당 대표

한글 사랑을 실천해 온 한글 학회

한글 학회 창립 100돌을 진심으로 축하합니다. 우리의 글, 한글을 올바로 쓰고 더욱 발전시키고자 애써 온 여러분의 노고에 경의를 표하며, 깊은 감사를 드립니다.

한글은 단순한 문자가 아닙니다. 우리의 역사와 전통이 담겨 있는 민족 최고의 문화유산이자 인류의 위대한 지적 성취입니다. 세계의 언어학자들도 가장 배우기 쉽고 쓰기 편한 과학적인 문자로 인정하고 있습니다.

우리의 소중한 자산이자 문화인 한글을 아끼고 사랑하며, 발전시키는 것이야말로 오늘 우리가 앞장서서 해야 할 일인 것입니다.

한글 사랑을 실천해 온 한글 학회에 거듭 감사드리며, 여러분의 노력이 알찬 결실을 거둘 수 있기를 기원합니다.

김형오

땀과 눈물로 한글을 지키고 가꾸어 온 한글 학회, 한글 학회의 창립 100돌을 진심으로 축하합니다.

한 세기 동안 한글 사랑과 발전에 이바지해 오신 여러분께 마음 깊이 존경과 감사의 뜻을 담아 인사 올립니다.

"뿌리 깊은 나무는 바람에 흔들리지 않으므로 꽃이 아름답고 열매가 많다."고 했습니다.

한글은 우리 얼의 뿌리이고, 그런 한글을 지키고 가꾸는 일이야말로 겨레를 더욱 가멸차게 하는 첫걸음입니다.

우리 모두 힘과 지혜를 모아야 합니다. 남북으로 갈라져 따로 흐르고 있는 말과 글의 물줄기를 하나로 모으고, 인터넷과 휴대전화 문화 등으로 손상되어 가고 있는 그 참모습도 되찾아야 합니다.

여러분은 지난 100해에 걸쳐 땀과 눈물로 한글을 지키고 가꾸어 오셨습니다. 앞으로도 영원토록 한글 지킴이가 되어 더 큰 일을 해주시기를 진심으로 바랍니다. 그래서 자랑스러운 우리 한글이 더 아름답게 꽃 피우고 더 많이 열매 맺으면 좋겠습니다.

저와 한나라당 역시 여러분과 늘 함께 할 것을 다짐합니다. 고맙습니다.

이용규 박임흠 한윤심

⑨ 축하시 낭송: 한국문학의집 이상장: 김후란

⑩ 기념우표증정 우정사업 본부 본부장: 정경원

⑪ 한글노래 한글노래단; 혜화초등학교 어린이 합창단

⑫ 한글학회 노래: 다같이

⑬ 폐식

⑭ 기념만찬

정세균
민주당 대표

한글 학회 100돌은 다른 어떤 기념일보다 뜻 깊어 한글 학회의 창립 100돌을 진심으로 축하합니다.

역사적인 '창립 100돌 기념 특집호' 지면에 인사를 올리게 된 점이 더 없이 영광이라는 말씀도 드리고 싶습니다.

한글의 우수성은 두말할 필요가 없을 것입니다. 한글은 우리 겨레의 자랑을 넘어 유네스코가 기정한 세계 기록 문화유산이 되었습니다. 수난의 역사 속에서도 꿋꿋이 한글을 지켜온 한글 학회가 있었기에 가능한 일입니다. 그런 의미에서 한글학회 100돌은 어떤 기념일 보다 뜻 깊다 하겠습니다.

그러나 우리 겨레의 얼인 한글이 잘못된 쓰임새로 그 가치가 훼손되고 있습니다. 세계화의 시장 만능주의가 초래한 영어 몰입 세태는 한글의 존재 의미를 흔들고 있습니다. 안 될 일입니다. 말과 글을 빼앗긴 설움을 아는 민족이기에 더욱 그렇습니다.

모쪼록 한글 학회의 100돌이 한글의 소중함을 알리고, 바르게 쓰고 널리 쓰는 계기가 되길 희망합니다. 정치권도 우리 말글 지키기 운동에 적극 동참할 것을 약속합니다. 감사합니다.

김병수
포천중문의대 총장
대한민국학술원 회원

백성의 한 사람으로 감사의 말씀

중국이 존경하는 시인 아이칭의 「나는 이 땅을 사랑한다」시 끝 절에 "왜 나의 눈엔 항상 눈물이 고이는 걸까, 내가 저 땅을 그토록 깊이사랑하기 때문일까"라는 글이 있습니다.

저는 세종대왕, 주 시경, 한글 학회, 학회 선생님 여러분, 제가 특별히 만나 뵙고 존경하던 외솔 선생님 생각을 하면 눈에 눈물이 고입니다.

저도 나이가 드니 우리나라의 질곡의 역사를 돌아보며 한을 가지고 살아 온 자신을 돌아보게 됩니다.

조선조의 역사에서 세종대왕, 충무공이 계셨기 때문에, 일제시대에 한글 학회 선생들이 계셨기에, 그 분들이 압수당했던 목숨 걸고 쓰신『조선말 큰사전』 원고를 1945년 9월 서울역 운송부 창고에서 찾아내고 눈물을 쏟았던 역사가 있었기에 나는 이 나라에 살고 있습니다.

한글과 한글 학회,『한글 새 소식』은 우리의 역사이고 정체성이고 민족 한을 승화한 표상입니다. 1957년 10월 9일 한글날 우리 스승들이 목숨으로 이룩하여 완성한『큰 사전』(을유문화사)은 민족문화를 창조한 것이며, 21세기에 우리 한글이 온 세상 글 중에서 제일 많이 쓰이는 과학적인, 디지털 시대 글이 될 것입니다.

김 한중
연세대학교 총장

전통과 자부심의 역사

한글 학회의 창립 100주년을 진심으로 축하합니다.

한글 학회와 우리 연세 대학교는 도저히 따로 떼어 생각할 수 없을 만큼 형제 같은 관계를 맺고 있습니다. 한글 학회의 100년 역사에 가장 중요한 공로를 세우신 최 현배 선생님과 김 윤경 선생님, 그리고 장 지연 선생님과 허 웅 선생님은 바로 우리 연세 동산에서 우리말을 연구하시고 제자를 길러 내셨습니다. 그리고 그 제자들과 또 그들의 제자들이 우리 사회 곳곳에 민들레 홀씨처럼 퍼져 사회 발전에 큰 구실을 다하고 있습니다.

그뿐만 아니라 한글 학회와 우리 학교는 같은 시대 상황에서 같은 시대 의식을 가지고 태어난 기관입니다. 우리 두 기관은 대한민국 정부보다 더 길고도 강한 전통성을 가지고 있습니다.

이러한 전통과 자부심의 역사가 머나먼 미래에도 늘 함께 되기를 간절히 바랍니다.

(8) 직원 표창

유운상, 성기지, 박기욱, 조광복, 김한빛나리, 이수영, 손순영, 이한교

이상과 같은 차례로 식이 진행되었다.

(9) 〈100돌 기념일을 앞둔 여러 행사〉

① 울산의 외솔 선생 기념관 개관식

2008년 7월 10일에 외솔선생의 생가 복원과 기념관 개관식이 있었는데 그 전날 최기호, 외솔회 회장과 상의하니 내일 7시 30분까지 김포공항에 모이자고 하여 나는 10일 5시 10분에 집을 나서 "태릉 리무진 정유소"에 가니 5시 40분 차가 와서 타고 김포공항에 도착하니 6시 30분이었다. 최기호, 최홍식, 박동국, 김석동 등과 8시 30분에 비행기로 출발하여 9시 20분에 울산에 도착하니 김철 위원장, 이무열 부위원장 이성태 선생이 나와 맞아 주었다. 성전사회의실에 가서 상견례를 마치고 중구청에 가서 구청장과 박태환 시의회 의장들과 인사를 나누고 기념품 기증협약서를 쓰고 외솔선생 생가 상향식에 가서 식을 마쳤다. 옛날 집이라도 외솔의 집은 살기가 괜찮았던 것 같아 보였다. 그리고 곧 기념관 개관식을 마치고 점심을 "외가"라는 식당에서 하고 "번구대"와 천전리 "각석"을 구경하고 시간이 지나서 "롯데호텔"지하에 있는 중국집 "상하이"에서 저녁을 먹은 후 오후 8시 KAL기로 "김포"에 도착, 지하철로 집에 오니 10시 40분이었다.

② 여러 가지 행사

2008년 8월 14일, 롯데호텔 37층 중국식당에 가서 홍보대사 "강천석 조선일보 주필" "성상철 서울대학병원장" "신달자 교수" "신영일 아나운서" "이인용 삼성전자 전무" 외에 두 분을 모시고 식사대접을 하였다. 회식이 끝나고 "이인용 전무"가 학회 100돌을 기념하는 뜻에서 3천만 원을 희사하여 주었다.

또 이날 문화체육관광부 장관의 연설문 초안을 성기지 선생께 준비하도록 하였다.

8월 31일 백 돌이 되는 날이 가까워지니까, 각 신문사는 물론 방송사에서 여러 가지 인터뷰 요청이 들어왔다. 그리고 여러 가지 행사도 있었다.

a. 아침 7시 20분에 교통방송에서 전화 인터뷰를 하였다.
b. 8월 20일 4시에 동아일본 금동근 기자가 와서 학회 100돌에 대한 취재를 하고 갔다.
c. 8월 21일 mbc의 햇빛PD를 만나 녹음을 마치고 서로 대화를 하여 보니 우리 고장 봉수면의 김기진님의 손녀였다.
d. 8월 21일 1시에 힐튼호텔에서 "한글"에 관한 식이 있었는데 나는 축사를 하였다. KTV에서 촬영하여 갔다.

8월 23일 10시 40분에 유인촌 문화체육부장관 면담실로 가서 기다리니 10시 50분에 장관이 와서 약 15분 동안 행사에 관한 이야기를 하면서 한글기념관 건립을 꼭 추진하여 달라고 간곡히 부탁하고, 또 100돌 행사가 전국적으로 이루어져야 함을 말하였다. 그리고 학회 100돌을 기하여 국어사전을 만든다는 말이 있었는데 그 사업은 우리 학회에서 하도록 하여 달라고 간곡히 부탁하였다.

e. 8월 25일에 흑석동에 있다는 "원방송국에서 28일에 대담할 수 있는지 물어서 가능하다 하였다.

f. KBS 라디오 장소연 작가로부터 내일 10시에 대담이 있다고 하면서 대담 내용을 E-mail로 보내 왔다.

g. 8월 26일 아침 10시에 KBS 박인규의 집중 인터뷰에서 "학회 100돌"에 대한 방송녹화를 30분 동안 하였다.

h. 8월 26일 3시에 한계레신문사의 안찬수 기자와 인터뷰를 1시간 30분 동안 하였다.

I. 8월 26일 6시에 연합통신의 송광호 기자와 1시간 30분 동안 100돌에 관하여 인터뷰를 하였다.

j. 8월 28일 8시에 흑석동에 있는 원 방송국에 가서 학회 100돌 기념에 관한 인터뷰를 하였다.

k. 8월 29일에 "한글학회 100돌 기념 국제 학술대회"가 열렸다. 이 논문발표 대회를 CBS와 조선일보에서 취재하여 갔는데 조선일보에서는 두 시간 동안 취재하였다. 발표자와 제목은 다음과 같다.

I. 한글 학회 창립 100돌 기념 국제 학술 대회

주제: 한글 학회 100돌과 우리 말글의 미래

<table>
<tr><td rowspan="8">제1일
(8/29)</td><td>09:30~
10:00</td><td>〈참가자 등록과 개회〉</td></tr>
<tr><td></td><td>• 인사 말씀 : 한글 학회 회장 김 승곤
• 축하 말씀 : 국립국어원 원장 이 상규</td></tr>
<tr><td rowspan="2">10:00~
12:00</td><td>〈제1부 연구 발표〉 사회: 권 재일(서울대)</td></tr>
<tr><td>• 기조 연설(1)
△ 손호민(미국, 하와이대학): 한국어의 유형적 특징
• 연구발표
△ 스테판 크놉(영국, 런던대학): 한국어 '피동성 표현'의 지위
-유형론적 문법화의 관점에서-
△ 알브레히트 후베(독일, 본대학): 훈민정음의 성리학 원칙
-한글 정보학에의 그의 적용-</td></tr>
<tr><td colspan="2">12:00~13:30 점심 식사</td></tr>
<tr><td rowspan="2">13:30~
15:30</td><td>〈제2부 연구 발표〉 사회: 하 치근(동아대)</td></tr>
<tr><td>• 연구 발표
△ 연 재훈(영국, 런던대학): 한국어에 능격성이 존재하는가
-능격의 개념과 다양한 사용-
△ 김 주원(서울대): 알타이언어의 새로운 연구 방향에 대하여
△ 이 태영(전북대): 한국어 정보화의 방향과 과제</td></tr>
<tr><td colspan="2">15:30~15:50 쉬는 시간</td></tr>
</table>

<table>
<tr><td rowspan="2"></td><td rowspan="2">15:50~
17:50</td><td>〈제3부 연구 발표〉 사회: 조 오현(건국대)</td></tr>
<tr><td>• 연구 발표
△ 홍 종선(고려대): 국어의 시제, 동작상, 서법
△ 임 지룡(경북대): 한국어 의미 연구의 방향
△ 권 경근(부산대): 음운론적 유형론과 한국어</td></tr>
<tr><td rowspan="8">제2일
(8/30)</td><td rowspan="2">09:30~
12:10</td><td>〈제4부 연구 발표〉 사회: 이 호영(서울대)</td></tr>
<tr><td>• 기조 연설 (2)
△ 김 진우(미국, 일리노이대학): 국어 음절론
• 연구 발표
△ 로스 킹(캐나다, 브리티시콜럼비아대학): 북미 도서관 소장의 임란전 구결 자료에 대하여
△ 노마 히데키(일본, 동경외대): 언어를 배우는〈근거〉는 어디에 있는가
△ 왕단(중국, 북경대학교): 한국어 교육용 문법 용어의 중국어 표준화 연구</td></tr>
<tr><td colspan="2">12:10~13:30 점심 식사</td></tr>
<tr><td rowspan="2">13:30~
15:00</td><td>〈제5부 연구발표〉 사회: 임 용기(연세대)</td></tr>
<tr><td>• 연구 발표: 한글 학회 100년의 활동 보고(1)
△ 리 의도(춘천교대): 『한글』과 『한글 새소식』의발행
△ 양 태식(서울교대): 한글 학회의 교육 활동
△ 권 재일(서울대): 한글 학회의 학술 활동</td></tr>
<tr><td colspan="2">15:00~15:20 쉬는 시간</td></tr>
<tr><td rowspan="2">15:20~
16:20</td><td>〈제6부 연구 발표〉 사회: 이 근영(대진대)</td></tr>
<tr><td>• 연구 발표: 한글 학회 100년의 활동 보고(2)
△ 김 정수(한양대): 한글 맞춤법의 역사
△ 오 동춘(한글 학회): 한글 학회와 말글 운동</td></tr>
</table>

m. 8월 30일에 KBS와 KTV와 인터뷰를 하였다.

n. 8월 30일 오후 5시에 건국대 대강당에서 100돌 기념식이 열렸는데 유인촌 문화관광부장관을 위시하여 고려대학교 이기석 총장, 김병철 부총장 등 많은 명사들이 참석하였다.

o. 8월 31일 12시에 손호민, 김진우, 군높후베, 연재훈, 로스킹, 노마 히데끼, 왕당, 김리박 선생 내외분 등 다수가 이남장에 가서 점심식사를 하고 신촌 봉원사로 가서 기념비 제막식을 가졌다.

p. 제막식 후 곧 국립묘지 애국지사 제2 묘역에 가서 꽃을 바쳤다.

q. 아침 7시 20분에 MBC라디오 인터뷰를 하였다.

여기서 하나 덧붙여 둘 것은 유인촌 장관이 나와 약속하기는 "한글기념관"을 지으면 지하에 한글학회 연구실을 주겠으며 "해외 국어교사 연수회"에 오는 선생님들 숙소를 만들어 거기에서 국어 연수회를 하도록 하겠다고 하였다. 그런데 이 안건이 문화체육관광부에 들어가서는 평소에 한글과 학회 창립 100돌은 물론 한글기념관에 대하여 눈꼽만큼도 관심이 없었던 서울대학교 출신 관리들이 "한글기념관"을 "한글박물관"으로 이름을 바꾸고 2014년 10월 9일 개관일에는 관장은 물론 행사 진행 책임자는 서울대학 출신인 연세대학의 임홍빈 교수를 인명하였다. 한글학회에서 애써 진행하여 왔던 나는 그날 식장에 앉을 좌석도 없어서 남의 자리에 앉아서 개관식을 지켜 보았다. 그들은 한글보다는 한자에 신경을 쓰고 있는 형편인데, 그들에게 박물관의 요직을 맡겼으니 나라꼴이 어떻게 되겠는지 걱정이 아닐 수 없었다.

(10) 국외 한국어 교원 초청 연수회

나는 2010년 2월 10일에 「국외 한국어 교원 초청 연수회」에 대하여 이를 집대성하여 한 권의 책으로 엮어 두어야 하겠다는 생각에서 "국외 한국어 교원 초청연수 백서"를 간행하였다. 이에 따라 「국외 한국어 교원 초청 연수회」에 관하여 자세히 그 내용을 밝혀 두고자 한다.

한국어 교원 연수회는 1997년 7월 7일부터 매년 시행하여 왔는데 내가 회장으로 있는 동안의 일에 관하여서만 밝혀 두고자 한다. 왜냐하면 이 글은 나의 자서전이기 때문이다. 백서의 발간사는 권재일 국립국어원장이 썼고 나는 백서 편찬을 하게 된 취지를 썼다. 다음에 이에 대하여 원문을 밝혀 두겠다.

발간사

1990년대 이후 한국어 교육에 대한 수요가 지속적으로 증가하고 그 대상자도 더욱 다양화되어 가고 있습니다. 이는 우리나라의 국가적 위상이 높아지고 한국 대중문화가 국외에서 큰 관심과 인기를 얻어가고 있기 때문이라고 생각합니다. 이런 분위기 속에서 한국어의 세계화를 지속하기 위해 국립국어원은 한국어 교육 관련 기초 연구, 다양한 한국어 개발과 보급, 한국어 전문 교원의 양성 지원 등 국내외에서 한국어 교육의 효과를 높이는 일을 위해 노력해 오고 있습니다.

"교육의 질은 교사의 질을 결코 넘어설 수 없다"는 루돌프 슈타이너의 말에서도 알 수 있듯이, 내실 있는 한국어 교육의 기반 마련을 위해서 가장 중요한 것은 전문성 있는 한국어 교원의 양성일 것입니다. 체계적인 교육 과정, 다양한 교재, 유익한 학습 자료 등이 아무리 잘 마련되어 있다고 하더라도, 궁극적으로 그것을 학습 현장에서 효과적으로 전달할 수 있는 능력 있는 교원이 충분하지 않다면 성공적인 한국어 교육을 기대할 수는 없을 것입니다.

국외에 있는 한국어 교원의 전문성을 높이고, 한국어 교원 간의 연계 체제를 강화하기 위해 추진해 온 사업 중에서 대표적인 것이 '국외 한국어 교원 초청연수'입니다. 이 사업은 문화체육관광부와 국립국어원의 지원을 바탕으로 하여 1997년에 한글학회가 처음으로 시작했는데, 현재는 국외 한국어 교원 연수회(한글학회), 외국인 한국어 교원 초청 교육(한글학회) 우수 학습자 초청 교육(한국어세계화재단) 등으로 다양하게 운영되고 있습니다. 이 사업은 국외에 있는 한국어 교원들의 전문성을 높이고 서로 간에 교류할 수 있는 기회를 제공하는데 적지 않은 성과가 있었지만, 한편으로는 연수 대상 선발, 교육 프로그램의 운영, 사후 관리 등 여러 가지 면에서 고쳐 나가야 할 점도 있다고 생각합니다.

이 백서는 그동안 시행했던 초청 연수 사업의 역사를 돌아보고, 그 성과와 문제점을 분석함으로써 앞으로 더욱 내실 있는 교원 양성 사업의 방안을 제시하는 것을 목적으로 하고 있습니다. 또한, 이 백서는 연수회에 참석한 국외 한국어 교원 여러분들 개개인에게는 소중한 추억의 자료가 될 수도 있을 것입니다.

마지막으로, 그간 흩어져 있던 자료를 모으고 정리하여 백서라는 모습으로 세상에 태어날 수 있도록 밤 낮 없이 노력해 주신 한글학회 관계자 여러분께 감사드립니다.

2010년 1월 30일

국립국어원 원장 권재일

『국외 한국어 교원 초청 연수 백서』 편찬에 즈음하여

1997년부터 문화체육관광부와 국립국어원에서는 국외 한국어 교원 초청 연수 사업을 꾸준히 추진해 왔습니다. 우리 학회는 첫 해부터 이 사업을 맡아 운영해 왔는데, 2009년까지 열 세 해 동안 70여개 나라에서 600여 명의 한국어 교원들이 한국에 초청되어 연수를 마치고 돌아갔습니다. 연수회에 다녀간 수료생들은 지금까지도 서로 긴밀하게 연락을 주고받으며, 또한 이미 국외의 대다수 한국어 교육 현장에 '국외 한국어 교원 연수회' 수료생들이 뿌리내리고 있어, 이 사업의 성과가 결코 작지 않음을 증명하고 있습니다. 이 책은 그동안의 초청 연수 사업 실적을 정리하고 성과를 분석하는 한편, 더 나은 초청 연수 사업을 위한 발전 방안을 모색해 보고자 제작된 것입니다.

이 책에서는 문화체육관광부와 국립국어원(2007년 이후)의 위탁으로 한글학회가 각각 1997년과 2007년부터 맡아 진행해 온 "국외 한국어 교원 연수회" "국외 한국어 교원 초청 교육" 들을 비롯하여, 한국어세계화재단이 2008년부터 맡아 진행한 "한국어 성적 우수 학습자 초청 교육"의 사업 내용과 실적을 상세하게 정리, 분석하였다. 아울러 국내의 한국어 교육 전문가들에게서 이들 한국어 교원 초청 연수 사업의 발전 방안에 대한 제언을 기고 받아 함께 묶었습니다. 그 밖에, "국외 한국어 교원 연수회"에 참가했던 한국어 교원들의 연수 후기를 들어 봄으로써, 이들 프로그램이 주는 실제적인 효과를 가늠하였고, 한국어 교원 양성 및 외국인을 대상으로 한 한국어 교육을 목표로 설립된 국내 각 대학의 한국어 교육기관을 소개하였습니다.

이 한 권의 책이 열세 해에 걸친 국외 한국어 초청 연수 사업의 모든 것을 대변한다고 자신하지는 않지만, 나라 밖에서 우리말과 우리글을 가르치기 위해, 또는 배우기 위해 귀한 땀을 흘리고 있는 많은 분들에게 꼭 필요한 길잡이가 되리라 기대해 봅니다. 아울러 여기에 정리한 내용들이, 한국어 교원 초청 연수 사업이 더욱 발전해 나가는 데 소중한 디딤돌이 되어 줄 것으로 믿습니다. 끝으로, 이 책을 엮어 낼 수 있도록 세심하게 배려해 주고 지원해 준 국립국어원에 고마움을 전합니다.

2010년 1월 30일

한글학회 회장 김승곤

—목차—

한국어 교원 초청 연수 사업 현황 및 분석

1997년부터 문화체육관광부(당시에는 '문화체육부')는 국외에서 한국어를 가르치는 교원들의 자질을 높이고 효율적이고 올바른 한국어 교육을 할 수 있도록 돕기 위하여, 국외 한국어 교원 초청 연수 사업을 추진하였다. 이 사업은 추진 첫 해부터 한글학회에서 맡아, 해마다 "국외 한국어 교사 연수회"(2007년부터는 "국외 한국어 교원 연수회"라 함)라는 이름으로 시행하였다.

그 연수회는 이후 2009년까지 13년을 알차게 운영함으로써 두루 신뢰를 받는 한국어 교원 연수회로 자리잡게 되었다. 국립국어원이 지원을 맡은 2007년 부터는, 그 연수회화는 별도로, 세계 곳곳에서 활동하는 현지인 한국어 교원과 한국어 전문가를 초청하여 재교육을 실시하는 "국외 한국어 교원 초청 교육"과 "국외 한국어 전문가 초청 교육" 프로그램을 운영하였다. 또, 국립국어원은 2008년부터 "한국어 성적 우수 학습자 초청 교육"도 추진하였는데, 이 사업은 한국어세계화재단이 맡아 진행하였다.

이 장에서는 그동안 시행하였던 "국외 한국어 교원 연수회"와 "국어 한국어 교원 초청 교육", "국외 한국어 전문가 초청 교육", "한국어 성적 우수 학습자 초청 교육" 들의 상세한 내용을 소개하고, 그 성과를 분석하였다.

① 국외 한국어 교원 연수회

"국외 한국어 교원 연수회"(1997~2006년까지는 "국외 한국어 교사 연수회"라 함)는 외국에서 이루어지고 있는 한국어 교육을 활성화하고, 외국에서 활동하고 있는 한국어 교원의 자질을 높이기 위하여, 문화체육부(지금은 문화체육관광부)의 재정 지원으로 수행하였다.

연수생은 세계 곳곳에서 초청하였으니, 국적과 거주지와 언어는 다양하였다. 한국어 모어 화자가 있는가 하면, 한국어를 외국어로 사용하는 사람도 있으며, 거주지는 외국이지만 국적이 한국인 사람도 있었다.

1997년에 시작하여 2009년까지 13회 실시했고, 매회 2주 과정으로 편성하여 운영하였다(2009년은10일 과정).

a. 국외 한국어 교원 연수회 종합 분석

1997년부터 2009년까지 해마다 한 차례씩 모두 13회에 걸쳐 "국외 한국어 교원 연수회"를 실시하였는데, 대개 여름방학 중인 7월과 8월을 택하여 개최하였다. 3월부터 그 해 연수를 계획하여 교과목을 선정하고 강사를 섭외하였다. 강의 교안은 5월까지 집필을 마쳤고, 이때부터 국외의 각 한국 문화원과 세종학당 들에 연수회 참가자 추천 의뢰를 시작하였다. 한국 문화원이나 세종학당이 설치되어 있지 않은 나라들에는 대사관(또는 영사관)과 한글학교, 한국어과가 개설돼 있는 대학들에 공문을 보내어 추천하도록 하였다.

6월쯤부터는 연수장과 숙소를 예약하는 등 갖가지 실무 준비를 마치고, 참가 신청서를 낸 이들 가운데 서류 심사를 통하여 대개 40명 안팎의 교원을 뽑아 초청장을 보내었다. 초청 대상은 신청 기준에 맞는 대상자

가운데서 각 대륙별, 나라별로 골고루 안배하여, 연수회의 성과가 온 누리에 빠짐없이 퍼져 나갈 수 있도록 노력하였다.

이러한 절차를 밟아 '국외 한국어 교원 연수회'를 수료한 연수생은 총인원 523명이다. 그 연수생의 거주 국가는 누적하여 323개 나라인데, 그것을 연도별로 정리하여 표로 보이면 다음과 같다.

회(년도)	인원	거주 국가	회(년도)	인원	거주 국가
1(1997)	36	16	8(2004)	46	29
2(1998)	35	18	9(2005)	45	32
3(1999)	46	24	10(2006)	40	29
4(2000)	45	25	11(2007)	34	23
5(2001)	46	28	12(2008)	33	26
6(2002)	44	30	13(2009)	28	15
7(2003)	45	28	모두	523명	323개

위의 대륙과 나라별로 정리해 보면 다음 표가 된다. 대륙별로 보면, 아시아 및 오세아니아에서 235명, 아프리카에서 11명, 유럽에서 141명, 아메리카에서 137명이 참가한 셈이 나온다. 아프리카 쪽에 대한 보급과 홍보를 좀 더 늘려야 할 필요가 있음을 확인할 수 있다.

나라 \ 차례		1	2	3	4	5	6	7	8	9	10	11	12	13	모두
아시아·오세	네팔										1				1
	대만				1	2	1								4
	말레이시아			1	1	1	1		1		1		1	1	8
	몽골			2		2	1	3	1	2	2	2	1	1	17
	미얀마								1						1
	베트남		1							1	2	1	1	1	7
	사우디아라비아									1		1			2

아니아	스리랑카	1				1	1		1		1				5
	싱가포르					1	1			1	1		1		5
	우주베키스탄		1	1	1	1	2	1	2		1		1		11
	인도	1		1	1					1		1		1	6
	인도네시아	1					1	1	1		2	1	1		8
	일본		1	3	2	1	1	4	4	2	1	3	2		24
	중국	2	8	8	8	5	4		5	4	3	2	3	1	53
	카자흐스탄	1		1	1	1	2	1	1	1	1	2	1	1	14
	캄보디아										1			1	2
	키르기스스탄							2	1			1			4
	태국			1	1	1	1	1		1		1		2	9
	터키	1			1		1			1			1		5
	필리핀			2	1	1	4		1		1				10
	홍콩										2	1	1		4
	뉴질랜드		1		1	1	1	1		2	1	1	1	2	12
	호주	1	1	1	1	1	1	1	2	3	2		2	2	18
아프리카	가나							1							1
	남아프리카공화국						1	1							2
	모로코									1			1		2
	이집트										1	1			2
	케냐								1						1
	코트디부아르										1				1
	탄자니아								1						1
	토고								1						1
유럽	그리스		1												1
	네덜란드	2		1		1	1	1		1					7
	덴마크						1	1	1						3
	독일	1	2	2	2	2	1	1	2	1	1		1	2	18
	러시아	5	2	4	4	4	3	6	3	2		21	1	1	37
	루마니아		1		1				1		1				4
	룩셈부르크										1				1
	벨기에						1					1			2
	볼가리아									1					1
	스웨덴		1	1		1	1		1		1	1			7
	스위스	1		1		1	1		1				2		7
	스페인			1	1	1		1		1	1		1		7
	영국		1	1		1	1	1	2	1	1	2	1	2	14
	오스트리아	1	1	1	1			1			1	1			7
	우크라이나					1		1		1					3

	이탈리아	1			1			1		1			1		5
	체코									1	1				2
	포르투갈									1					1
	폴란드									1					1
	프랑스			1	1	1	1	1		1	1	2	1		10
	헝가리							1	1			1			3
아메리카	멕시코				1	1		1	1	1			1		6
	미국	15	7	7	9	9	5	4	5	4	4	4	3	9	85
	캐나다	2	3	2	1	1	3		2	2	1	1			18
	과테말라							1	1						2
	도미니카									1					1
	볼리비아			1			1			1			1		4
	브라질		1	1	1	1	1	2		1					8
	아느헨티나		1	1	1	1							1	1	6
	에콰도르									1					1
	칠레					1				1					2
	파나마				1										1
	파라과이		1	1											2
	페루								1						1
	(66개 나라)	36	35	46	45	46	44	45	46	45	40	34	33	28	523

모두 66개 나라에서 참가하였는데, 미국에서 가장 많은 85명이 참가했고 중국에서 53명, 러시아에서 37명, 일본에서 24명이 참가했다. 그 밖에 10명 이상이 참가한 나라는 몽골, 우즈베키스탄, 카자흐스탄, 필리핀, 뉴질랜드, 호주, 독일, 영국, 프랑스, 캐나다 등이다. 러시아와 중앙아시아의 여러 나라에서 참가한 수강자를 합하면 70명으로, 미국 다음으로 많은 수효가 된다. 반대로 오직 한번 1명이 참가한 나라는 네팔, 미얀마, 가나, 케냐, 코트디부아르, 탄자니아, 토고, 그리스, 룩셈부르크, 볼가리아, 포르투갈, 폴란드, 도미니카 에콰도르, 파나마, 페루 등이다.

다음에는 내가 2007년 3월부터 한글학회 회장이 되고 난 때부터의 국외 한국어 교원 연수회에 대하여서만 밝히기로 하겠다. 나는 제11회에서 제13회까지 세 차례로 그치었다. 임기 동안의 일이기 때문이다(더 자세한 것은 한글학회 "국어 한국어 교원 초청 연수 백서"를 참조하기 바란다.

b. 제11회 국외 한국어 교원 연수회

b-1. 현황 및 분석

이때부터 명칭을 '국외 한국어 교원 연수회'로 바꾸었으며, 2007년 7월 1일부터 14일까지, 서울 방화동에 있는 국립국어원에서 개최하였다. 숙소는 이웃에 있는 국제청소년센터 드림텔을 이용하였다. 23개 나라—뉴질랜드, 러시아, 몽골, 미국, 베트남, 벨기에, 사우디아라비아, 스웨덴, 영국, 오스트리아, 이집트, 인도, 인도네시아, 일본, 중국, 카자흐스탄, 캐나다, 키르기스스탄, 타지키스탄, 태국, 프랑스, 헝가리, 홍콩—에서 34명이 참가하였다.

교과목과 강사는 제10회와 크게 다르지 않았다. 다른 점은 "한국어 계통론과 어휘론 및 음운론"을 "한국어의 음운 형태"로 개편하여 최기호가 강의를 맡은 것이었다. 특강은 한글학회 이사장 김계곤의 기조 강연, 한글학회 회장 김승곤의 "한글학회를 바로 알자", 국립국어원 이상규의 "사라져 가는 것들"이란 제목의 특강이 각각 2시간씩 있었다. "특별 활동"중에서 3시간은 한국 음악, 한국의 예절, 방송 언어에 관하여 각각 이복신, 명진영(다도 연구가), 손범규(SBS 아나운서)의 이야기를 들었다. 2시간은 분임 토의, 1시간은 어울림잔치에 할애하였다.

b-2. 시간표

제11회 국외 한국어 교원 연수회의 시간표는 아래와 같다.

날짜 (요일)	1교시 09:30~10:20	2교시 10:30~11:20	3교시 11:30~12:20	4교시 14:00~14:50	5교시 15:00~15:50	6교시 16:00~16:50	7교시 17:00~17:50
7/1 (일)	국외 한국어 교원 환영(환영회: 오후 5시, 입소: 오후 7시)						
7/2 (월)	개강식	한글학회 역 사	훈민정음	훈민정음	한국 역사	한국 역사	국어정책 설명
7/3 (화)	말하기 교수법	말하기 교수법	한국어 발음	한국어 발음	한국 문학	한국 문학	특별 활동 (방송 언어)
7/4 (수)	훈민정음	훈민정음	말하기 교수법	말하기 교수법	회장 특강	회장 특강	특별 활동 (한국 음악)
7/5 (목)	읽기 교수법	읽기 교수법	한국어 발음	한국어 발음	한국어 발음	북한 언어	북한 언어
7/6 (금)	듣기 교수법	듣기 교수법	한국 문화	한국 문화	북한 언어	북한 언어	동아리 활동
7/7 (토)	학습 답사(여주 영릉) 및 문화 체험(전통 공예)						
7/8 (일)	한국 문화 체험(개인별 자유 시간)						
7/9 (월)	읽기 교수법	읽기 교수법	어문규정	어문 규정	듣기 교수법	듣기 교수법	한국어인 증시험 설명
7/10 (화)	한국어 형태론	한국어 형태론	어문 규정	어문 규정	한국 문학	한국 문학	동아리 활동
7/11 (수)	한국 역사	한국 역사	한국 문화	한국 문화	한국어 문법	한국어 문법	특별 활 동(전통 예절)
7/12 (목)	한국어 문법	한국어 문법	한국어 문법	쓰기 교수법	쓰기 교수법	원장 특강	원장 특강
7/13 (금)	쓰기 교수법	쓰기 교수법	한국어 형태론	한국어 형태론	종합 평가	동아리 활동	동아리 활동
7/14 (토)	종합 토론	수료식	환송회				

b-3 수료생

제11회 국외 한국어 교원 연수회에 참가한 23개 나라 34명의 명단과 지역별, 연령별 통계를 표를 보이면 각각 아래와 같다.

〈표 1〉 수료생 명단

이름	나라	소속
강선화	몽골	울란바토르대학교
길덕란	타지키스탄	한울 한글학교
김현주	오스트리아	비엔나 한글학교
김(권)순노	캐나다	프레이저밸리 한국어학교
조명림	인도	네루대학교
송희진	미국	엘에이 한국 문화원
최명옥	미국	캘리포니아 주립대학교
안정은	중국	북경 제2외국어대학
이정애	중국	북경연합대학
김정순	사우디아라비아	젯다 한국주말학교
무랴야마 유코	일본	가이요고등학교
홍연주	일본	한일교류센터
함주령	몽골	몽골국립사범대학교
조숙연	영국	셰필드 한국학교
황민숙	영국	런던 한국학교
우에노 미야코	일본	한글센터
조정숙	미국	뉴저지 사랑한국학교
안순승	미국	뉴욕브로드웨이 한국학교
조혜영	프랑스	프랑스 한국문화원
조용희	프랑스	프랑스 한국문화원
김주희	이집트	아인삼스대학교
김화경	스웨덴	재스웨덴 한국학교
전마이나	러시아	모스크바 한민족학교제1086학교
안나신야코바	러시아	모스크바 국립국제관계대학교

조혜경	베트남	호치민 외국어정보대학
서정아	헝가리	부다페스트 한인학교
최미옥	태국	방콕 한국국제학교
정진옥	홍콩	중문대학교
배진교	뉴질랜드	오클랜드 한국학교
배인선	벨기에	벨기에 한글학교
권윤경	카자흐스탄	한국교육원 토요한글학교
백태현	키르기스스탄	국립 비슈케크인문대학교
안영란	인도네시아	밀알 한글학교
윤태호	카자흐스탄	알마티 한국종합교육원

〈표 2〉 수료생 지역 분포

나라	뉴질랜드	러시아	몽골	미국	베트남	벨기에
인원	1	2	2	4	1	1
나라	사우디아라비아	스웨덴	영국	오스트리아	이집트	인도
인원	1	1	2	1	1	1
나라	인도네시아	일본	중국	카자흐스탄	캐나다	키르기즈스탄
인원	1	3	2	2	1	1
나라	타지키스탄	태국	프랑스	헝가리	홍콩	
인원	1	1	2	1	1	

〈표 3〉 수료생 연령 분포

연령	20대	30대	40대	50대	60대
인원	3	11	16	2	2
비율	8.8%	32.3%	47.1%	5.9%	5.9%

제11회 국외 한국어 교원 연수회에 참가한 이들

C. 제12회 국외 한국어 교원 연수

C-1. 현황 및 분석

2008년 7월 27일부터 8월 9일까지, 서울 우이동에 있는 메리츠화재 연수원('동양화재 중앙연수원'의 새 이름)에서 개최하였는데, 26개 나라—뉴질랜드, 독일, 러시아, 말레이시아, 멕시코, 모르코, 몽골, 미국, 베트남, 볼리비아, 스위스, 스페인 싱가포르, 아르헨티나, 영국, 우주베키스탄, 이탈리아, 인도네시아, 일본, 중국, 카자흐스탄, 캐나다, 터키, 프랑스, 호주, 홍콩—에서 33명이 연수생으로 참가하였다.

제12회에는 분야별 시수를 일부 조정하고 "수업 참관"(3시간)을 신설하였다. 그리고 '특별활동'의 하나로 다루던 한국 음악 관련 시간을 "문화 강좌"란 이름으로 독립시켰다. 그 결과로 문서화된 과정에서는 "특별 활동"이 없어지고, 전체 과정은 다음과 같이 '69시간+1일'이 되었다. 그러나 종전에 그 시간에 행하던 갖가지 활동을 아주 없앤 것은 아니고, 과외로 비교적 자율적으로 행하게 하였다.

	교과 활동	교과 외 활동							
	13개 과목	수업 참관	특강	문화 강좌	소개	종합 평가	종합 토론	자율 학습	현장 답사
시간 일수	52	3	5	3	1	2	2	1	1일
합계	69시간								1일

교과목을 보면 "한국어의 음운과 형태"를 폐지하였으며, "한국어 정책"을 신설하여 최용기(국립국어원 국어진흥부장)가 담당하였다. 과목 수는 여전히 13개인데, 개인적인 사정으로 4개 과목의 강사를 교체하였는바, "훈민정음" 담당은 김정수(한양대 교수)로, "한국 문학"은 박혜숙(건국대 교수)으로 "한국어 듣기 교수법"은 이미혜(이화여대 연구교수)로 "한국어 쓰기 교수법"은 이정희(경희대 교수)로 대신 하였다.

제12회 국외 한국어 교원 연수회 개강식

"수업 참관" 시간에는 한국외국어대학교에 가서 외국인 대상으로 '외국어로서의 한국어' 수업 현장을 참관하게 하였다. 특강으로는 한글학회 회장 김승곤, 이사장 김계곤의 특강과 국립국어원 원장 이상규의 "한국어 교육의 방향"이란 제목의 특강이 있었다. "문화 강좌"는 한국 음악과 한국의 예절에 관한 것은 제11회와 같이 진행하였고, 정재환(방송진행자)을 청하여 한글운동에 관한 이야기를 들었다.

C-2 시간표

제12회 국외 한국어 교원 연수회의 시간표는 아래와 같다.

날짜 (요일)	1교시 09:00~ 9:50	2교시 10:00~ 10:50	3교시 11:00~ 11:50	4교시 13:30~ 14:20	5교시 14:30~ 15:20	6교시 15:30~ 16:20	7교시 16:30~ 17:20
7/27 (일)	국외 한국어 교원 환영(환영회: 오후 5시-6시, 입소: 오후 7시)						
7/28 (월)		개강식	한글학회 소개	원장 특강	원장 특강	한국어 정책	한국어 정책
7/29 (화)	한국어 문법	한국어 문법	한국어 문법	한국어 발음	한국어 발음	훈민 정음	훈민 정음
7/30 (수)	강의 참관	강의 참관	강의 참관	훈민정 음	훈민 정음	한국 문화	한국 문화
7/31 (목)	한국어 문법	한국어 문법	한국어 발음	한국어 발음	한국어 발음	한국어 표기법	한국어 표기법
8/1 (금)	한국어 표기법	한국어 표기법	북한 언어	북한 언어	말하기 교수법	말하기 교수법	이사장 특강
8/2 (토)	학습 답사(여주 영릉) 및 문화 체험(전통 공예)						
8/3 (일)	한국 문화 체험(개인별 자유 시간)						
8/4 (월)	말하기 교수법	말하기 교수법	한국역 사	한국역 사	한국문 화	한국문 화	문화강 좌(한글 운동)
8/5 (화)	읽기 교수법	읽기 교수법	한국문 학	한국문 학	북한 언어	북한 언어	문화강 좌(한국 음악)
8/6 (수)	듣기 교수법	듣기 교수법	한국 역사	한국 역사	회장 특강	회장 특강	문화 강좌(전 통예절)
8/7 (목)	읽기 교수법	읽기 교수법	쓰기 교수법	쓰기 교수법	듣기 교수법	듣기 교수법	자율 학습
8/8 (금)	한국문학	한국문 학	쓰기 교수법	쓰기 교수법	종합 평가	종합 평가	
8/9 (토)	종합 토론	종합토 론	수료식	환송회			

C-3 수료생

제12회 국외 한국어 교원 연수회에 참가한 26개 나라 33명의 명단과 지역별, 연령별 통계를 표로 보면 각각 아래와 같다.

〈표 1〉 수료생 명단

이름	나라	소속
김은화	중국	현대 한국어학원
베 엥흐졸	몽골	몽골인문대학
괵셀 튀르쾨쥬	터키	에르지예스대학교
이은경	프랑스	파리 기독한글학교
장정윤	아르헨티나	중남미 한국 문화원
르엉 응웬 타잉 짱	베트남	호치민인문사회과학대학
김진숙	인도네시아	족자 한글학교
김정민	카자흐스탄	알미티 한글학교
김선진	멕시코	재멕시코 한글학교
최명희	뉴질랜드	오클랜드 한국학교
조현숙	불리비아	산타크루즈 한글학교
김해수	캐나다	이토비코 한국학교
한정진	일본	류코쿠대학 국제문화학부
최수진	중국	대외경제무역대학
방 라라사	우즈베키스탄	타슈겐트 동방학대학
이정순	영국	런던 한국학교
고바야시 준코	일본	류코쿠대학 국제문화학부
이은희	홍콩	홍콩 한국국제학교
최기선	미국	타코마 한마음한국학교
이순단	중국	칭다오 한글학교
조현정	이탈리아	밀라노 한글학교
김정숙	말레이시아	말레이시아 한인학교
박용희	모로코	라바트 한글학교
정영혜	호주	캔버라 한국학교

김은화	스페인	바로셀로나 한글학교
홍혜정	독일	함부르크 한인학교
박경자	호주	멜번 한국어학교
송명희	미국	성김대건 한국학교
안나 스트렐저바	러시아	원광한국학교
박진향	미국	사랑토요한국학교
조현숙	스위스	바젤 한글학교
김재심	스위스	취리히 한글학교
김미라	싱가포르	싱가포르 한국학교

〈표 2〉 수료생 지역 분포

나라	뉴질랜드	러시아	몽골	미국	베트남	스위스	모르코
인원	1	1	1	3	1	2	1
나라	볼리비아	스페인	영국	호주	독일	말레이시아	터키
인원	1	1	1	2	1	1	1
나라	인도네시아	일본	중국	카자흐스탄	캐나다	우주베키스탄	이탈리아
인원	1	2	3	1	1	1	1
나라	싱가포르	아르헨티나	프랑스	멕시코	홍콩		
인원	1	1	1	1	1		

〈표 3〉 수료생 연령 분포

연령	20대	30대	40대	50대	60대
인원	3	11	14	4	1
비율	9.1%	33.3%	42.4%	12.1%	3.09%

d. 제13회 국외 한국어 교원 연수회

d-1 현황 및 분석

제13회 국외 한국어 교원 연수회는 2009년 10월 6일부터 10월 16일까지, 서울 수유동에 있는 호텔 아카데미하우스에서 개최하였는데 15개 나라–뉴질랜드, 독일, 러시아, 말레이시아, 몽골, 미국, 베트남, 아르헨티나, 영국, 인도, 중국, 카자흐스탄, 캄보디아. 태국, 호주에서 28명이 연수생으로 참가하였다.

제13회 연수회는 여러 가지 면에서 예년과 매우 다르게 실시되었다.

먼저, 2009년 10월 7, 8일 이틀 동안 서울 올림픽파크텔에서 열린 '세계 한국어 교육자대회 참가를 전제로 초청하였기 때문에, 일정을 그에 맞추어 조정하였다. 그리하여 해마다 여름방학을 이용하여 7월과 8월에 열어왔던 것과는 달리, 한글날이 끼어 있는 10월에 연수회를 열게 되었다.

또, 2007년부터 해마다 11월에 열어 오던 '국외 교원 초청 교육을 아울러서 실시하였기 때문에, 예년과 달리 두 가지의 서로 다른 교과 과정을 한 장소에서 진행하게 되었다.

2009 세계 한국어 교육자 대회에 참가한 한국어 교원들의 모습

그런가 하면, 연수회 첫날인 10월 7일부터 이틀동안 세계 한국어 교육자 대회에 참가하고 사흘째인 10월 9일에는 세종문화회관에서 열린 한글날 경축식에 참가하였기 때문에, 교과 과정은 나흘째인 10월 10일에서야 시작할 수 있었다.

이처럼 제13회 국외 한국어 교원 연수회는 갖가지 한글날 경축 행사 참가로 하여 실제 수업 일수가 5일 남짓에 지나지 않아, 수업 시수가 크게 줄어들었다. 강의 시간은 특강을 포함하여 39시간이었고, 종합 토론이 2시간이었으며, 연수생끼리 동아리 활동을 2시간 동안 진행하였다. 따로 현장답사와 수업 참관은 실시하지 않았다.

<table>
<tr><td rowspan="2"></td><td>교과 활동</td><td colspan="4">교과 외 활동</td></tr>
<tr><td>11개 과목</td><td>특강</td><td>세계 한국어 교육자 대회</td><td>한글날 경축식</td><td>종합 토론</td></tr>
<tr><td>시간수</td><td>37</td><td>2</td><td>16</td><td>4</td><td>2</td></tr>
<tr><td>합계</td><td colspan="5">61시간</td></tr>
</table>

교과목을 보면 "훈민정음"과 "북한 언어"를 폐지하였으며, "문화 강좌"를 열지 않았다. 과목 수는 11개이며, "한국어 문법" 담당은 정희원(국립국어원 어문연구팀장)으로, "한국 문화"는 박경자(한국 문화연구소 연구원)로 대신하는 등 2개 과목의 강사를 교체하였다. 또, 한글학회 김승곤 회장이 "우리 말법을 바로 알자"는 제목으로 특강을 해 주었고, 국립국어원 권재일 원장 또한 "한국어의 특징"이라는 제목으로 특강을 베풀었다. 특강을 포함하여 말하기 · 듣기 · 읽기 · 쓰기 교수법과 한국어 표기법, 한국어 문법, 한국어 정책 들 7개 과목은 "2009 국외 한국어 교원 초청 교육"에 참가한 교원들과 함께 수업하였다.

d-2 시간표

제13회 국외 한국어 교원 연수회의 시간표는 아래와 같다.

<table>
<tr><td rowspan="2">날짜
(요일)</td><td>1교시</td><td>2교시</td><td>3교시</td><td>4교시</td><td>5교시</td><td>6교시</td><td>7교시</td></tr>
<tr><td>09:00~
9:50</td><td>10:00~
10:50</td><td>11:00~
11:50</td><td>13:30~
14:20</td><td>14:30~
15:20</td><td>15:30~
16:20</td><td>16:30~
17:20</td></tr>
<tr><td>10/6
(화)</td><td colspan="2">국외한국어 교원
입소
(국립국어원 강당)</td><td colspan="2">개강식
(14:00~)</td><td>원장
특강(15:00~)</td><td colspan="2">한국어
정책(16:00~)</td></tr>
<tr><td>10/7
(수)</td><td colspan="7">세계 한국어 교육자 대회 참가</td></tr>
</table>

10/8 (목)	세계 한국어 교육자 대회 참가						
10/9 (금)	563돌 한글날 경축식 참가		한국어표기법		한국어표기법	한국어표기법	
10/10 (토)	한국어 표기법	쓰기 교수법	쓰기 교수법	한국 역사	한국역사	한국 역사	
10/11 (일)	한국 문화 체험(개인별 자유 시간)						
10/12 (월)	말하기 교수법	말하기 교수법	한국문화	한국문화	한국문화	한국어 문법	한국어 문법
10/13 (화)	쓰기 교수법	쓰기 교수법	한국어 발음	한국어 발음	한국어 발음	한국어 문법	한국어 문법
10/14 (수)	회장 특강	말하기 교수법	말하기 교수법	읽기 교수법	읽기 교수법	읽기 교수법	읽기 교수법
10/15 (목)	듣기 교수법	듣기 교수법	듣기 교수법	듣기 교수법	한국 문학	한국 문학	한국 문학
10/16 (금)	종합 토론	종합 토론	수료식	환송회			

d-3 수료생

제13회 한국어 교원 연수회에 참가한 15개 나라 28명의 명단과 지역별, 연령별 통계를 보면 각각 아래와 같다.

〈표1〉 수표생 명단

이름	나라	소속
박은희	뉴질랜드	뉴질랜드 한민족학교
이은주	뉴질랜드	오클랜드 한국학교
진명희	독일	칼스루에 한글학교
김경자	독일	프랑크푸르트 한국학교
박혜신	러시아	사할린한국교육원 한글학교
이철동	말레이시아	코타키나바루 한국인학교
여병무	몽골	울란바토르대 세종학당

백병주	미국	로체스터 한국학교
전영실	미국	남가주플러턴 한국학교
노승환	미국	LA한국 문화원 세종학당
심정균	미국	아콜라 한국 문화학교
송현숙	미국	시온성 한글학교
최은희	미국	브레머튼 한국학교
소미금	미국	뉴욕 원광한국학교
윤미자	미국	뉴잉글랜드 한국학교
고영란	미국	타고마 한국학교
박종렬	베트남	달랏대학교
자윤경	아르헨티나	아르헨티나 한국학교
이길성	영국	영국 북동부한국학교
송창호	영국	옥스퍼드 한국학교
나재임	인도	뉴델리 한글학교
강자련	중국	상주정보기술대학
민영숙	중국	내몽골 세종학당
김영미	카자흐스탄	알마티 토요한글학교
이영희	캄보디아	재캄보디아 한글학교
강지영	태국	치앙마이 한글학교
박선영	태국	치앙마이 한글학교
박희경	호주	Narrabundah 칼리지

〈표 2〉 수료생 지역 분포

나라	뉴질랜드	독일	러시아	말레이시아	몽골	미국	베트남
인원	1	2	1	1	1	9	1
나라	아르헨티나	영국	인도	중국	카자흐스탄	캄보디아	태국
인원	1	2	1	1	1	1	2
나라	호주						
인원	1						

〈표 3〉 수료생 연령 분포

연령	20대	30대	40대	50대	60대
인원	1	1	17	6	3
비율	3.6%	3.6%	60.7%	21.4%	10.7%

〈표 4〉 수료생 설문 조사 결과

구분		좋음	보통	나쁨
항공 수속		25(89.3%)	3(10.7%)	–
음식		10(35.7%)	17(60.7%)	1(3.6%)
숙소		2(7.1%)	19(67.9%)	7(25%)
현장 학습 답사		14(50%)	14(50%)	–
기본교과	한국어 발음	14(50%)	12(42.9%)	2(7.1%)
	한국어 표기법	22(78.6%)	6(21.4%)	–
	한국어 문법	23(81.2%)	5(17.9%)	–
	한국어 정책	16(57.1%)	12(42.9%)	–
	한국 역사	24(85.7%)	4(14.3%)	–
	한국 문화	13(46.4%)	12(42.9%)	3(10.7%)
	말하기 교수법	24(85.7%)	3(0.7%)	1(3.6%)
	듣기 교수법	19(67.9%)	8(28.6%)	1(3.6%)
	읽기 교수법	8(28.6%)	4(14.3%)	16(57.1%)
	쓰기 교수법	25(89.3%)	3(10.7%)	–
	한국 문학	14(50%)	13(46.4%)	1(3.6%)
교재		24(85.7%)	4(14.3%)	
운영(진행)		26(92.9%)	2(7.1%)	
동아리 활동		21(75%)	7(25%)	
종합(평균)		18(64.3%)	8.2(29.3%)	1.8(6.4%)

제13회 국외 한국어 교원 연수회를 마치고 ("2009 초청 교육" 참가자와 함께)

e. 국외 한국어 교원 초청 교육

"국외 한국어 교원 초청 교육"은 세계 곳곳에서 활동하는 외국인 한국어 교원을 초청하여 실시하는, 재교육을 겸한 심화 교육이다. 외국인 교원에게 한국어학 이론과 한국어 교육론을 심화 · 탐구하고, 한국 사회와 한국 문화를 체험 할 수 있는 기회를 제공함으로써 한국어 교원으로서의 자질과 자긍심을 높여 주기 위한 프로그램이다. 국립국어원 재정 지원으로 2007년부터 시작하여 2009년 현재까지 세 해를 계속하였다.

e-1 국외 한국어 교원 초청 교육 종합 분석

2007년부터 2009년까지 세 차례에 걸쳐 "국외 한국어 교원 초청 교육"을 실시하였는데, 대개 2학기가 마무리되는 11월 한순쯤을 택하여 개최하였다. 8월부터 그 해 초청 교육을 계획하여 교과목을 선정하고 강사를 섭외하였다. 강의 교안은 9월까지 집필을 마쳤고, 이때부터 국외의 각 한국 문화원과 세종학당 들에 초청 교육 참가자 추천 의뢰를 시작하였다. 한국 문화원이나 세종학당이 설치되어 있지 않은 나라들에는 대시관(또는 영사관)과 한글학교, 한국어과가 개설돼 있는 대학들에 공문을 보내어 추천하도록 하였다.

10월쯤부터는 교육 연수장과 숙소를 예약하는 등 갖가지 실무 준비를 마치고, 참가신청서를 낸 이들 가운데 서류 심사를 통하여 대개 20~30명 정도의 외국인 한국어 교원을 뽑아 초청장을 보내었다. 초청 대상은 신청 기준에 맞는 대상자 가운데 각 대륙별, 나라별로 골고루 안배하였다.

이러한 절차를 밟아 '국외 한국어 교원 초청 교육'을 수료한 교육생은 3년 동안 74명이다. 그 연수의 거주 국가는 누적하여 31개 나라인데, 그것을 연도별로 정리하여 표로 보면 다음과 같다.

회(년도)	인원	거주 국가
1(2007)	32	13
2(2008)	18	7
3(2009)	24	11
모두	74	31

위를 대륙과 나라별로 정리해 보면 다음과 같다. 대륙별로 보면, 아시아 및 오세아니아에서 61명, 유럽에서 10명, 아메리카에서 3명이 참가한 셈이 나온다. 아프리카와 아메리카 쪽에 대한 보급과 홍보를 좀 더 늘려야 할 필요가 있음을 확인할 수 있다.

나라 \ 차례		1 (2007)	2 (2008)	3 (2009)	모두
아시아 · 오세아니아	대만	1			1
	몽골	4	3	2	9
	베트남		3	2	5
	우즈베키스탄	1			1
	인도			1	1
	인도네시아			2	2
	일본	5	1	1	7
	중국	9	7	11	27
	카자흐스탄		1	1	2
	캄보디아			1	1
	키르기스스탄	1	1		2
	태국			1	1
	필리핀	1			1
	호주	1			1
유럽	독일	1			1
	러시아	4	2	1	7
	폴란드			1	1
	프랑스	1			1
아메리카	미국	2			2
	캐나다	1			1
	(20개 나라)	32	18	24	74

f. 2007 국외 한국어 교원 초청 교육

f-1. 현황 및 분석

처음으로 개최한 2007년 초청 교육에는 대만, 독일, 러시아, 몽골, 미국, 우즈베키스탄, 일본, 중국, 캐나다, 키르기스스탄, 프랑스, 필리핀, 호주 등 13개 나라에서 한국어 전문가 32명을 초청하였다. 11월 25일부터 12월 5일까지 열흘 동안, 국립국어원 세미나실에서 교육을 실시하였으며, 숙소는 이웃에 있는 국제청소년센터 드림텔을 이용하였다. 과정은 '52시간+1일'이었는데, 그 내용은 다음과 같다.

	교과 활동	교과 외 활동				
	13개 과목	수업 참관	특강	특별 활동	의식 행사	학술 답사
시수	40	3	2	3	4	1일
합계	52시간					1일

'교과 활동' 영역은 한국어 일반론, 한국어 교육론의 두 범주로 나누어 모두 13개 과목으로 편성하여 운영하였는데, 담당 강사와 함께 보면 다음과 같다.

• 한국어 일반론

한국어사: 권재일(서울대 교수) 3시간

한국어 음운론: 고동호(전북대 교수) 3시간

한국어 어휘론: 임지룡(경북대) 3시간

한국어 활용론: 전혜영(이화여대 교수) 3시간

한국어 어문 규정: 정희창(국립국어원 연구관) 2시간

한국의 언어 정책: 최용기(국립국어원 부장) 2시간

• 한국어 교육론

한국어 표현 교육론: 안경화(서울대 교수) 2시간

한국어 이해 교육론: 이미혜(이화여대 교수) 4시간

한국어 발음 교육론: 허용(한국외대 교수) 4시간

한국어 문법 교육론: 강현화(경희대 교수) 4기간

한국어 교육과 문화 교육: 조항록(상명대 교수) 3시간

한국어 교육과 탐구 및 활용 방법: 방성원(경희사이버대 교수) 3시간

한국어 교육 평가론: 김유정(한국어세계화재단 평가팀장) 2시간

특강은 한글학회 회장 김승곤이 " 한글의 우수성"이란 제목으로 하였으며, 특별 활동은 동아리 발표와 종합 토론을 각각 2시간, 1시간씩 하였다.

f-2. 시간표

2007년 국외 한국어 초청 교육의 시간표는 아래와 같다.

날짜 (요일)	1교시	2교시	3교시	4교시	5교시	6교시	7교시
	09:30~ 10:20	10:30~ 11:20	11:30~ 12:20	14:00~ 14:50	15:00 ~ 15:50	16:00~ 16:50	10:00~ 17:50
11/25 (일)	국외 한국어 교원 환영(환영회: 오후 5시, 입소: 오후 7시)						
11/26 (월)	개강식	회장 특강	한국어사	한국어사	한국어 사	언어 정책	언어 정책
11/27 (화)	문화 교육론	문화 교육론	문화 교육론	이해 교육론	이해 교육론	교육부 특강	동아리 활동
11/28 (수)	강의 참관	강의 참관	강의 참관	외교부 특강	어휘론	어휘론	어휘론
11/29 (목)	문법 교육론	문법 교육론	발음 교육론	발음 교육론	음운론	음운론	음운론
11/30 (금)	발음교 육론	발음교 육론	표현 교육론	표현 교육론	화용론	화용론	화용론
12/1 (토)	한국 문화 유적 답사 (한글학회 방문, 여주 영릉 답사 · 문화 체험)						
12/2 (일)	한국 문화 관광(한국 민속촌)						
12/3 (월)	표현 교육론	표현 교육론	교재 활용법	교재 활용법	교재 활용법	이해 교육론	이해 교육론
12/4 (화)	표현 교육론	문법 교육론	어문 규정	어문 규정	교육 평가론	교육 평가론	동아리 활동
12/5 (수)	교안 작성	모의 수업	종합 토론	수료식 환송회			

한글학회를 방문한 "2007 국외 한국어 교원 초청 교육" 교육생들

f-3. 수료생

2007 국외 한국어 교원 초청 교육에 참가한 13개 나라 32명의 명단과 지역별, 연령별 통계를 표로 보면 다음과 같다.

〈표 1〉 수료생 명단

이름	나라	소속
윤 그레이스	미국	미국 남가주 글렌데일 한국학교
박지현	미국	남가주대학교 한국어교수
황려백	중국	북경제2외국어대
장익	중국	광동외어외무대
윤철애	중국	중앙민족대

오해리	중국	서안외국어대
이금화	중국	남경대학교 한국어학과
신따냐	러시아	모스크바 한국학교
박 엘레나	러시아	러시아 한국 문화원
도로테아 호프만	독일	보쿰대학 한국학과
이케노우에 가즈요시	일본	이사하야 한국어교실
오오타 히로미	일본	아사카카이세이 고등학교
사토 무네오	일본	아이즈와카마스시 중앙공민관
밤바 텟페이	일본	문화방송 라디오
하야시 키요	일본	대판시립노나카학교
마숙향	중국	천진외국어대학교
양로	중국	중국해양대학교
심현숙	중국	중국연변대학교
아브제예바 엘레나	키르기스스탄	비슈케크대학교
아리옹바타르	몽골	올라바토르대학교
밤바 바트나스트	몽골	올란바토로대학교
바이갈마	몽골	몽골국립교육대 세종학당
엥흐체책	몽골	몽골국립대학교
보로니나 류드밀라	러시아	헤르젠사범대학
소모바 크리스티나	러시아	제151번 국립학교
정난도	중국	낙양외국어대학교
요연연	대만	고웅 한국학교
주재연	캐나다	노스욕 한국학교
김루시	호주	힐스스포츠고등학교
쟈스민 시나오이	필리핀	정인 한국어재단
보르길로바 라다	러시아	상트페테르부르그 총영사관
모뤼스 파트릭	프랑스	동양언어문명연구소

〈표 2〉 수료생 지역 분포

나라	대만	독일	러시아	몽골	미국	우즈베키스탄	일본
인원	1	1	4	4	2	1	5
나라	중국	캐나다	키르기스스탄	프랑스	필리핀	호주	
인원	9	1	1	1	1	1	

〈표 3〉 수료생 연령 분포

연령	20대	30대	40대	50대	60대
인원	16	6	5	4	1
비율	50%	18.8%	15.6%	12.5%	3.1%

g. 2008 국외 한국어 교원 초청 교육

g-1. 현황 및 분석

2008년 11월 24일부터 12월 3일까지 열흘 동안, 서울 우이동에 있는 메리츠화재연수원에서 개최하였다. 앞선 해에는 방화동에 있는 국립국어원 강당에서 열었었는데, 이번에 장소를 바꾼 것이다. 러시아, 몽골, 베트남, 일본, 중국, 카자흐스탄, 키르기기스탄의 7개 나라에서 한국어 전문가 18명을 초청하였다.

교육 시간과 교과목 수는 2007년과 같았는데 "한국어 어문 규정"을 "한국어 표기법"으로 개정하고 리의도(춘천교대 교수)가 강의하였으며, "한국어 교육 평가론"을 최은규(서울대 언어교육원 교수)로 변경하였다. 김승곤 회장의 특강 외에 국립국어원장 이상규의 특강 "사전의 지식은 끊임없이 진화해야"가 더 있었다.

g-2. 시간표

2008년 국외 한국어 교원 초청 교육의 시간표는 아래와 같다.

날짜 (요일)	1교시 09:00 ~ 9:50	2교시 10:00 ~ 10:50	3교시 11:00 ~ 11:50	4교시 13:30 ~ 14:20	5교시 14:30 ~ 15:20	6교시 15:30 ~ 16:20	7교시 16:30 ~ 17:20
11/23 (일)	국외 한국어 교원 환영(환영회: 오후 5시 입소: 오후 7시)						
11/24 (월)		개강식	원장 특강	문법 교육론	문법 교육론	언어 정책	언어 정책
11/25 (화)	표현 교육론	표현 교육론	표현 교육론	표현 교육론	문법 교육론	문법 교육론	동아리 활동
11/26 (수)	어휘론	어휘론	어휘론	한국어 표기법	한국어 표기법	이해 교육론	이해 교육론
11/27 (목)	화용론	화용론	화용론	발음 교육론	발음 교육론	교육 평가론	교육 평가론
11/28 (금)	음운론	음운론	음운론	발음 교육론	발음 교육론	이해 교육론	이해 교육론
11/29 (토)	학습 답사(여주 영릉)						
11/30 (일)	한국 문화 유적 체험(용인 한국민속촌)						
12/1 (월)	강의 참관	강의 참관	강의 참관	회장 특강	한국어사	한국어사	한국어사
12/2 (화)	교재 활용법	교재 활용법	교재 활용법	문화 교육론	문화 교육론	문화 교육론	동아리 활동
12/3 (수)	동아리 발표	동아리 발표	종합 토론	수료식			

2008 국외 한국어 교원 초청 교육 수료식

g-3 수료생

2008 국외 한국어 교원 초청 교육에 참가한 7개 나라 18명의 명단과 지역별 연령별 통계를 표로 보면 각 아래와 같다.

〈표 1〉 수료생 명단

이름	나라	소속
려문호	중국	연변대학
유.뭉흐자야	몽골	신디르향대학
최 나탈리아	키르기스스탄	비슈케크인문대학교
김미	중국	광동외어외무대학교

배. 푸릅자르갈	몽골	올란바토르대학교
왕춘영	중국	철강수인대학교
진정정	중국	천진외국어대학교
고바타케 기복	일본	치바현 한국어 교육기관
조 옐레나	카자흐스탄	알마티 한국종합교육원
진희	중국	중국해양대학교
김순희	러시아	모스크바 한국 문화원
기 라리사	러시아	모스크바 한민족학교
주효뢰	중국	북경외국어대학교
유교운	중국	시안외국어대학교
베.돌마	몽골	몽골국립대학교
언영록	베트남	후에외국어대학
땅 응웬 투이 즈영	베트남	하노이국립외국어대학
레휘콰	베트남	호치민 홍방대학교

〈표 2〉 수료생 지역 분포

나라	중국	몽골	베트남	러시아	카자흐스탄	키르기스스탄	일본
인원	7	3	3	2	1	1	1

〈표 3〉 수료생 연령 분포

연령	20대	30대	40대	50대	60대
인원	9	6	0	1	2
비율	50%	33.33%	0%	5.56%	11.11%

h. 2009 국외 한국어 교원 초청 교육

h-1. 현황 및 분석

2009년 10월 6일부터 10월 16일까지, 서울 수유동에 있는 호텔 아카데미하우스에서 개최하였는데, 11개 나라-러시아, 몽골, 베트남, 인도, 인도네시아, 일본, 중국, 카자흐스탄, 캄보디아, 태국, 폴란드-에서 24명이 교육생으로 참가하였다.

2009 국외 한국어 교원 초청 교육은 2009년 10월 7일, 8일 이틀 동안 서울올림픽파크텔에서 열리는 '세계 한국어 교육자 대회'참가를 전제로 초청하였기 때문에, 일정을 그에 맞추어 조정하였다. 그리하여 해마다 겨울방학을 이용하여 11월 하순부터 12월 초순에 열어 왔던 것과는 달리, 한글날이 끼어 있는 10월로 앞당겨서 초청 교육 연수회를 열게 되었다. 또 1997년부터 해마다 여름방학에 열러 오던 '국외 한국어 교원 연수회'를 아울러서 실시하였기 때문에, 두 가지의 서로 다른 교과 과정을 한 장소에서 진행하는 불편함을 감수하게 되었다. 그런가 하면, 초청 교육 첫날인 10월 7일부터 이틀 동안 세계 한국어 교육자 대회에 참가하고, 사흘째인 10월 9일에는 세종문화회관에서 열린 한글날 경축식에 참가하였기 때문에, 교과 과정은 나흘째인 10월 10일에서야 시작할 수 있었다.

이처럼 2009 국외 한국어 교원 초청 교육은 여러 가지 한글날 경축 행사 참가로 하여 실제 교과 활동 시간은 2008년에 비해 다소 줄어들었다. 강의 시간은 특강을 포함하여 39시간이었고, 종합 토론이 2시간이었으며, 교육생끼리의 동아리 활동을 2시간 동안 진행하였다. 따로 현장답사와 수업 참관은 실시하지 않았다.

	교과 활동	교과 외 활동			
	11개 과목	특강	세계 한국어 교육자 대회	한글날 경축식	종합 토론
시간 수	32	2	16	4	2
합계	61시간				

교과목을 보면 "한국어사", "한국어 음운론", "한국어 어휘론", "교육 평가론"을 개설하지 않았으며, "표현 교육론"과 "이해 교육론"을 "말하기 교수법"(김정숙/고려대 교수), "듣기 교수법"(이미혜/ 이화여대 교수), "읽기 교수법"(김중섭/ 경희대 국제교육원장), "쓰기 교수법"(이정희/ 경희대 교수)으로 세분하였다. 이로써 2008년에 13개이던 과목이 11개로 줄었다. 이 가운데 "문법 교육론"은 "한국어 문법"으로 과목 이름을 바꿔 정희원(국립국어원 어문연구팀장)이 맡았다. 또 한글학회 김승곤 회장이 "우리 말법을 바로 알자"는 제목으로 국립국어원 권재일 원장이 "한국어의 특징"이라는 제목으로 각각 특강을 베풀었다.

h-2. 시간표

2009년 국외 한국어 교원 초청 교육의 시간표는 아래와 같다.

날짜 (요일)	1교시	2교시	3교시	4교시	5교시	6교시	7교시
	09:00 ~ 9:50	10:00 ~ 10:50	11:00 ~ 11:50	13:30 ~ 14:20	14:30 ~ 15:20	15:30 ~ 16:20	16:30 ~ 17:20
10/6 (화)	국외 한국어 교원 입소 (국립국어원 강당)			개강식 (14:00~)	원장 특강 (15:00~)	한국어 정책 (16:00~)	

<table>
<tr><td>10/7
(수)</td><td colspan="7">세계 한국어 교육자 대회(서울 올림픽파크텔)</td></tr>
<tr><td>10/8
(목)</td><td colspan="7">세계 한국어 교육자 대회(서울 올림픽파크텔)</td></tr>
<tr><td>10/9
(금)</td><td colspan="4">한글날 기념 특강, 자료 상영</td><td>한국어
표기법</td><td>한국어
표기법</td><td>한국어
표기법</td></tr>
<tr><td>10/10
(토)</td><td>한국어
표기법</td><td>쓰기
교수법</td><td>쓰기
교수법</td><td>한국
문화교육</td><td>한국
문화
교육</td><td>한국문
화교육</td><td></td></tr>
<tr><td>10/11
(일)</td><td colspan="7">한국 문화 체험(개인별 자유 시간)</td></tr>
<tr><td>10/12
(월)</td><td>말히기
교수법</td><td>말히기
교수법</td><td>교재
탐구 ·
활용</td><td>교재
탐구 ·
활용</td><td>교재
탐구 ·
활용</td><td>한국어
문법</td><td>한국어
문법</td></tr>
<tr><td>10/13
(화)</td><td>쓰기
교수법</td><td>쓰기
교수법</td><td>한국어
발음</td><td>한국어
발음</td><td>한국어
발음</td><td>한국어
문법</td><td>한국어
문법</td></tr>
<tr><td>10/14
(수)</td><td>회장
특강</td><td>말하기
교수법</td><td>말하기
교수법</td><td>읽기
교수법</td><td>읽기
교수법</td><td>읽기
교수법</td><td>읽기
교수법</td></tr>
<tr><td>10/15
(목)</td><td>듣기
교수법</td><td>듣기
교수법</td><td>듣기
교수법</td><td>듣기
교수법</td><td>한국어
화용론</td><td>한국어
화용론</td><td>한국어
화용론</td></tr>
<tr><td>10/16
(금)</td><td>종합
토론</td><td>종합 토론</td><td>수료식</td><td>환송회</td><td colspan="3">퇴소(연수회 마침)</td></tr>
</table>

2009 국외 한국어 교원 초청 교육에 참가한 11개 나라 24명의 명단과 지역별, 연령별 통계를 표로 보면 각각 아래와 같다. 중국이 11명으로 가장 많았고, 30대 이하의 젊은 교원이 19명으로 전체의 79.2%였다.

〈표 1〉 수료생 명단

이름	나라	소속
고르네에바 인나	러시아	사할린 국립종합대학
빠상자르갈	몽골	가자르친대학교
간체첵	몽골	올란바토르대학교

응우 엔 티 후 흐엉	베트남	국립 하노이인문사회과학대학교
탄티튀히엔	베트남	달랏대학교
깜레시 꾸마르 굽타	인도	마가다대학교
하스블라	인도네시아	하사누틴대학교
모하마드 사하론 삼	인도네시아	하사누틴대학교
야마시타 도시히로	일본	가고시마 수산고등학교
조암	중국	낙양외국어대학
박향옥	중국	통화사범학원
배홍	중국	연변대학교 조선-한국학학원
김성희	중국	연변대학교 조선-한국학학원
왕새새	중국	중국해양대학교
이성주	중국	중국해양대학교
주려빈	중국	천진외국어대학교
진교어	중국	월수외국어대학
김병활	중국	사천외국어대학교
장미란	중국	치치하얼대학
정춘연	중국	치치하얼대학
주마갈리예바 잔술로	카자흐스탄	알마티 한국종합교육원
안소찌읏	캄보디아	시엠립반테처흐치레이초등학교
쓴타리 랍룽루앙	태국	부라파대학교
에릴리아 보이타시크	폴란드	UAM Poznan 폴란드

"2009 국외 한국어 교원 초청 교육" 수업 모습

〈표 2〉 수료생 지역 분포

나라	러시아	몽골	베트남	인도	인도네시아	일본
인원	1	2	2	1	2	1
나라	중국	카자흐스탄	캄보디아	태국	폴란드	
인원	11	1	1	1	1	

〈표 3〉 수료생 연령 분포

연령	20대	30대	40대	50대	60대
인원	11	8	3	1	1
비율	45.83%	33.33%	12.5%	4.17%	4.17%

i. 국외 한국어 전문가 초청 교육

i-1. 국외 한국어 전문가 초청 교육의 현황 및 분석

1997년부터 실시해 온 "국외 한국어 교원 연수회"와 별도로 2007년부터 "국외 한국어 교원 초청 교육"을 개최하였는데, 바로 이 해에 세계 여러 나라의 한국어 전문가—교원, 통역가, 번역가, 한국어 관련 기고자 및 종사자 등를 초청하여 "국외 한국어 전문가 초청 교육"을 실시하였다. 외국인 전문들에게 한국과 한국어, 한국 문화를 널리 알리고, 한국에 대하여 올바른 인식을 가지게 하는 것을 목표로 하였다.

국립국어원 지원으로 2007년에 첫 회를 열었는데, 러시아, 몽골, 미국, 베트남, 우즈베키스탄, 일본, 중국, 키르기스스탄, 프랑스 등 9개 나라에서 한국어 전문가 34명을 초청하였다. 9월 12일부터 21일까지 열흘 동안, 국립국어원 세미나실에서 교육을 실시하였으며, 숙소는 부근에 있는 에어포트호텔을 이용하였다. 과정은 '38시간+3일'이었는데, 상세한 내용은 다음과 같다.

	교과 활동	교과 외 활동					
	13개 과목	특강	소개	평가회	의식 행사	영화 감상	현장 학습
시수	26	2	2	3	4	1	3일
합계	38시간						3일

그 중에서 '교과 활동' 영역은 13개 과목으로 편성하여 운영하였는데, 담당 강사와 함께 보면 다음과 같다.

훈민정음: 조규태(경상대 교수), 2시간.

한국어 발음: 권경근(부산대 교수), 3시간.

한글 맞춤법: 이준석(국립국어원 연구관), 1시간.

한국어 작문 이론과 연습: 정동환(협성대 교수), 2시간.

표준어 규정과 언어 예절: 최용기(국립국어원 연구관), 2시간.

한국 역사: 이만열(숙명여대 명예교수), 3시간.

한국 문화: 김영나(서울대 교수), 2시간.

한국 음악: 송혜진(숙명여대 교수), 2시간.

한국의 전통예절: 장정화(성균관대 강사) 2시간

토론학습: 백봉자(경희대 교육대학원교수) 3시간

말하기연습: 이정희(경희대 교수) 2시간

특강은 무용 강사인 미르야 말레츠키가 "한국어 전문가로서 가져야 할 자질"이란 제목으로, 독일에서 귀화한 이참이 "한국 문화의 잠재력"이란 제목으로 각각 1시간씩 하였다.

i-2. 국외 한국어 전문가 초청 교육 시간표

2007년에 개최한 국외 한국어 전문가 초청 교육의 시간표는 다음과 같다.

날짜 (요일)	1교시	2교시	3교시	4교시	5교시	6교시	7교시
	09:30 ~ 10:20	10:30~ 11:20	11:30~ 12:20	14:00~ 14:50	15:00 ~ 15:50	16:00~ 16:50	17:00~ 17:50
9/12 (수)	국외 한국어 전문가 환영(환영회: 오후 5시, 입소: 오후 7시)						

9/13 (목)	개강식	차감자 인사	학회 소개	특강 1	한글 맞춤법	한국 문화	한국 문화
9/14 (금)	한국 문화 유적 답사 및 산업체 견학(여주, 영릉, 현대자동차 울산공장) (1박)						
9/15 (토)	한국 문화 유적 답사(경주 관광)(오후: 서울로 출발)						
9/16 (일)	서울 시내 관광 및 한국 문화 체험(창덕궁, 남산, 인사동 박물관 등)						
9/17 (월)	표준어 규정	표준어 규정	한국 음악	한국 음악	한국어 발음	한국어 발음	한국어 발음
9/18 (화)	국어원 소개	로마자 표기	전통 예절	전통 예절	한국어 작문	한국어 작문	동아리 활동
9/19 (수)	한국 역사	한국 역사	한국 역사	영화 감사	말하기 연습	말하기 연습	동아리 활동
9/20 (목)	외래어 표기	훈민정음	훈민정음	특강 Ⅱ	토론 학습	토론 학습	토론 학습
9/21 (금)	종합 토론	종합 평가	수료식	환송회			

2007 국외 한국어 전문가 초청 교육 수료식

i-3. 국외 한국어 전문가 초청 교육 수료생

2007년에 개최한 국외 한국어 전문가 초청 교육에 참가한 9개 나라 34명의 명단과 지역별, 연령별 통계를 보면 각각 아래와 같다.

〈표 1〉 수료생 명단

이름	나라	소속
린다 글레서	미국	아동발달 치료전문가
소서결	중국	수도의과대학부속북경우의병원
강영미	일본	KDDI에보루바
키타하라 에미꼬	일본	메이요 라이센스 스쿨 학생
츠지 아키고	일본	재)뇌과학라이프 테크놀로지 연구소
친밧	몽골	몽골국립사범대 세종학당
마코프스카야 나탈리야	러시아	하바롭스크 한국교육원
손미래	중국	북경우체국디자인회사
고행미	일본	효고현 이타미시청
이데 노부히로	일본	국사관대학21세기 아시아학부
짠 티 안 따오	베트남	베트남 한국 문화원관리담당 팀장
레벵게 레지스	프랑스	프랑스동양어문대
오양가	몽골	몽골굴립사범대 세종학당
의려나	중국	한성원과기유한공사
장첸	중국	중국국제방송 아나운서 및 기자
김나제즈다	우즈베키스탄	타슈겐트 한국교육원
트란 알랑	프랑스	보르도3대학 한국어 과정 수료
솔다텐코바 크세니아	러시아	롯데건설 통역사
이근	중국	북경경도문화투자관리공사
소뢰	중국	석가장철도학원
류중도	중국	연변과학기술대 한국어과

조쌍	중국	천진외대 세종학당
최소월	중국	연변대 조선-한국어학언 한국어학부
서만	중국	연변과학기술대 한국어과
벨랴에브스카야 스테틀라나	러시아	로스토프나도누 한국교육원
복춘려	중국	연변대 조선-한국어학권 한국어학부
김이리나	러시아	사할린 한국교육원
자파예브 로만	키르기스스탄	비슈케크인문대 한국학과 4학년
엘머 마로낀	미국	대학생
그리쉬나알렉산드라	러시아	한국 문화원
쉐리쿠루로바 질드스	키르기시스탄	키르기기스탄국립대 경제학과 3학년
바벨 스미르노프	러시아	블라디보스토크 한국교육원
투르바뜨라흐	몽골	울런바토르대 세종학당
어흥바야르	몽골	울런바토르대 세종학당

〈표 2〉 수료생 지역 분포

나라	러시아	몽골	베트남	베트남	우즈베키스탄
인원	6	4	2	1	1
나라	일본	중국	키르기스스탄	프랑스	
인원	5	11	2	2	

〈표 3〉 수료생 연령 분포

연령	20대	30대	40대	50대	60대
인원	27	4	2	1	0
비율	79.41%	11.76%	5.89%	2.94%	0%

j. 한국어 성적 우수 학습자 초청 교육

한글학회가 "국외 한국어 교원 연수회"(197~현재), "국외 한국어 교원 초청교육"(2007~)을 개최하여 오며 큰 성과를 거두자, 문화체육관광부와 국립국어원에서는 "한국어 성적 우수 학습자 초청 교육"을 열기로 하고 2008년부터 한국어세계화재단이 이 일을 맡아 시행하였다. 기존의 두 가지 연수회가 모두 한국어 교원에 대한 초청 교육인 데 비하여, 이 대회는 국외에서 한국어 교육을 받는 외국인 학습자 가운데 성적이 우수한 이들에 대한 초청 교육이다.

j-1. 한국어 성적 우수 학습자 초청 교육 종합 분석

"한국어 성적 우수 학습자 초청 교육"은 한글학회에서 여는 "국외 한국어 교육원 초청 교육"과 비슷한 시기인 11월 하순에서 12월 초 사이에 개최하였으며, 세종학당이나 재외 한국 문화원에서 추천을 받은 한국어 성적 우수자(현지인)들을 선정하여 초청하였다. 이들에게는 한국어 교육뿐만 아니라, 다양한 한국 문화를 체험하는 기회를 갖게 하여, 한국을 이해하고 한국어 학습의 뚜렷한 동기를 부여해 주는 데 역점을 두었다.

"한국어 성적 우수 학습자 초청 교육"을 수료한 교육생은 2년 동안 41명이다. 그 연수생의 거주 국가는 누적하여 18개 나라인데, 그것을 연도별 정리하여 표로 보면 다음과 같다.

회(년도)	인원	거주 국가
1(2008)	19	9
2(2009)	22	9
모두	41	18

위를 대륙과 나라별로 정리해 보면 다음 표와 같다. 대륙별로 보면, 아시아에서 29명, 유럽에서 8명, 아메리카에서 4명이 참가한 셈이 나온다. 아프리카와 오세아니아에서는 참가자가 없었다.

나라 \ 차례		1 (2008)	2 (2009)	모두
아시아	몽골	4	3	7
	일본		3	3
	중국	7	9	16
	베트남	1	1	2
	키르기기스탄	1		1
유럽	독일	1	1	2
	러시아	2		2
	영국	1	1	2
	프랑스	1	1	2
아메리카	미국	1	2	3
	아르헨티나		1	1
	(11개 나라)	19	22	41

한국어세계화재단은 위에서 본 바와 같이 2008년과 2009년, 두 차례에 걸쳐 모두 41명의 외국인 학습자들을 초청하여 연수회를 열었는데, 연도별 상세한 내용을 아래에 정리하였다.

K. 2008 한국어 성적 우수 학습자 초청 교육

K-1. 현황

2008년 11월 24일부터 12월 4일까지 11일 동안, 9개 나라-독일, 몽골, 러시아, 미국 베트남, 영국, 중국, 키르기스스탄, 프랑스-에서 19명을 초청하여 연수회를 개최하였다.

학과 교육은 국립국어원(서울 강서구 방화동) 세미나실에서 실시하였고, 부근에 있는 리버파크 호텔을 숙박시설로 사용하였다. 교육 시간은 80시간 안팎이었는데, 주된 교육 내용을 정리하면 아래와 같다.

한국어 특강: 일상생활, 시간, 약속, 위치와 방향, 전화, 가족, 교통, 이유 등을 주제로 한 초·중급 강의, 한국어 발음 특강 등

한국 문화 특강: 한류 드라마를 통한 한국 문화와 한국어의 이해, 한국 역사, 전통 공예, 전통음악 등

한국 문화 체험: 서울시 문화재 견학, 전통 유교문화 체험, 난타 공연 관림, 국회의사당 및 한국방송공사 견학 등

(* 특히 문화 관련 프로그램은 전통적인 것과 현대적인 것을 조화롭게 경험할 수 있도록 구성하였음.)

열흘 동안(일요일 제회) 강의 30시간, 체험과 실습 50시간 등 모두 80시간 안팎의프로그램을 진행하였는데, 교육생 19명 전원이 수료증을 받았다. 또, 교육 마지막 날에 개최한 수료식에서는 모범 교육생 2명을 선정하여 포상하였다.

K-2. 일정표

2008 한국어 성적 우수 학습자 초청 교육의 일정표는 아래와 같다.

<table>
<tr><th rowspan="2">날짜
(요일)</th><th>1교시</th><th>2교시</th><th>3교시</th><th>4교시</th><th>5교시</th><th>6교시</th><th>7교시</th></tr>
<tr><td>09:30
~
10:20</td><td>10:30
~
11:20</td><td>11:30~
12:20</td><td>13:30~
14:20</td><td>14:30
~
15:20</td><td>15:30~
16:20</td><td>16:30~
17:20</td></tr>
<tr><td>11/23
(일)</td><td colspan="7">한국 도착, 숙소 배정</td></tr>
<tr><td>11/24
(월)</td><td colspan="3">개강식(10:00~)
특강(국립국어원장)</td><td>특강
(재단운영이사)</td><td colspan="3">한국 문화 특강
(강사: 설재훈)
주제: 한류 드라마를 통한 한국 문화와 한국어의 이해 1</td></tr>
<tr><td>11/25
(화)</td><td colspan="3">한국어 특강1
주제: 일상생활, 시간, 약속
강사: 김은아</td><td colspan="4">한국 문화 체험1
서울시 견학
(창덕궁, 인사동, 남대문시장 등)
14:00~18:00</td></tr>
<tr><td>11/26
(수)</td><td colspan="3">한국어 특강2
주제: 위치와 방향, 전화
강사: 함창덕</td><td colspan="4">한국 문화 특강2
전통음악 특강/장구 배우기
(국립국악원)
15:00~17:00</td></tr>
<tr><td>11/27
(목)</td><td colspan="3">한국어특강3
주제: 가족
강사: 함창덕</td><td colspan="4">한국 문화 특강3
전통 공예 특강/전시관 관람
(국립중앙박물관)</td></tr>
<tr><td>11/28
(금)</td><td colspan="7" rowspan="2">한국 문화 체험2
경북 봉화/안동 지역 전통문화 체험</td></tr>
<tr><td>11/29
(토)</td></tr>
<tr><td>11/30
(일)</td><td colspan="7">휴식</td></tr>
<tr><td>12/1
(월)</td><td colspan="3">한국어 특강4
주제: 교통
강사: 김은아</td><td colspan="2">한국 문화 특강4
주제: 한류 드라마를 통한 한국 문화와 한국어의 이해 2</td><td colspan="2">한국문화 체험3
난타 공연 관람
17:00~19:00(난타 정동극장)</td></tr>
</table>

		강사: 설재훈	
12/2 (화)	한국어 특강5 주제: 한국어의 발음	한국 문화 체험4 한국 현대사 현장 견학 (임진각, DMZ 등) 14:00~18:00	
12/3 (수)	한국어 특강6 주제: 이유 강사: 강남욱	한국 문화 체험5 국회의사당 견학 14:00~15:00	한국 문화체험6 KBS 방송국 견학
12/4 (목)	평가 및 토론회 수료식 10:00~12:00	환송회 12:00~	

2008 한국어 성적 우수 학습자 초청 교육을 마치고

K-3. 교육 수료생

2008년 초청 교육에 참가한 교육생은 전체 19명 중 남성이 3명, 여성이 16명이었으며, 연령은 10대 2명, 20대 14명, 30대 2명, 40대 1명으로 20대의 비율이 가장 높았다. 최근 10년 동안 중국을 비롯한 아시아권의 주변국들에서는 주로 젊은 층을 중심으로 한국어나 한국 문화에 대한 관심이 확산되어 왔는데, 그러한 현상이 이번 초청자들의 연령 비율에도 그대로 반영되어 있다. 이번에 참가한 교육생 중 30대 이상인 3명은 각각 영국, 독일, 미국에서 온 사람들이었다. 초청 교육에 참가한 9개 나라 19명의 명단과 지역별, 연령별 통계를 표로 보면 각각 아래와 같다.

〈표1〉 교육 수료생 명단

<table>
<tr><th>연번</th><th>이름</th><th>국가(지역)</th><th>성별</th><th>나이</th></tr>
<tr><td>1</td><td>바야르사이항 아노다르
(VAYARAIKHAN ANUDARI)</td><td rowspan="4">몽골
(울란바토르)</td><td>여</td><td>24</td></tr>
<tr><td>2</td><td>바트바야르 사사나
(BATBAYAR SASANA)</td><td>여</td><td>17</td></tr>
<tr><td>3</td><td>게렐바타르 할리옹
(GERELBAATAR KHALIUN)</td><td>여</td><td>20</td></tr>
<tr><td>4</td><td>다시도르지 블러르체첵
(DASHDORJ BOLORTSETSEG)</td><td>여</td><td>21</td></tr>
<tr><td>5</td><td>최 이리나 그레고리예브나
(CHOI IRINA)</td><td rowspan="2">러시아
(모스코바)</td><td>여</td><td>26</td></tr>
<tr><td>6</td><td>수츠코바 엘리나
(SUCHKOVA ELLINA)</td><td>여</td><td>18</td></tr>
<tr><td>7</td><td>즐비드 미르자에바
(ZHYLDYZ MIRZAEVA)</td><td>키르기스스탄
(비슈케크)</td><td>여</td><td>22</td></tr>
<tr><td>8</td><td>조함우(趙晗雨 ZHAO HANYU)</td><td rowspan="2">중국(북경)</td><td>여</td><td>22</td></tr>
<tr><td>9</td><td>유산산</td><td>여</td><td>19</td></tr>
</table>

	(劉珊珊 LTU SHANSHAN)			
10	온과봉(溫戈鳳 WEN GEFENG)	중국(광주)	여	23
11	마군란(馬君蘭, MA JUNLAN)	중국(청도)	여	25
12	주효금 (周曉琴, ZHOU ZLAOZIN)	중국(양주)	여	20
13	이정전(李晶晶, LI JINGJING)	중국(상해)	여	24
14	진덕(陳德, CHEN DE)	중국(연길)	남	26
15	화 빅 응옥(HOA BICH NGOC)	베트남 (하노이)	여	23
16	페스코 새리 조이 (PASHKO SHARI JOY)	미국(LA)	여	46
17	시페르 나자(SIFER NAJAT)	프랑스(파리)	여	22
18	파브리지오 카푸토 (FABRIZIO CAPUTO)	영국(런던)	남	35
19	악셀 하겐(AXEL HAAGEN)	독일(베를린)	남	38

〈표 2〉 수료생 지역 분포

나라	독일	러시아	몽골	미국	베트남
인원	1	2	4	1	1
나라	영국	중국	키르기스 스탄	프랑스	
인원	1	7	1	1	

〈표 3〉 수료생 연령 분포

연령	10대	20대	30대	40대	모두
인원	2	14	2	1	19
비율	11%	73%	11%	5%	100%

L. 2009 한국어 성적 우수 학습자 초청 교육

L-1. 현황

2009년 10월 6일부터 10월 15일까지 10일동안, 9개 나라–독일, 몽골, 미국, 베트남, 아르헨티나, 영국, 일본, 중국, 프랑스–에서 22명을 초청하여 연수회를 개최하였다.

학과 교육은 국립국어원(서울 강서구 방화동) 세미나실에서 실시하였고, 리버파크 호텔(서울 강서고 염창동)을 숙박시설로 사용하였다. 교육시간은 80시간 안팎이었는데, 교육 내용은 2008년에 실시하였던 초청 교육 때와 같았다.

열흘 동안(일요일 제외) 강의 30시간, 체험과 실습 50시간 등 모두 80시간 안팎의 프로그램을 진행하였는데, 교육생 22명 전원이 수료증을 받았다. 또, 교육 마지막 날에 개최한 수료식에서는 2008년 초청 교육 때와 마찬가지로 모범교육생 2명을 선정하여 포상하였다.

L-2. 일정표

2009 한국어 성적 우수 학습자 초청 교육의 일정표는 아래와 같다.

날짜(요일)	1교시	2교시	3교시	4교시	5교시	6교시	7교시
	09:30 ~ 10:20	10:30 ~ 11:20	11:30 ~ 12:20	13:30 ~ 14:20	14:30~ 15:20	15:30 ~ 16:20	16:30 ~ 17:20
10/5 (월)	한국 도착, 숙소 배정						
10/6	오리엔테이션			개강식		특강	

(화)	10:00~12:00	(14:00~15:00) 국립국어원 강당	15:00~17:00 국립국어원장 등
10/7 (수)	한국어 특강1 주제: 한국어의 발음 강사: 김선정	한국어 특강2 강사: 이정란	
10/8 (목)	한국어 특강3 강사: 이정란	한국어 문화 특강1 한국 전통 공예 특강 및 박물관 관람 14:30~17:00	
10/9 (금)	한국어 특강4 강사: 이정란	한글날 행사 참가 14:00~17:00	
10/10 (토)	한국어 특강5 강사: 이정란	한국어 문화 체험5 서울시 견학1(경북궁, 청화대 등)	
10/11 (일)	한국 문화 체험3 한국 현대사 현장 견학 (임진각, 통일대교, 제3땅굴, 도라산 전망대 등)	자유시간	
10/12 (월) 10/13 (화)	한국 문화 체험8 경북 봉화/안동 지역 전통문화 체험 (제1일) 봉화 지역 전통문화 체험, 한국 문호 특강3(전통 예절) (제2일) 서당 체험, 떡 만들기, 안동 전통마을 둘러보기		
10/14 (수)	한국 문화 체험7 국악 공연(국립국악원)	한국 문화 체험6 한국방송공사 견학 15:00~16:00	한국 문화 체험 난타 공연 17:00~19:00
10/15 (목)	발표회 10~11시	수료식 11:00~12:00	환송회 12:00~14:00

“2009 한국어 우수 학습자 초청 교육” 교육생들의 한국 문화 체험(경북 봉화)

L-3. 교육 수료생

2009년 초청 교육에 참가한 교육생은 전체 22명 중 남성이 4명, 여성이 18명이었으며, 연령은 10대 2명, 20대 13명, 30대 5명, 40대 2명으로, 20008년과 비교해 볼 때 30대와 40대의 비율이 늘어났다. 초청 교육에 참가한 9개 나라 22명의 명단과 지역별, 연령별 통계를 표로 보면 다음과 같다.

〈표1〉 교육 수료생 명단

연번	이름	국가(지역)	성별	나이
1	조가가(Zhao Jia jia)	중국(천진)	여	22
2	신리리(Xin Li Li)	중국(청도)	여	21
3	영설림(Xue Lin Rong)	중국(위해)	여	38
4	왕원(Wang Yuan)	중국(연길)	여	25
5	이수화(Li Xiu Hua)	중국(북경)	여	21
6	왕소염(Wang Xiao Ran)		여	26
7	왕리(Wang Li)		여	26
8	유욱(Yu Liu)	중국(상해)	여	22
9	바야마(Bayama)	중국(내몽골)	여	25
10	요쿠보 토시마(Yokubo Toshimi)	일본(도쿄)	여	53
11	마에다 아키코(Mada Akiko)	일본(오사카)	여	39
12	후지와라 리사(Fujiwara Risa)		여	35
13	강바타르(Ganbaatar)	몽골(올란바토르)	남	24
14	바트우누르 오양가 (Bat-Unur Uyanga)		여	18
15	롭상준두이 척절마 (Luvsanzundui Tsogzolmaa)		여	37
16	팜 응옥 아인(Pham Ngoc Anh)	베트남 (하노이)	여	22
17	마이클 스트라파존 (Michael Strapazon)	미국(LA)	남	25
18	조지 파울 부어데리스 (George Paul Vourderis)	미국(뉴욕)	남	20
19	마이클 파델(Michael Fardell)	영국(런던)	남	31
20	아인 응우옛 브엉 (Anh Nguyet Vuong)	프랑스(파리)	여	43
21	자비네 랑너(Sabine Langner)	독일(베를린)	여	28
22	바르바라 이네스 바볼레오 (Baárbara Ineés Bavoleo)	아르헨트나(부에노스)	여	31

〈표 2〉 수료생 지역 분포

나라	독일	몽골	미국	베트남	아르헨티나
인원	1	3	2	1	1
나라	영국	일본	중국	프랑스	
인원	1	13	9	1	

〈표 3〉 수료생 연령 분포

연령	10대	20대	30대	40대	모두
인원	2	14	5	2	22
비율	9.1%	59.1%	22.7%	9.1%	100%

X

미국에서의 특강

X-1 미국에서의 특강1

2009년 3월 11일 11시가 좀 지나서 미국 한국어학원의 이원장님, 남일 선생, 오 선생이 찾아와서 7월에 플로리다에서 연구발표가 있는데 나를 초청하였다. 나는 문법 중 존대법과 호칭법에 대하여 강의를 하겠다 하였다.

6월 15일에 미국에서 한 시간 특강 이외에 한 가지 더 특강을 하여 달라는 연락이 왔기에 그렇게 하겠다고 하였다.

6월 22일에 전체 회원을 상대로 하는 특강 제목과 원고를 보내 달라는 연락이 왔기에 제목은 "한글의 우수성과 한글전용의 필요성"으로 정하여 연락하였다. 또 관광 문제에 대하여 어떻게 하면 좋겠느냐 하기에 뉴욕과

뉴저지주 일대를 5~6일 동안 구경하게 하여 달라는 내용을 전하였다. 그리고 비행기표를 미리 구입하였는데 6월 23일 Sj여행사에 전화하여 비행기표를 23일자로 바꿀 수 없는지 문의하자 불가하다고 하였다. 7월 7일 아침에 미국의 남일 회장에게 전화하여 좋은 여행사를 소개하여 주어서 고맙다는 인사를 하면서 올란도에 우리를 인도할 사람이 오느냐고 물으니 일정표를 보내 달라 하셨다.

2009년 7월 22일 아침 6시 공항버스를 타고 인천공항에 도착하니 7시였다. 체크인 하고 한식당에서 아침 식사를 하고 나니 국어원의 정호성 과장이 전화하여 서로 만났다. 10시 20분에 출발하는 비행기에 9시 10분에 탑승하였다. 강승교 직원이 우리를 우선적으로 탑승시켜 주었다. "한가족"이란 표를 달고 있었다. 좌석번호는 KE035의 35F와 35G였다. KAL기는 Atlanta 공항에 내리니 세관신고서를 박신영님이 써 주었다.

짐을 찾고는 다시 Orlando행 공항으로 가는 복잡한 길을 국어원의 박호성 과장의 안내로 올란도 공항에 가서 한참 동안을 대기실에서 기다리다가 한국 학생을 만나 말을 건네니 답을 하지 않았다. 보기에 학생은 한국인 학생 같은데 왜 말을 하지 않느냐 물으니, 어머니가 "미국에서 한국사람을 만나면 절대로 한국말을 하지 말라"고 하였기 때문이라고 하였다. 참으로 안타까운 일이다. 재미 교포의 잘못된 자녀 교육이 걱정이었다. 한국 국민이 왜 한국인을 싫어할까? 한국 사람 가운데는 나쁜 사람이 많기 때문은 아닐까? 올란도 행 비행기를 타고 1시간 정도 걸리니, 올란도 공항에 도착하였다. 안내원이 우리를 Rosen Center Hotel VIP 중에서도 특실로 안내하여 주었다. 나는 재미 한국학교 협회의 "제27차 한국학 국제교육 학술대회 측의 주체 "한민족 정체성 확립과 세계를 향한 인재교육"으로 된 모임에서 초청하였음을 비로소 알게 되었다.

다음날 2009년 7월 23일의 대회 내용은 다음과 같았다.

2~3시	문화특강은 1314 강의실에서 김애스타 강사의 강의
3:10~3:30	노영혜 종이문화 이사장 특강
3:30~4:20	종이 접기 교습
5:40~6:50	민족 교육은 9강의실에서 김인숙 강사 특강 문화특강(1)은 이영주 한민족 센터 기획팀장의 특강 문화 특강(2)은 박기태 반크사이버사절 단장의 특강
7:30~9:00	제27회 만남의 장 이때 700명의 참가자가 가수 노사연의 "만남"을 부르는데 나는 눈물이 흘렀다. 만리 타국에서 서로 뭉치자는 뜻으로 느껴졌기 때문이었다. 타국에서 얼마나 외롭고 힙겹게 살아 가겠는가? 한민족 끼리 뭉쳐서 서로 돕고 잘 살자는 뜻이 담겨 있는 듯하였다.
9:30~11:0	이사회

이 날은 위와 같은 순서로 하루를 보냈다.

7월 24일에는 다음과 같이 행사가 진행되었다.

8:30~10:00	개회식
11:10~12:10	나의 특강 「한글의 우수성과 한글전용의 필요성」이 있었다.
4:10~5:20	13~14 강의실에서 "우리말의 말대접"에 대한 특강이 있었다.

내가 느낀 것은 미국에 살면서도 "우리 예법"에 대한 애착은 대단하였음을 절실히 느꼈다. 그리고 재미교포들은 아주 성실하면서도 열심히 살고 있음을 몸으로 느꼈다.

7월 25일은 9시부터 강연이 있었으나 나는 아래와 같이 올란도의 관광에 나섰다. 일정이 바빴기 때문이었다. 먼저 Sea-world로 가기로 하고 관광회사의 차를 탔다. 11시에 있는 물개쇼를 보고 "환상의 꿀" 속으로 가서 신나는 기계를 타고 나와서 여기저기를 구경하였다. 또 물속의 관경을 보고 2시에 기사를 만나 올란도 공항으로 가서 짐을 부치고 난 후 기사에게 300불을 주고 New-York로 떠나는 비행기를 탔다. 뉴욕에는 밤 12시가 지나서 도착하였는데 하나여행사에서 학생이 차를 가져 와서 뉴저지에 있는 호텔로 데려다 주었다. 그때 내가 미국의 풍습을 몰라서 그 학생에게 30불 정도를 수고비로 주어야 하는데 나중에 수고비를 주면 되는 줄 알고 주지 않았는데 큰 실례를 한 것 같아, 지금도 그때 일을 생각하면 마음이 아프다. 미국이나 어디서나 수고비는 즉석에서 지불하여야 함을 깨달았다. 그 후에는 그 학생을 만나지 못하여 미안하였다.

7월 26일, 아침 8시 15분에 호텔에서 출발하여 워싱턴으로 가는 도중 발티모아의 궁정식당에서 뷔페로 점심식사를 하였다. 안내자는 오길철 기사는 김교웅씨였다. 워싱턴에 가서 먼저 국회의사당을 보았는데 그 규모가 어마어마하여 우리를 압도하는 듯하였다. 실제 와서 보니 대단함을 느꼈다. 미국의 위대한 모습이었다. 의사당 앞에서 사진을 찍고 떠미술관과 자연사박물관을 구경하였다. 규모가 어마어마하여 과연 미국이구나 하는 생각이 들었다. 이어서 루즈벨트 대통령 기념관을 관람하고 6 · 25 참전 용사 기념관을 구경하였다. 모형을 실체 사람과 같이 만들어 놓았다. 6 · 25가 얼마나 큰 충격을 주었으면 미국에서 그러한 추모공원을 만들었을까 싶었다. 그리고 링컨 대통령 기념관을 관람하였다. 규모며 여러 가지 시설이 대단하였다. 이어 월남전 기념관을 자세히 보았는데 월남에서 전사한 군인들의 이름을 일일이 벽에 새겨 두었다. 이렇게 아름다운 기념관을 만드는 미국에 비하여 우리나라의 경우를 보면 창피하기 그지 없었다. 저녁 식사 후 마트에서 맥주 여섯병들이 한통을 사서 호텔방에서 먹고 가이드에게 1인당 팁 8일분 160불을 주었다. 호텔은 Country-Yark Marrott호텔로 228호에 투숙하였다.

4월 27일 아침식사 후에 나이아가라폭포 구경을 떠났다. 포니에서 점심을 먹고 와킨스계곡의 폭포를 구경하고 다시 세네카 호수를 구경하였다. 염소섬을 돌고 미국쪽 나이아가라 폭포를 구경하면서 Rainbow bridge를 지나 Canada로 들어가는데 시간이 너무 걸렸다. 두 시간 이상 걸리어 겨우 통과하여 「폭포의 집」에서 저녁 식사를 하고 Super A Hotel에 투숙하였다. 시간이 없어 나이아가라 폭포 구경은 내일 하기로 하였다.

7월 28일 9시에 출발하여 나이아가라 폭포를 구경하였는데 그 장관은 필설로 다할 수 없었다. 그 많은 물이 일년 내내 어디에서 흘러오는지 신비하기 그지없었다. 또 헬리콥터를 타고 나이아가라 폭포 상공을 돌면서 구경하니 여한이 없었다. 구경을 하고 헬리콥터에서 내리니 사진사들이 언제 어느 사이에 찍어 놓았는지 우리 내외 사진을 보여 주니 부득이 사게 되었다. 미국인의 상술은 대단하였다. 나이아가라 폭포는 이리호에서 발원하는데 그 물의 양이 전세계 물의 20%가 된다고 하였다. 그리고 아담스댐을 구경하였는데 나이아가라물을 이용하여 240만 K-wat의 전력을 생산한다고 한다. 그 근방에 있는, 세계에서 가장 작은 교회를 구경하고 나이아가라지에 있는 550m 탑 즉 CN타워를 견학하고 Crown Plaza Hotel에 투숙하였다.

7월 29일, 6시에 Hotel을 출발하여 오따와시로 향하였다. 도중에 천섬을 구경하기 위하여 11시~12시까지 배로 돌아다녔는데 이곳은 부자들의 여름 별장으로 가득하였다. 천섬이 있는 강의 길이는 150㎞나 된다고 한다. 구경을 마치고 오따와로 가던 도중에 그린식품에서 과자와 쥐포를 샀다. 비원식당에서 비빔밥으로 점심을 먹고 소주 한 병을 샀다. 1902년에 알렉산드리아 다리를 놓았는데 퀘벽을 통과하면 오따와로 올 수 있었는데, 오따와에 도착하여 상 · 하원 의사당을 구경하고 총독관저인 리도홈을 구경하였는데, 여기서 노태우, 김영삼, 김대중 대통령의 기념 식수를 보았다. 그리고 다시 출발하여 오따와강을 따라 20㎞를 지나서 몬트리올에 도착하였다. 이 섬의 인구는 250만명이라 한다. 일정에 따라 다음 목적지 퀘벽으로 가던 중 날이 저물어 듀리오리시에서 일박하였다.

7월 30일 9시에 듀리오리시를 출발하여 퀘백시에 도착하였다. 쎄인트

레제스강을 보았는데 옛날 영·불의 싸움터였다고 하였다. 또 아브라함 전쟁터를 보았다. 라발떼가 유명한데 웅장한 퀘백의 의사당 구경을 하였는데 22명의 유명한 정치가 동상이 세워져 있었다. 또 군사요새 사타텔도 구경하였다. 케이블카를 타고 성 위로 올라가서 삼벨참플레이 동상을 보았는데 1599~1601.1604~1607 사이에 그가 퀘벽시를 건설하였다. 이 시를 인디안들이 퀘백이라 하였다 하는데 그뜻은 "상품을 사고 파는 시"라는 것이었다. 당시의 전쟁기념비와 1873년에 세운 제일큰, 샤토호텔을 구경하고 도로로 나섰다. 세인트루이스강을 따라 montmorency 폭포로 갔는데 세인트 루이스강과 합류한다고 하였다. 폭포 구경후 토마스탐 식당에서 뷔페로 점심을 먹었다. 그리고 레스트랑호텔에서 화장실을 다녀와서 베몬트수를 거쳐 뉴햄프샤도 거쳐서 링컨마을의 취원에서 중국 음식으로 저녁을 먹었다. 그리고 보스톤으로 와서 자고 7월 31일에는 먼저 하버드대학을 구경하였는데 찰스강이 앞에 흐르고 있었는데, 대학의 위치가 명당이었다. 마침 그날 비가 조금 왔는데 대학 입구에 있는 하버드 신부의 왼발을 만자면 그 대학에 합격한다고 하여 사람들이 하도 만져 발이 반들반들하였다. 비가 조금 오는 중에도 졸업식 입학식을 하는 광장을 구경하였다. 하버드대학 식당에서 점심을 먹고 New-York시로 출발하여 가면서 구경하고 New-York에는 저녁 늦게 도착하였다.

8월 1일: 뉴욕에 도착하여 먼저 우드베리에 들러서 명품 쇼핑을 하고 늦어서야 뉴욕시로 가서 "흔밭식당"에서 저녁을 먹고 야경을 구경하였다. 그리고 조지아 주의 Saddle break Hotel에 투숙하였다. 다음날 아침 5시30분에 일어나서 7시시30분에 호텔에서 아침 식사를 하고 쌔틀 호텔에서 Big boy Coach버스가 고장이 나서 머물다가 원조식당에서 점심으로 냉면을 먹고 늦게 버스 두 대로 나누어 타고 뉴욕시를 관광하였다. 다음날 나는 대구 출신의 장씨 버스를 탔는데 흔밭식당에서 점심을 먹고 콜럼비아대학, 성경교회의 대성당을 구경한 후 맨하탄으로 가서 배를 타고 엠파이서스탠드 건물 84층에 올라 시내의 전경을 구경하고 저녁 식사 후 다시 쌔틀브레이크 호텔로 갔다. 뉴욕시의 야경을 구경시킨다고 우리를 안내한 오길철씨가 별구경도 아니고 그저 밤에 아무렇지도 않은 시내를 간단히 한번 돌고는 야광 관광비를 60불씩이나 내라고 모두 내었는데, 관광객들하고 다같은 동포로써 바가지를 씌울 수 있느냐 하면서 실랑이가 붙었는데 오씨가 욕설를 하고 야단을 치더니, 60불을 다시 돌려 주었다.

그날 밤에 나는 뉴욕을 떠나서 서울로 와야 하는데, 오씨가 화가 났는지 오지 않았다. 그래서 택시로 공항으로 가려고 하고 있는데 "국외 한국어 교원 수련회"에 참석하였던 "심정균"선생이 부군과 같이 우리 내외를 저녁 대접한다면서 왔기에 저녁은 먹었으니 공항까지 데려다 주면 어떻겠느냐 하니 그렇게 하겠다면서 그 먼 길을 불구하고 우리를 뉴욕공항까지 데려다 주었다. 너무나 고마웠다. 일생을 두고 잊을 수 없다. 공항에서 체크인하고 심정균 선생이 가져다 준 잣죽과 팥죽을 먹고 세관을 통과하여 양주 세 병과 제산제를 사고 1시 20분에 개찰하여 비행기를 탔다. 우리는 8월 1일에 비행기를 탔는데 다음날 새벽 3시 20분에 인천공항에 도착하였다. 짐을 찾아 나오니 사장이 차를 가져 와서 집까지 데려다 주었다. 양주 한병을 주었다. 집에 와서 나는 포도주 한병을 마시고 또 양주 반병을 마시고 종일토록 잠을 잤다.

X-2 미국에서의 특강2

2009년 8월 14일에 미국 시애틀의 최기선 회장으로부터 이-메일이 왔는데 10월 1일에 출발하여 시애틀에 오라고 하였다. 8월 21일(금요일) Sj여행사에 연락하여 시애틀까지의 두 사람의 왕복 항공료를 문의하니 2,300,600원 이라기에 월요일이나 화요일에 사기로 하겠다 하였다. 24일에 SJ여행사에 10월 1일~5일까지의 시애틀 비행기 대금 2,300,600원을 부쳤다. 9월 28일에 시애틀에서 연락 오기를 10월 2일에 도미시는 춘추복으로 오라는 연락이 왔다. 10월 2일 오후 6시 20분 KAL-Oets 비행기로 시애틀에 가기 위하여 낮 12시 30분에 사장 차로 집을 나서기 전에 잠바 세 벌-나, 종헌, 상록을 주라 하기에 고맙다고 받아 놓고 인천공항으로 떠났다. 인천공항에서 무의도의 솥밭집에 가서 새우와 칼국수를 먹고 공항에 와서 우리 내외는 시간이 되어 체크인하고 사장 내외는 집으로 돌아갔다. Boarding시간이 되어 비행기를 탔는데 좌석은 45F와 H였다. 이상하게 오늘 따라 손님이 적어 편안히 앉아 갔다. 10시간이 걸리어 시애틀 공항에 도착하니 최기성 대표가 나와 있어 곧 차로 시내로 갔다. TACOMA시의 LAKE-Wood에 있는 LAQuintainn에 들러 숙소 328호실을 정하고 짐을 두고 동포가 운영하는 꿀식당에 가서 된장찌개로 점심을 먹고 시애틀의 Down-Town의 해안을 구경하였는데 한진해운이 시애틀 항구 전체를 임대하여 운영한다고 하였다. 그 규모가 대단하였다. 저녁 식사후 여관에 투숙하였다. 나는 교포가 운영하는 가게에 가서 백세주 두 병을 사서 한 병을 마셨다. 저녁은, 나는 냉면, 송화당은 해물찌개로 하였다.

10월 30일(토요일) lake-wood에 있는 복음 교회에서 미 서부지역 한국어 교사 협의회에서 주최하는 연수가 다음과 같이 있었다.

사회 박지수 총무

1. 기도	이용우 목사
1. 민의혜	국기에 대한 경례/애국가제창
1. 사말	협의회 최기선 회장
1. 축사	총 엽합회 이민노 회장
1. 격려사	이하룡 총영사
1. 강사 소개	회장
1. 광고	사회자
1. 폐회	

연수회 시간표

08:30~09:30	등록
09:30~10:00	개회식
10:00~12:00	김승곤 한글학회 회장
12:00~13:00	점심

13:00~14:30	장용철 재미 한국학교 총연합회사무총장
14:30~16:00	이은경 시애틀 벨뷰통합한국교회 교사
16:00~17:00	김기희 아틀란타 한국학교 교사
17:00~17:30	수료증

연수회 후 꿀식당에 가서 저녁을 먹고 어제 남은 백세주 한 병을 마시고 잤다.

이때 올림객아 한국학교의 이경녀 선생이 나를 보니 아버지 생각이 난다하고 영양갱을 주었다.

10월 4일: 아침 9시에 김기회님이 애틀란타로 가기 때문에 최기선 회장 차로 비행장까지 가서 전송하고 오면서 한국 교포가 운영하는 시장에 들러 초정 순두부를 점심으로 먹고 오다가 이 장로님 정창희 교수와 같이 국립공원 해발 4092m인 Rainer을 구경하러 갔다. lake-woo에서 두 시간이 걸렸다. 산이 웅장하여 어느 정도 까지는 올라 갈 수 있으나, 우리는 걸음을 잘 걷지 못하여 멀리서 구경만 하였다. 산 봉우리에는 눈이 쌓여 있었다. 구경을 다 하고 돌아오는 길에 교포가 운영하는 월남국수집에 들러 김애스터 선생을 만나 같이 식사하였다. 그리고 정창희 교수는 김애스터 선생이 공항까지 데려다 주었고 이 장로님은 댁으로 가고 우리 일행은 아시아 가게에 가서 백세주 두 병을 사서 여관으로 가서 마시고 잤다.

10월 5일: 아침 9:30에 공항으로 출발하였다. 공항에서 최기선 회장이 준 소금전등이 문제가 되었으나 친구가 선물로 준 것이라 하였더니 통과되어 최회장께 인사하고 공항으로 들어갔다. S비행장으로 전차를 타고 갔다. 여관의 계산서는 총액 371.16불이었다. 비행기는 2시 20분에 출발하였다. 서울까지 내내 낮이어서 기분이 좋았다. 오늘까지 내가 쓴 돈은 51.07불이었다. 시애틀 TACOMA를 2:20 비행기로 인천공항에는 6일 오후 6시에 도착하였다.

XI

고향을 위하여 한 일들

나는 1998년 고향으로 이사하였다. 그리고는 면 소재지에 비싼 땅을 사서 "한빛글방"을 지었다. 몸채는 살림집이요, "한빛글방"은 나의 연구동이다. "한빛"의 뜻은 오로지 "하나의 빛"이란 뜻으로 붙여진 이름이다. 남이 비추지 못하는 "빛"이라는 뜻으로 붙여진 이름이다. 고향에 오자마자 고향을 위하여 하여야 할 일이 무엇인지 생각하여 보았다.

1. 유학사 대웅전의 확장 제건 사업

그때 마침 여배리에 천년 고찰 유학사가 있다. 이 절은 언제 지었을까 문제이나, 그 상량기를 보면 다음과 같다.

乾隆一五十四年(1789년) 己酉 三月十三日 草溪郡 南嶺彌山 留鶴寺法堂一處以自康熙 二十九年(1690년) 庚午十二月日初創...으로 되어 있고 또 그 옆의 기록을 보면

康熙二十九年庚午十二月日草溪南嶺彌陀山 留鶴寺法堂上樑記文 盖自留鶴則昔非道場而 創建小庵也...

등으로 되어 있는데 밑줄 부분을 보고 「대개 스스로 생각하면 유학은 즉 옛날 도량(도를 닦는 곳)이 아니며 작은 암자로 창근되었다…」로 기록되어 있는데 옛날 소암자였는데 1690년에 처음 창건할 때 다시 조금 크게 지은 듯하다. 그런데도, 법당이 너무 작으니 좀 크게 지어 달라는 것이었다. 그때, 나는 한글학회 외사부 이사로 있으면서, 문화체육관광부 오지철(현 TV조선사장) 국장과 친히 지냈다. 그래서 한번 찾아 가서 사정을 말씀 드렸더니, 오국장님은 연말에 우리 예산에서 쓰고 남는 돈이 있으면 도와주겠다 하였다. 오국장님은 실력파요 아주 양심적인 분으로 그해 예산에서 남은 돈 3천만원을 경남도청으로 내려 보내면서 유학사 확대 재건비를 마련하여 전달하라고 하였다. 경남도청에서는 6천만원을 편성하여 의령군청으로 내려 보내었는데 의령 군청에서는 「3천만원+6천만원」의 두 배 즉 1억8천만원으로 증액하여 도합 2억8천만원을 유학사로 전달하였다. 유학사에서는 칠성각은 달리 땅을 사서 옮겨 짓고 본래 법당을 헐어서 그 자리에 크게 재건하였다. 주지스님이 너무 고맙다고 인사하였다. 그 후 4월 초파일이 되면 내 이름으로 큰 등을 만들어 매년 달았다고 하였다.

2. 부림문화 발전연구회 설립

우리 고장에는 이극로, 이우식, 안호상 등 애국지사도 많고 유적으로는 경산리 고분, 미타산성이 있고 전래 행사로는 신반 탈춤, 우륵에 관한 가야금 경연대회, 유학사 등은 물론 한지의 발상지이기도한 위에 지명으로 성열현이 과연 신반의 옛 지명이 맞느냐 하는 등 밝혀야 할 일이 많이 있다. 이들에 관한 정확한 학문적인 연구도 전혀 되어 있지 않았다. 이런 점을 밝혀서 우리 고장이 정말 문화의 고장이라는 사실을 밝혀서 당당한 고장으로서의 위상을 높여야 하였기 때문에 당시 정기방 면장님과 손발이 맞아 「부림문화 발전연구회」를 조직하기로 하여 2천년 7월 10일 발기인 모임을 가진 이래 2001년 2월 15일 사단법인 출범을 위한 모임을 갖고 정관을 마련하여 2001년 4월 6일 경상남도 지사의 허가를 얻어 2001년 4월 24일 법인등기를 함과 동시에 출범하였고 도에 사단법인으로 등록까지 하였다.

나는 정기방 면장님이 단순한 행정가로만 알았는데 뒤에 알고 보니까, 창원대학교 대학원에 다니면서 밤에는 그 대학에서 강의를 하는 학자이기도 하였고 후에 박사학위도 취득하였다고 한다. 그러기에 그분은 문화에 대한 관심이 대단하였고 신반 거리의 이름도 그분이 붙였으며 심지어는 미타산성 개발을 위하여 나와 주덕돈님과 같이 직접 가서 풀도 베고 성벽에 자란 잡목도 베어내는 일도 서슴없이 하였다. 그런데 당시의 군수였던 전용이님은 문화에 대하여 전혀 관심도 없고 왜 문화를 소중히 여겨야 하는 지도 알지 못하였다. 우리나라 대통령을 비롯하여 장관 고급관리들이 우리 문화에 대하여 전혀 관심이 없고, 오로지 행정제도나 행정용어 등은 일본 것을 그대로 따라 하며 아직도 쾌쾌묵은 모화사상에 젖어 한자를 안 쓰면 죽는 줄 아는 형편인데, 정기방 면장님과 같은 공무원이 많으면 많을수록 나라가 될 것인데 그렇지 못한 것이 아쉽기도 하다.

3. 기관지 「부림문화」를 발간하다.

「부림문화 발전연구회」가 제 구실을 하기 위하여는 기관지 발행이 필수적이었다. 정기방 면장님의 주선으로 운영자금이 마련되어 2000년 9월에 「부림문화」 첫째 권이 창간되었다. 그 내용은 다음과 같다.

제1부 : 옛날의 부림
제2부 : 부림의 얼
제3부 : 확인되는 천년역사
제4부 : 부림의 자랑
제5부 : 세계 일류를 향한 부림
제6부 : 애향

창간호에 이어 그 동안에 연구되었거나, 보충할 사항 등이 있어 제2호를 2001년 10월에 발간하였다. 그 내용은 다음과 같다.

제1부 : 옛날의 부림 (2)

제2부 : 확인되는 천년 역사 (2)

제3부 : 부림의 자랑 (2)

제4부 : 세계 일류를 향한 부림 (2)

제5부 : 애향 (2)

제6부 : 특별기고 : 장암의 땅이름

부록 :

2007년 1월에는 「부림문화」 제3집이 계속 발간되었다. 그 내용은 다음과 같다.

제1부: 미타산성 시굴조사 보고서

제2부 : 경산리 고분군 발굴 조사

제3부 : 우리면의 소재 재실과 정자

제4부 : 우륵 선생의 성장지는 신반이다.

제5부 : 민요 및 민속요

제6부 : 설화 및 전설

제7부 : 우리면 출신 인물

제8부 : 우리고장의 현대 인물

부록 :

제3집부터는 우리고장에 대한 구체적인 사실에 대하여 연구하기 시작한 점을 그 내용으로 보아 알 수 있는데 계속 제4집 제5집이 나왔으면 세세한 사항까지 깊이 연구되어 밝혀졌을 것인데 제3집이 나오고 나서부터는 정기방 면장님이 전근이 되고 나 자신도 생활이 서울 중심이 되고 보니 일을 할 사람이 없었는데 연구 끝에 정영조 회장과 나는 여배 출신의 조용섭 박사를 "부림문화 발전연구회" 회장으로 추대하게 되었다.

4. 성열현(省熱縣) 지명의 연구

"성열현"에 대한 기록은 「삼국사기 권 三十二 악지 가야금조」에 처음 나오는데 김유신 전에는 "선덕왕 13년(644년) 9월에 왕은 김유신을 상장군으로 하고 병사를 이끌고 백제의 가혜성(加兮城), 성열성(省熱城), 동화성(同火城) 등의 일곱 성을 쳐서 크게 승리하여 가혜(加兮)의 항을 열게 하였다."는 두 군데밖에 나오지 않는다.

나는 省熱縣의 해독을 위하여 한자음 연구의 권위자인 경북대학교 유창균 교수의 「삼국시대의 한자음(서울, 민음사)」을 깊이 상고하였는데 유 교수의 저서에 따라 「省熱」의 음을 살펴보면 다음과 같다.

(1)省은 烽과 호응하고 또 「述一省一首」가 호응하여 「省良縣一金良部曲」에서 「省一金」의 대응에서 「省」의 음은 「쇠」와 대응되는 것으로 보았다. 그리고 또 다시 「省一金」 대응에서 「金」의 중기음은 「소」였다고 하였다.

「省」은 「省良縣一金良部曲」에서와 같이 「쇠」로 읽었던 것으로 보이며 「省大兮縣一蘇泰縣」에서 보면 「省」은 「蘇」로도 읽히었던 것으로 보인다. 따라서 「省」은 「쇠/ᄉᆡ」 또는 「세」 혹은 「새」로 읽혔다고 생각되므로 「省熱

縣」이 「新爾縣」으로 후대에 표기되었던 것으로 추정되는데 의령읍지에 보면 「省熱縣」은 「新爾縣一云朱烏村一云泉川縣」 등으로 기록되어 있다. 「新爾」는 「새너」 또는 「새네」로 읽히었을 것이다.

(2) 「熱」 : 沙熱伊縣一淸風縣

개정 지명 〈淸風〉에서 미루어 (沙熱伊)는 중기에 (사눌이/서늘이)와 대응되고 〈熱〉은 이 〈눌/늘〉에 해당되는 요소이다. 따라서 'n—'로 해석된다. 또 「熱兮縣」 (一作泥兮縣)一日谿縣」 〈熱一泥〉의 호응 〈泥〉는 ńied로 'n–'에 해당된다.

따라서

(i) 〈熱〉은 'n–'으로 해석된다.

(ii) 〈熱〉은 〈눌/늘〉에 해당되는 요소이다.

(iii) 〈熱〉의 대응음이 "–nje/–ne"이다.

(iv) 〈熱〉의 "–r"에 대용된다.

의령읍지에 신반의 옛 이름이 「新尒(爾)縣」이었다면 위의 설명에 따르면 「싀녜」/「새너」가 된다. 동국여지승람에 따르면 「新反縣」이 나오는데 본래 신라때 「新爾縣」이라 하였다. 종합하면 보면

(ㄱ) 「新(辛)尒(爾)」는 「싀녜/싀니/싀이/싀노」로 된다.

(ㄴ) 「朱烏」는 「싀오」로 읽혔을 것이다.

(ㄷ) 「泉川」은 「싀내」로 읽혔을 것이다.

(ㄹ) 「新反」은 「새례/새뢰」로 읽었을 것이다.

주 「新反縣」은 「새로운 현」 또는 「새 현」이라는 뜻이었을 것이다. 왜냐하면 이두에서 「新反」은 「새로이/싀로히/새로니」등으로 기되어 있기 때문이다.

위와 같이 하여 내가 「省熱縣」이 「新反」임을 밝히고 「羅古記云 加耶國嘉實王見 唐之樂器而造之 王以 謂 諸國 方言各異聲音 豈可一哉 及命樂師省熱縣人 于勒造十二曲(三國史記 卷 三十二 樂誌 加耶琴條」를 근거로 「우륵」이 「신반」출신 악사였음을 주장하게 되었다.

5. 가야금 경연대회 개최

우리 고장이 생긴 이래 처음으로 「우륵 가야금 경연대회」가 2001년 5월에 청소년 수련원에서 열렸다. 경연대회에 앞서 우륵에 대한 연구발표회가 있었는데, 내가 발표를 하고 다음에 토론회가 있었는데 사회는 홍익대학교의 김태식 교수가 보았다. 발표가 잘못되었다는 지적도 있었으나 큰 잘못은 없었는데 우륵이 가실왕의 요청으로 작곡을 한 나이가 20세가 좀 지나서 아니었겠는가 하였더니 서울에서 모셔온 가야금의 대가인 황병기님의 말씀이 15세 경이 될 것이라 하였다. 나는 그 어린 나이에 그 훌륭한 곡을 어떻게 작곡할 수 있었을까 의심하였더니, 오늘날 중·고등학교의 학생 중에는 천재적인 능력을 가진 학생이 많은 것을 보면 황 선생의 말씀이 일리 있다고 생각된다. 오후에 가야금 경연대회가 시작되었다. 전국에서 많은 지원자가 있어서 성대히 진행되었다. 관람객들에게는 점심을 무료로 제공하였다. 그런데 일개 면에서 여는 경연대회라 금상에 대한 상금이 별로 많지 않아 걱정이었으나 해마다 여는 대회라 다음 회부터는 500만원으로 하였다가 차차 상금도 올려 일천만원까지 간 것으로 알고 있다. 서울을 비롯한 호남, 충청 할 것 없이 대성황을 이루었다. 그런데 2016년에는 열리지 않았는데, 앞으로는 계속 개최될 것으로 믿는다.

6. 이극로, 이우식 두 선생의 생가 복원에 힘쓰다.

주지하는 바와 같이 이 두 어른은 일제 때 우리말과 글을 바로잡기 위하여 크게 공을 세운 애국지사이다. 이극로 박사는 갖은 고생 끝에 1916년 4월에 동제대학 입학 후 1920년 2월에 졸업하고 1922년 4월 28일 독일 프리드리히 벨렐름대학 철학과에 입학하고 1923년 10월에 동양어학과에 조선어강좌를 개설하여 3년 간 강사로 활동하였는데, 이때는 우리말에 대한 맞춤법이나 표준말도 없었고 국어사전도 없었다. 그래서 국어의 표기가 일정하지 않자 학생들이 선생님의 나라에는 국어사전도 없느냐 하는 질문에 창피함을 느끼고 내가 귀국하면 반드시 우리 국어를 정리하겠다는 결심을 하였다. 1929년 1월에 돌아와서 1929년 4월에 조선어연구회에 가입하고 10월에 조선어 사전편찬 간사장직을 맡은 후 1933년 10월 29일에 「한글 맞춤법 통일안」을 발표하였고 1936년 10월 28일 「사정한 조선어 표준말 모음」을 발표하였으며 1941년 1월 15일「외래어 표기법 통일안」을 발간함으로써 조선어사전을 만드는 기본적인 사업이 완성되었다. 그래서 즉시「조선어 큰 사전」 제1권의 편집이 시작되어 사전편찬의 사업이 순조롭게 진행되고 있었다. 그런데 뜻밖에 1942년 10월 1일을 기하여 소위「조선어 학회 사건」이 일어났다. 박사님은 투옥되어 1945년 1월 16일 6년 징역형을 언도 받고 복역하던 중 1945년 광복으로 8월 17일에 출옥하여 곧 사전 편찬사업을 계속하고 있던 중 1948년 4월에 김구 선생이 제2차 남북협상 회의에 참석할 때 학자로서 참가 신청을 하였으나 이미 조윤제 박사가 먼저 신청하였으므로 부득이 조선건민회 위원장 직함을 가지고 남북연석회의에 참석하게 되었다. 목적은 김두봉 선생을 모셔 오기 위해서였다. 그러나, 김두봉 선생은 "내가 남한에 가면 이승만이 나를 잡아 죽일 것이니, 나는 가지 않겠다." 자네는 남한의 국어를 완전히 정리하였으니, 북한은 아직 표준말, 맞춤통일안, 외래어표기법, 국어사전이 전혀 정리되어 있지 않으니 자네가 여기에 머물면서 정리해 달라고 요구하니 거절하지 못하고 북에 머물게 되었다. 그런, 고루 박사 일족은 공산주의자로 몰려 꼼짝달싹을 못하였다. 내가 고향에 가 있는 동안 이런 애국지사를 묻어 놓을 수 없다 하여 군청의 문화과에 이야기하고 의령신문에 글을 쓰고 하여 "고루 박사"는 공산주의자가 아니고 "김구 선생"과 노선이 같은 분이며 북에 머물게 된 것은 남북 언어의 통일을 위하여 북에 머문 것임을 대대적으로 홍보 · 선전하였다. 그리하였더니, 군청 문화과에서 경남 도청에 의뢰하여 고루박사 집을 문화재로 지정하기 위하여 조사하러 왔다기에 내가 급히 가서 서로 인사하고 잘해 달라고 부탁하였더니 상량문을 보니까 100년에서 3년이 모자라서 문화재로 지정할 수 없다고 하였다. 그러나, 나는 생가 보수공사를 계속 추진하여 오다가 고루박사 사업회장직을 그만 두는 바람에 한 동안 주춤하였다가 최근에 군청에서 기념회관 건립을 위하여 부지 구입을 완료하였다고 하므로 앞으로 기대하여 보아야 할 것 같다. 지금은 그 사업체의 이름이 「사단법인, 고루 이극로 박사 기념사업회」로 되어 있다. 그와 동시에 계속하여 사업을 추진하고 있다. 요즈음은 "고루문집" 발간 사업을 추진 중에 있다.

고루 박사에 이어 빼어 놓을 수 없는 위대한 애국지사가 있다. 바로 "남저 이우식 선생"이시다. 남저 선생은 일본 도요(東洋)대학 철학과에 입한 후 1년 중퇴후 1920년에 귀국하여 부산에서 독립운동가 안희재, 김효석 등과 함께 "백산무역주식회사"를 설립하여 600주를 투자하여 주주로 참여하였다. 상해 임시정부로 선생이 보낸 돈은 당시 금액으로 10만원이라고 하는데 요즈음 금액으로 환산하면 100억원이 넘는 돈이다. 상해 임시정부는 이 돈으로 독립운동을 활발하게 전개하였다. 이극로 박사가 상해에서 1916년부터 1920년까지 동제대학을 다닐 때 학비를 부담하였고 독일 발레름대학에 입학하여 1929년 5월 25일에 박사학위를 받을때까지 학비를 남저 선생이 전담하였으며 그후 고루 박사가 영국–미국–화와이–일본을 거쳐 1929년 1월에 부산항에 도착할 때까지의 여비는 물론 1년 동안 고루박사가 전국은 물론 서간도까지의 시찰 비용도 남저 선생이 부담하였다고 한다. 그뿐 아니다. 동아일본 1931년 12월 14일자 신문에 따르면 「이지주 후의: 소작료 감하」와 같은 기사로 볼 때 흉년이 들 때 소작인들에게 얼마나 후의를 베풀었는지 알 수 있다. 그래서, 곳곳에 「이우식 수재 구휼비」가 서 있다. 1929년 10월에 고루 박사가 조선어사전편찬회를 조직하면서 남저 선생을 발기인으로 참여시켰는데 1931년 1월에 조직을 개편하면서 고루박사는 남저선생을 조선어사전편찬회의 회장으로 선임하였다. 이때부터 남저선생은 사전 편찬을 위한 재정 책임을 맡게 되었다. 남저 선생은 1936년에서 1942년 9월까지 사전편찬자금으로 16,140원과 「한글」발행 자금으로 1,050원을 제공하였다. 1942년 10월 1일에 "조선어학회사건"이 일어났는데 남저 선생은 1942년 10월 18일에 의령에서 체포되어 홍원경찰서와 함흥형무소에서 복역하였다. 그 동안 선생은 갖은 고문을 당하면서도 일경에게 항복하지 않았다. 1945년 1월 26일에 징역 2년에 집행유예 3년형을 선고받고 출옥 하였다. 2년 3개월의 옥고를 다 치르고 출옥하였던 것이다. 광복후에도 조국통일을 위하여 노력하였으나 정치에는 깊이 관여하지 아니한 듯하다. 선생은 일생동안 나라를 위하여 재산을 다 바치면서 살아 오시다가 1966년 7월 5일에 서거하셨다. 정부에서는 선생의 공훈을 기리어 1977년 "건국훈장 독립장"을 추서하였다. 선생의 호는 「남저(南樗)」인데 樗는 가죽나무를 뜻하는데 그 참 뜻은 "우리나라 남쪽에 사는 쓸모 없는 사람"이란 뜻이다. 이처럼 남저 선생은 겸손하고 남을 위하여 많은 돈을 쓰면서도 자기 자신의 이름은 숨기는 그런 위대한 어른이었다. 오늘날 우리말이 세계에서 인정을 받아서 각국에서 한글을 배우려고 많은 사람이 희망하게 된 것은 바로 고루 박사의 영도력과 이우식 선생의 재력의 덕이었음은 물론 표준말 사전 등의 덕으로 한글이 과학적이며 세계에서 으뜸가는 언어로 인정을 받고 있음은 누구의 힘에 의해서인가, 이우식 선생의 경제적 뒷받침이 없었다면 그리 되었을까? 문화적 후원자, 위대한 애국가임에 틀림 없거늘 우리 고을에서는 누구 하나 그 어른을 드높이고자 하는 사람이 없었다. 그래서, 나는 이 어른의 옛날집을 중수하여 보존하고 기념하고자 하여 의령읍 동동의 옛집을 찾아갔더니, 흔적도 없이 사라지고 성당이 서 있었다. 나는 그 순간 한숨이 절로 터져 나왔다. 잇달아 고루 생가 복원과 아울러 선생의 기념관을 짓자고 군청 문화계에 수차 이야기하였으나, 별 반응이 없다가 김채용 군수 때부터 조금씩 움직이기 시작하더니 현 오영호 군수님께서 토지를 모두 구입하여 기념관을 짓는다고 하니 참으로 의령군 역사에 남을 일이다.

7. 신반 오광대 탈춤의 발생을 밝힘과 동시에 정보고등학교 탈춤반을 후원하다.

① 신반 가면극의 발생

신반의 가면극은 원효대사로부터 시작되었다.

신라는 삼국통일을 위해 백제와 싸우게 되었는데, 선덕여왕 11년(642년)의 싸움에서 지금의 합천인 대양성에서 백제 장군 윤충의 공격으로 대야성이 함락된 적이 있었는데, 그때 도둑 김품석과 김춘추의 딸인 그 아내는 같이 자살하고, 김품석의 부하였던 죽죽장군은 끝까지 싸우다가 전사하였다. 그러자, 신라는 한때 큰 타격을 받고 김춘추를 고구려에 보내어 구원을 청하는 등 온갖 수단을 강구하였다. 결국 태종무열왕(재위 654-661)이 즉위하자 무열왕 7년(660년)에 백제를 멸망시켰다. 그 후 김품석과 무열왕의 딸의 죽음은 물론 죽죽장군의 죽음을 애석하게 여기던 나머지, 원효대사로 하여금 신반으로 가서 위령제를 지내도록 하였다. 그때 제를 지내면서, 원효대사는 탈춤을 추었는데, 그것이 계기가 되어 신반에 탈춤이 전해지게 되었다고 한다. 그리고, 원효대사는 의령군 용덕면의 수도사 비문의 설명문을 소개하면 다음과 같다. '수도사는 대한불교 조계종 15교주 통도사에 소속되어 있으며, 그 절의 창건은 지금으로부터 1300여년 전인 662년 (신라 문무왕 2년)에 원효대사가 뒷산의 병풍바위에서 백여명의 제자들과 함께 수도하던 자리에 창건한 고찰(古刹)로서 그 후 임진왜란 때 소실된 것을 사명대사 유정 '일명 송운(松雲)이 중건하여 오늘에 이르고 있다'고 되어 있었다. 그뿐 아니라, 원효대사는 창녕군 창녕읍 옥천리에 화왕산(火旺山) 관룡사(觀龍寺)를 창건하였는데, 그 안내문을 소개하면 다음과 같다.「관룡사 대웅전 보물 212호 주소 : 경상남도 창녕군 창녕읍 옥천리, 관룡사는 신라시대에 창건되었다」고 하나 이 대웅전은 1965년 8월 해체 보수공사 때, 중앙간에 신라시대에 창건되었다고 되어있는데 이 대웅전은 1965년 8월 해체 보수공사 때, 서게 되었으며 그후 전통을 이어 글쓴이가 어릴 적까지 명맥을 이어 왔었다. 그러면, 신반의 탈춤은 어떻게 전파되어 갔는지 알아보아야 하겠다.

송석하 교수는 의령의 오광대 탈춤은 의령에서 진주로 전해 갔다고 하였으나 이두현 교수는 오광대는 밤마리 장터의 대광대(竹廣大)패들에 의하여 시작되어 점차 각지로 전파되어 신반, 의령, 진주, 산천, 창원, 통영, 고성, 진동, 김해, 가락, 수영 동래 부산진 등 거의 경남 내륙과 해안선 일대의 각지를 망라하게 퍼져갔으나, 각지에서 이 놀이를 받아들인 연대와 경로는 제 각기 다르다. 그러나, 이러한 분포는 초계 밤마리 대광대패가 각지로 순회공연을 하였거나 또는 밤마리 장터에서 보고 간 사람들이 제각기 자기 고장에서 시작한 데서 연유된다고 한다고 하였다.

그러나, 신반의 향토, 사학자들의 견해는 다르다. 신반의 오광대 탈춤은 옛날 합천군 적중면의 묵방(지금은 의령군 부림면으로 편입되었음)으로 하여 적중, 초계 쪽으로 옮겨간 것이며, 밤마리 쪽은 의령군 지정면 박진(朴津)에서 그쪽 사람들이 보고 가서 퍼트렸다는 것이다. 즉 4월초파일만 되면, 의령군 부림면 예배리에 유학사라는 절이 있는데, 신반 사람들과 적중 사람들이 서로 만나 탈춤도 추고 같이 놀기도 한 절이다. 이 절을 기점으로 하여 묵방을 경유하여 적중, 초계 쪽으로 갔다는 것이다. 그리고 신반의 탈춤은 차차 그 추는 자리를 옮겨 박진에서 주로 추어지게 되었다고 하는데, 박진은 신반 장터는 물론 합천군 일부, 의령, 삼가 등지의 농산물을 이곳으로 옮겨와서 배로 부산, 대구, 등지로 실어 나르던 무역항으로 유명하였다. 글쓴이가 알기로는 6·25때까지도 쇠퇴한 무역항으로 가능하고 있었다. 그런데, 밤마리도 내륙의 무역항으로서 박진과는 불과 40~50리 거리에 있다. 따라서, 이 두 항구의 선원들은 왕래가 잦았다고 볼 수 있고, 박진에서 추었던 탈춤을 보고 간 선원이나 상인들에 의해서 신반의 탈춤이 박진항을 통하여 밤마리로 전파되었다는 것이다. 사실, 신반의 향토사학자들이 원효, 원효의 후손, 그리고 설계조, 설정, 권란 등의 인물을 찾아 오광대가 신반에서 시작되었다는 사실을 역사적으로 해명한 것에 의하더라도 어느 정도 믿음성이 있는 것으로 생각된다.

그러나, 밤마리의 오광대와 초계 대광대는 그 발생이 완전히 전설적이며 과학성을 결열하고 있다고 보아진다. 특히 『민족 교육자료집』에 의하면 고성의 오광대는 신반에서 왔다고 기록되어 있음도 신반 향토사학자들의 주장을 뒷받침한다고 믿으며 신반이 오광대와 떼려야 뗄 수 없는 관계가 있는 분이 원효 46대 후손인 설계조님이라고 하므로 이분에 대한 이야기를 하지 않을 수 없다. 이분은 세조가 수양대군으로 있을 때부터 친했는데, 수양대군이 세조로 등극한 후에 설계조는 정난3등공신이 되었는데, 신숙주의 동생 신말주와 처남남매간이 되었다. 성종이 설계조의 공을 인정하여 신반의 현재 공원밑에 대부정(大夫亭) 이란 정자를 지어 하사하였는데 지금도 그 정자가 전해오고 있다. 그 후에 설계조는 시흥에서 별세하였다.

그 4대 후손에 설정이란 분이 있었는데, 이때 설정과 동시에 과거에

급제한 권란(權鸞)이란 분이 있었다. 권란은 설씨 가문의 외손으로 자는 지인(子仁), 호는 천수헌(天樹軒)이다. 그는 명종 1년 (1546)에 나서 광해군 5년(1613)에 별세하였다. 권란은 본래 서울에서 나서 서울에서 자라, 급제하고 관계에 나아갔다가 그만 두고 그의 외가가 있는 선반으로 왔었다. 그는 신반에 와서 장가들었고 부인은 진양 정씨였다. 신반에 와서 보니까, 탈춤을 추는데 서울에서 정식으로 추던 오광대 탈춤과는 다소 미습하였던지, 직접 이곳 주민과 친밀해져서 오광대 탈춤을 제대로 가르쳤다. 여기에서 신반의 오광대 탈춤은 본격적으로 본궤도에 오르게 되었다. 그 후 1592년에 임진왜란이 일어나자 그는 망우당 곽재우장군 휘항서 창의 돌격대장이 되어 신반의 옥천대(玉川臺)에서 왜적을 무찌르고 전과를 올렸는데, 뒤에 그 공으로 군위현감의 자리에 오르게 되었고 돌아간 후에 좌참찬으로 증직 되었다. 권란 장군은 오늘날까지도 의령군에서는 곽재우장군 휘하 17장군의 한분으로 추앙을 받고 있으며 의령읍 남산 밑에 있는 충익사에 그 양력이 간단히 적히어 전하고 있다.

신반 오광대 탈춤은 어디로 전파되었을까?

신반의 탈춤은 원효대사로부터 시작되어 권란 장군에 의하여 오광대 탈춤은 본궤도에 올랐는데 수도사, 중앙칸 마루도리에서 발견된 상령문에 의하면 조선 태종 원년(1401년)에 창건, 임진왜란 때 불타서 광해군 9년(1617년)에 중창하였고, 영조 25년(1749년)에 중수하였음을 알 수 있다'로 되어 있으나, 신라때 원효 대사가 창건한 것을 그후에 다시 중건하면서 조선 태종 원년에 창건한 것으로 상량문을 쓴것에 불과하다고 본다.

왜냐하면 원효대사 후손들의 기록에 따르면 원효대사가 청건한 것이 틀림없기 때문이다. 수도사와 관룡사에 공통된 특징은 반드시 병풍바위를 배경으로 절을 창건하였다는 점이다. 또 의령군 궁류면에 있었던 성덕사도 병풍바위를 배경으로 창건되었다. 원효대사 후손 중에서 출가한 분들은 이곳으로 와서 스님으로 있었는데, 위에서 말한 성덕사에서도 제를 많이 지냈는데, 그때마다 탈춤을 많이 추었다고 한다.

이 성덕사는 6·25때 불타고 없어졌으나, 이 옆 병풍바위에 서경보 박사가 노후에 이곳에 와서 바위에 굴을 깊이 파고 일봉사를 짓고 지내다가 삶을 마쳤는데, 그곳에 많은 기념비는 물론 기념물이 남겨져 있다. 이와 같은일은 우연한 일이 아니라고 생각된다. 원효대사는 시조의 18대 후손인데, 원효대사의 아버지, 할아버지, 증조부도 출가하였으며 원효대사의 5대 후손도 스님이되어 의령군 봉수면 신현리에 국사봉이란 높은 산이 있다. 거기에 대동사라는 절을 짓고 주지로 있으면서 한지를 처음으로 개발하였다. 그곳에는 본래부터 닥나무가 많았던 곳이다. 한번은 닥나무를 물에 불려서 섬유를 뽑아 바위에 널어놓았다가 보니까 한지가 되었다고 한다. 한지를 개발한 후부터는 탈을 바가지로 만드는 것보다 한지로 만드니까 가볍고 깨어 지지도 않아 편리했던 까닭에 한지로 탈을 만들어 사터 오늘날에 이르기까지 봉수면 석갑일대 및 신반에서용하였다 한다. 대동사 주지가 한지를 개발한 것이 원인이 되어, 옛날부는 한지를 여전히 많이 많들고 있다.

② 신반 정보고등학교의 탈춤반 후원

나는 1998년 6월부터 서울에서 신반으로 이사하여 살면서 부림면장이셨던 정기방 박사와 더불어 정보고등학교에 탈춤반이 있음을 알고 이를 돕기 위하여 당시의 전원용 군수로부터 정보고교의 탈춤반을 위한 예산을 편성케 하여 부림문화발전연구회에서 예산을 타다가 주었다. 그러면서도 창원시에서 개최되는 탈춤경연대회에 출전시켜 면장님과 더불어 같이 가서 탈춤 경연시에 각 괴정에 대한 설명도 하였다. 나는 해마다 군청에 예산 신청을 하여 정보고 탈춤반을 후원하였다. 물론 고교 방문도 자주 하였다. 내가 고향을 떠날 때까지 후원은 계속되었으나 2001년 후에는 나는 서울로 왔으므로 발전연구회 총무로 하여금 계속 후원하도록 하였다.

8. 미타산성의 복원과 발굴 문제

내가 귀향 후에 "우륵"의 출생지 "성열현"의 지명 연구로 "省熱縣"이 신반임을 밝힌 다음 미타산성을 성열성이라고 주장하면서 그 복원 사업에 힘썼다. 먼저 당시의 정기방 면장, 주덕돈 회장 등과 나는 두세 차례 가서 성벽에 나 있는 잡목을 베고 깨끗이 가다듬어 성벽의 옛 모습을 찾게 되었으나, 성벽이라고는 하나 너무 얕고 보잘것이 없어 군수에게 요청하여 중수와 더불어 새로 증축 하여야 함을 깨닫고 활동하기 시작한 결과 경남발전연구원에서 2002년 12월 31일에서 2003년 2월 28일 사이에 조사하기로 하여 다음과 같은 결과를 얻게 되었다.

(1) 조사개요

① 조사명

미타산성 학술조사

② 조사대상 지역 및 면적

경남 의령군 부림면 묵방리 산 136-1번지 일대(산성 55.214㎡)

③ 조사기간

2002.12.31.~2003.2.28.

④ 조사단 구성

직책	성명	소속	직위
조사단장		경남발전연구회	원장
지도위원	심정보	한밭대학교 역사학과	교수
	나동욱	부산시립박물과 복천분과	유적보존실장
책임연구원	최헌섭	경남발전연구원 역사문화센터	조사연구부장
연구위원	이광지	경남발전연구원 역사문화센터	연구위원
조사원	이일갑	경남발전연구원 역사문화센터	연구원
	조태희	경남발전연구원 역사문화센터	연구원
	하지호	경남발전연구원 역사문화센터	연구원
조사보조원	노재헌	경남발전연구원 역사문화센터	연구보조원
	김범철	경남발전연구원 역사문화센터	연구보조원
	유주형	경남발전연구원 역사문화센터	연구보조원

(2) 조사경위 및 조사목적

경상남도 의령군 부림면 묵방리에 소재하는 미타산성은 경상남도 기념물 제231호로 지정되어 있으며, 미타산의 정상인 해발 662m을 포함하는 미타산 북방향 9부능선에서 남서 방향으로 약 2㎞에 이르는 토석 혼축으로 된 성곽으로 성열성이라고도 불리워진다. 그러나 미타산성은 오랜 세월 주위의 무관심과 방치로 인하여 그 형체가 점점 사라져 가고 있다. 이에 의령군에서는 미타산성의 무너진 성벽을 정비하고 복원하여 호국의 의지를 고취하고, 주위의 역사유적지와 연계하여 일반인들의 역사 교육 현장으로 활용할 계획을 입안하였으며, 이 산성에 대한 기초자료 수집 차원에서 본 유적 시굴조사의 필요성을 인식하고 경남발전연구원 역사문화센터에 그 조사를 의뢰하였다. 기존의 문헌에 기록된 미타산성에 대한 자료는 극히 소략할 뿐만 아니라 그 동안 현황조사가 제대로 실시되지 않아서 전체적인 산성의 시설 및 축조방법을 알 수 없었고, 각종 성내 유적의 잔존상황 역시 확인할 길이 없었다. 이에 금번 시굴조사는 의령 미타산성 가운데 비교적 양호하게 잔존하는 남문지 부분을 중심으로 성의 축조 수법과 축조연대를 확인하고, 잔존 가능성이 있는 미타산성 내·외 시설물과 그 이용에 대한 현황조사, 성벽, 문지, 건물지, 배수시설, 치성, 수구 등의 유구 확인조사를 실시하여 종합적인 기초자료를 수집함에 있다.

(3) 조사내용

① 개요

이번 조사에서는 현재 육안으로 확인이 가능한 체성을 비롯한 문지, 치성, 수구, 해자, 내호 등에 대한 규모와 형태, 축조수법 등을 파악하여 향후 정비 및 복원설계 작업을 위한 자료를 수집함과 동시에 오랜 세월 방치로 인해 파괴 훼손된 남문지를 비롯한 주변 유구를 확인하여 미타산성을 복원 정비토록 조치하는 기초자료를 확보하는 과정의 일환인 것이다 이번 시굴조사 대상지역은 미타산성지 중 암벽과 단애지역인 북쪽과 대부분의 서쪽을 제외한 서쪽일부 및 남쪽과 동쪽을 중심으로 남문지에서 동문지에 이르는 구간으로 이 가운데 가장 중요한 부분으로 생각되는 8개소에 Trench, 및 Pit를 설치하여 그 특징을 파악하는데 노력하였다.

② 위치 및 조사전 현황

가. 위치(圖面1)

미타산성은 行政區域上 경상남도 의령군 부림면 묵방리에 위치하며 위도 상으로는 북위 35° 30′00″, 동경 128° 17′30″에 해당하는 산중이다. 이곳은 현재 창녕에서 합천으로 향하는 국도 60번이지나는 부림면 소재지인 신반에서 북서쪽으로 약 4㎞지점에 위치하고 있으며, 합천군 적종

면과 의령군의 경계를 이루는 지점으로 미타산[1])은 북서 사면은 급경사지만 남동쪽은 소하천의 괴석에 의한 몇 갈래의 완만한 산등성이로 어우러져 있으며 동쪽은 낙동강 본류에 연한다. 서쪽은 천황산(해방 655m), 국사봉(해발 688m), 태백산(해발 512m) 등의 해발 500m이상의 산록이 연이어져 있다.

한편, 미타산의 동북부 경계를 따라 낙동강이 남류하고 동남부에 권혜천이 발원하여 이 일대에 산간분지가 발달하였다. 그중 권혜천은 부림면의 주천인 신반천의 발원지로 남동쪽을 흘러 권혜리와 천락리에 이르러 지혜천과 합류하여 남쪽으로 흐르다가 부림면 신반리 부근에서 소지류를 합하여 부림면을 지나, 합천군 청덕면에서 낙동강으로 흘러 들어간다.

지형적으로 미타산성은 국사봉 줄기를 발원한 남서쪽 천황산을 타고 미타산으로 이어지는 산등성의 해발 662m 고지의 8-9부능선에 해당하는 지역으로 산정의 고위평탄지를 성내로 삼은 퇴뫼식 산성으로 축조되어 있다. 또한 미타산의 정상부에서 북쪽방향으로 합천의 초계평야가 펼쳐져 있으며 이런 자연환경 외에도 미타산성 서남쪽에 이어진 해발 약 688m 지점에 국사봉 산성이 위치하고, 그 주변으로 가야를 비롯한 삼국시대와 관련되는 각종 유적이 분포하고있으며, 또한 이곳을 기준으로 낙동강변과 합천으로 연결되는 산상에 많은 산성과 성지들이 남아 있어 이러한 것이 삼국시대의 각축장으로 미타산성의 일대가 많이 이용되었을 것으로 예상된다. 또한 임진왜란 당시에는 왜군에 대항하는 의령 및 합천

---

1) 『宜寧縣邑誌』 山川 彌陀山 在新反 縣北三里自黃 山來

지역의 의병 및 관군의 거점으로 활용되었으리라 짐작된다.

한편 문헌상으로는 신증동국여지승람 초계군 산천 및 관방조에 의하면, "미타산(彌陀山)은 군남쪽 16리에 있으며, 의령현 편에도 나온다고 되어 있으며, 봉수조에는 미타산 봉수가 남쪽으로 의령현 가막산에 응하고 북쪽으로 합천군 미숭산에 응한다고 나와 있다. 으령현 산천 및 봉수조에는 미타산(彌陀山)이 신번현 북쪽 3리 지점에 있으며, 봉수는 북쪽으로 초계군 미타산에 응한다고 되어 있다. 이외의 문헌상의 내용을 살펴보면 『교남지 세삼권』에는

草溪郡 山川 彌陀山 : 在郡南十八里 自淸溪山來

寺剎, 彌陀寺 : 在彌陀山, 留鶴寺: 在彌陀山

烽燧, 彌陀山烽燧 : 在郡南五十里 南應宜寧可幕山 比報陜川美崇山

宜寧郡 山川 彌陀山 : 在郡北五十里 自黃梅山來

新反川 : 在郡北五十里 東入上浦

『輿地圖書 下』

慶尙道 草溪郡 山川, 彌陀山 : 在郡南十里 淸溪山內

烽燧, 彌陀山烽燧 : 在郡南五十里 南應宜寧可幕山 比報陜川
美崇山 相距六十里

寺剎, 彌陀山 : 在彌陀山今無

新增留鶴寺 : 在郡南三十里彌陀山下

宜寧郡 山川 彌陀山 : 在新反縣北三十里 自黃梅山來

『선조26년 12월 3일(임자)』

비변사가 아뢰기를,

"전일 전라 감사 이정암(이정)의 장계에 의하면, 도내의 산성을 살펴보니 남원(南原)의 교룡산성(蛟龍山城), 담양(潭陽)의 금성산성(金城山城), 순천(順天)의 건달산성(乾達山城), 강진(康津)의 수인산성(修仁山城), 정읍(井邑)의 입암산성(笠巖山城)이 모두 천험(天險)의 요새로 되어 있어 난을 당하여 화를 피하는 데는 이보다 좋은 데가 없다고 하였습니다. 그 가운데서도 입암산성이 제일 훌륭한 천험인데, 고성(古城)을 수축하는 데는 인력이 많이 들지도 않고 도내(道內)의 중앙에 관애(關隘)를 이루고 있으므로 힘을 합하여 지킨다면 하도(下道)의 적이 감히 쳐들어 오지 못할 것이기 때문에 대소(大小) 인민이 모두들 이를 수축하여 호남(湖南)의 보장(保障)으로 만들기를 원하고 있다고 하였습니다.

우리나라는 삼국시대에서 고려말기에 이르기까지 외환(外患)이 그치지 않아서 전쟁이 말할 수 없이 많았는데도 지탱하여 보수(保守)할 수 있었던 것은 단지 산성의 이로움이 있었기 때문이었습니다. 옛사람들은 환란을 대비함에 있어 이 일에 제일 관심이 깊었는데 태평이 계속된 이후로는 전혀 축설(築設)하지 않았기 때문에 흉적들이 한번 일어나면 승승장구하여 이르는 곳마다 붕괴되어, 흩어져 달아난 인민들마저도 몸을 숨길 곳이 없어 모두 적의 칼날에 죽게 하였으니, 말하기에도 참혹합니다.

대저 적이 믿고서 승승장구하는 것은 오직 철환(鐵丸)이 있기 때문입니다. 우리나라의 평지에 있는 성은 거개가 낮기 때문에 적이 비루(飛樓)를 타고 성안을 넘겨다보면서 조총(鳥銃)을 난사, 성을 지키는 군사로 하여금 머리를 내놓지 못하게 한 다음, 용력있는 적이 긴 사다리와 예리한 칼을 가지고 성첩(城堞)을 타고 곧바로 올라와 대초(大礎)로 성을 파괴하곤 합니다. 그래서 성을 지킬 수가 없는데 진주(晋州)에서의 경우도 그러했습니다. 산성의 경우는 높이 반공에 솟아 있으므로 비루가 있다 해도 쓰기가 어렵고, 올려다보고 조총을 발사해도 곧바로 올라갔다가 도로 떨어지게 되므로 적의 장기(長技)가 모두 소용이 없게 됩니다. 그러니 아군이 궁시(弓矢)나 석거(石車)로 위에서 마구 물 붓듯이 쏘아대면 비록 원숭이 같이 날렵하더라도 어찌할 수가 없게 됩니다. 이렇기 때문에 인천산성(仁川山城), 구월산성(九月山城), 미타산성(彌陀山城), 행주산성(行州山城)의 싸움에서 모두 지리적인 험요(險要)를 이용하여 승리를 획득한 것입니다.

지금도 곳곳에 지형을 선택하여 산성을 쌓은 다음 백성을 인솔하여 들어가 보전하게 하고, 공사(公私)의 저축을 모두 모아다가 그 가운데 적치하게 함은 물론 들을 깨끗이 비운 상태에서 적을 기다려야 합니다. 그런 다음에는 적이 올려다보면서 공격해 와도 번번이 패배할 것이고, 또 들에는 노략질할 것이 없어 군량을 대기가 어렵게 되면 반드시 우물쭈물하다가 물러갈 것입니다. 그러면 그들이 패주하는 때를 이용하여 각진(各陣)에서 정예병을 출동시켜 적의 앞뒤를 단절하기도 하고 혹은 귀로(歸路)에서 요격하기도 하는 등 공격한다면 몇 번하지 않아 적의 기세는 절로 쇠약해지고 아군은 절로 사기가 진작될 것입니다. 오늘날 적을 막는 방책은 이보다 더 나은 것이 없습니다만, 걱정스러운 것은 인심(人心)이 먼저 장래를 생각하지 않아 온갖 일이 폐이(廢弛)되어 비록 시행할만한 계책이 있어도 조처할 마음이 없는 것입니다.

지금 이정암의 말도 혼자의 의견에서 나온 말이 아니라 역시 본도의 인정을 인하여 이렇게 아뢴 것이 틀림없습니다. 말한 바 교룡산성은 남원에서 5리(里)안에 있습니다. 남원에는 원래 성이 있고 낙참장(駱參將)이 새로 수축한 것도 굳게 지킬 만하니, 산성에서 마주 대하여 함께 지킨다면 더욱 적이 감히 침범해 오지 못할 것입니다. 금성산성은 전에 이성임(李聖任)이 수축하였고, 입암산성은 장성 현감 이귀(李貴)가 거의 다 수축했습니다. 건달산성과 수인산성 또한 이 예에 의해 수축하게 하고 미리 근처의 인민들에게 알려 만일 적변이 발생하면 제때에 들어가 보전하여 기필코 지키도록 계책을 세워야 합니다. 그러나 도내에 민력(民力)이 바야흐로 고갈되어 성을 수축하는 역사에 다시 민력을 쓸 수가 없는 형편입니다. 들리는 바에 의하면 이귀가 도내의 승려들을 동원하여 편의에 "따라 역사를 끝마치려 한다는데 이 계책이 매우 온편합니다. 이정암에게도 이 예에 의해 시생하게 하되 역사가 끝나거든 계문(啓聞)하게 하소서. 기타 동복산성(同福山城), 옹성산성(瓮城山城) 등도 또한 이렇게 순차적으로 수축하는 것이 온당하겠습니다. 장성 현감 이귀는 유생(儒生)으로서 도임한 지 오래지 않았는데도 군사를 훈련시키고 무기를 제고하는 등 조처가 제대로 되었기 때문에 백성들이 모두 즐겨 따른다고 합니다. 모든 일은 하지 않는 것이 걱정이지 진실로 하기만 한다면 반드시 이익이 있게 되는 것입니다. 이귀의 일은 매우 가상한 것이니 상을 논하여 포장함으로써 다른 사람들을 권면시켜야 될 것 같습니다. 도내의 여러 고을에도 이런 내용으로 신명(申明)하여 계칙(戒飭), 모두 이귀가 한 것처럼 각기 본읍의 군사를 초발하여 성심껏 훈련시키되, 조총을 가르치기도 하고 궁시를 익히게 하기도 하여 조처에 반도가 있게 되면 백성이 수고롭지 않고도 일은 제대로 될 것입니다. 이런 내용으로 전라도 관찰사에게 하유하여 예에 따라 시행하게 하소서.

하니, 답하기를 "아뢴 대로 하라. 이귀의 일은 매우 가상하다. 그러나 우리나라의 일은 비록 사람들의 가림이 있어도 실효가 없는 경우가 있으니, 실상이 드러난 후에 포장하도록 하라."하였다.

나. 조사전 현황

미타산성은 미타산 8-9부 능선상에 축조된 퇴뫼식 산성이며 그 평명은 정상부의 등고산을 따라 축조되었으므로 부정형을 띠고 있다. 과거 성내 여러 부분이 밭으로 경작되거나 목초지로 사용되어 원상 훼손이 다소 진행된 것이 사실이며, 조사 당시는 경작하지 않고 있었다. 따라서 과거 경작지에는 잡목이 우거져 숲을 이루고 있고, 성 내부에는 소나무가 조림되어 있어 송림을 이루고 있었다. 미타산성의 체성부는 전체적으로 비교적 상단부분의 훼손이 다소 진행된 것이 사실이나 경사가 완만한 남쪽과 서쪽은 일부는 여장도 남아 있을 정도로 그 형태가 남아 있는 곳도 있으며, 해발 652m 미타봉수대 정상을 기준으로 자연지세에 따라서 서-동남 방향으로 길게 쌓은 토석혼축성이다. 북쪽과 서쪽은 급경사를 이루는 산의 정상부 부근을 따라 자연암반 및 단애지역을 이용하여 축조하였고, 비교적 완만한 남쪽과 동쪽은 약 8부에서 9부 능선을 따라 성벽이 축조되어 있다.

성의 둘레는 수풀이 우거져 정확하게 파악할 수 없으나 최근에 실시된 측량 결과 약 2㎞에 이르고 있다. 북쪽과 서쪽은 성벽이 축조되어 있지 않거나 급경사지역이라 성벽의 축조상태를 파악하기는 힘드나 남쪽과 동쪽에는 완경사 지역으로 성벽도 비교적 잘 남아 있다. 현재 남아 있는 성벽은 크기 20~40㎝ 내외의 할석으로 축조되었고, 높이는 4m 내외, 폭은 3-5m 내외이다. 이 산성은 부림면 소재지에서 묵방리를 지나 과거 묵방초등학교 분교인 지금의 불관사에 이르면 불관사 뒤편으로 오르는 등산로가 개설되어 있어 그 길을 따라 약 1㎞ 산정으로 오르면 남문지에 이르게 된다. 남문지 주변 좌우로 잔존 성벽이 있고 문지 내부의 육축석 일부가 보이고 있으며 대부분이 토사에 매몰되어 있거나 잡목에 의해 그 윤곽을 확인할 수 없는 상태였다.

③ 조사내용

가. 체성

미타산성의 체성은 퇴뫼식 석축성으로 자연지세를 최대한 이용하여 축조하였는데 내외의 경사도가 큰 곳에는 편축으로 축조하였으며, 경사도 작은 곳은 협축으로 축조하였다. 현재 확인되는 체성의 폭은 5m 정도이다.

체성의 축조방법을 파악하기 위해 남문지를 비롯한 총 8곳에 트렌치를 설치하여 노출하였으며, 조사 결과 드러난 체성은 지형에 따라 차이는 있지만, 시기를 달리하며 대략 3차례 이상 증개축이 이루어졌음을 확인할 수 있었다.

– 남쪽 성벽

남문지 부근 성벽의 일부를 조사하였다. 이곳은 남문지에서 서쪽으로 약 30m 지점에 위치하고 있다. 이곳은 남문지에서 직선으로 축조된 체성 부분으로 방어상에 있어서 중요한 위치를 점하고 있는 곳이다. 이 부분의 축조상태를 파악하기 위하여 체성의 내외에 2개의 트렌치를 설치하였으며, 트렌치 정리 결과 이곳의 축조수법은 먼저 외벽은 경사진 생토층 내지 암반층 위에 가급적 큰돌을 사용하고 위로 올라갈수록 작은 성돌을 쌓았으며, 받쳐 쌓은 산탁형식을 취하고 있고, 그 상단부는 협축하는 수법을 취하고 있다. 그리고 뒷채움은 유사판축 형식으로 점토로 메웠다. 그리고 성벽의 내외벽은 석축으로 쌓되 그 중간부분은 점토와 산토를 판축하여 속채우기 한 협축상태를 이루었다. 그리고 상부로 올라갈수록 성폭은 물림쌓기를 하여 상단이 점차 좁아지는 계단상을 이루었다. 이와 같은 축조수법이 전체 성벽에 공통된 것이라고 일부분의 조사로서 확인 할 수 없지만 적어도 남문지 주변에는 이와 같은 방식으로 성벽을 축조하고 있다. 내탁부의 다짐토는 중간지점에서 상하로 다짐토층이 나뉘어지는데, 상층은 하층인 갈색점질토를 파내고 황갈색사실점토계 다짐층으로 내탁이 이루어졌다. 또한 상부석축의 외벽 안쪽에서 상층의 갈색마사토계 다짐층을 파고 들어와 상부석축을 축조한 흔적이 있어 부분적으로 2차례 이상의 수개축이 있었던 것으로 보인다. 또한 최상부에는 여장을 설치한 흔적이 나타나고 있는데 여장과 내벽사이에는 그 속에 흙을 채우며 그 수법이 상당히 조잡하게 느껴졌다. 또한 이 체성 속에서도 자기편과 기와편이 출토되었는데 체성부 상단부나 지표에서 수습된 것과 시기차이를 보이는 유물은 출토되지 않았다. 그리고 내벽 뒤에는 판축에 사용되는 흙을 파낸 구상유구로 보이는 흔적이 나타나고 있으며, 내탁부의 성폭은 대략 7~8m 정도에 이른다.

– 남쪽 성벽

남문지의 동쪽편에 인접한 체성 일부를 조사하였다. 조사 당시에는 잡목이 우거져 있어 그 정확한 양상을 확인하기기 어려웠다. 잡목을 제거하자 체성 바깥은 막돌이 비스듬히 무너져 내렸고 성내에는 약간 완만한 경사를 이루며 잡초가 무성하게 자라고 있었다.

이곳에 거주하는 고노에 따르면 과거에 이곳을 밭으로 경작하였다고 한다. 조사 당시 이곳은 경작으로 인해 약 1m 내외로 복토되어 있고 그 아래에 내탁부의 다짐토가 확인되었다. 체성부의 축조수법을 확인하기 위해 내외벽에 폭 4m의 트렌치를 설치하여 무너진 석괴를 제거하자 외벽의 바깥으로 생토층인 안반층 위에 두께 15~20㎝ 내외의 흑갈색 점질토와 잔자갈이 깔려있고 그 뒤로 막돌을 이용하여 기단부를 설치하고 다시 그 뒤로 10~20㎝ 내외의 크기가 일정하지 않은 할석으로서 적심을 채우고 있음을 확인할 수 있었다. 다시 내측을 절개하였더니 산토와 자갈을 섞어서 다져 쌓은 듯한 다짐토의 토층이 나타났다. 이 토층 아래로 약 1.5M 가량 내려가자 기반암층인 생토층을 굴착하여 바닥에 고운점토와 사질토로 다짐한 흔적이 나타나고 있다. 또한 여기에서는 다시 외벽 끝에 폭 1m정도의 석열이 높이 50㎝ 내외로 계단상을 이루고 있고 이러한 석열의 간격은 대략 2.8m이며 이와 같은 석열간의 간격은 3.6m로 이것이 여장의 흔적으로 보여지나 단언할 수는 없다. 이 구간에서도 역시 후대에 성을 증축하면서 내벽에 덧대어 점토와 산토를 교대로 쌓아서 다짐층을 조성한 내탁양식을 보여주고 있으며 그 폭이 대략 7~10m 내외에 이르고 있다.

나. 문지

① 남문지

의령 미타산 불관사에서 북동쪽으로 조성된 등산로를 따라 약 1㎞정도 올라가면 정상으로 통하는 길목에 남문지가 설치되어 있다. 현재 이곳은 성내로 통하는 주출입구로 사용되고 있다. 조사 당시 잡목과 수풀이 우거져 있어 남문지 주변 좌우로 성벽이 잔존하고 문지 내부의 측벽 역시 붕괴된 성석과 오랜 세월 유입된 토사로 인해 그 형체를 알아 볼 수 없었다. 다만 문지 좌우 외벽 끝에 입석이 나란히 배치되어 있어, 이곳이 미타산성 남문지 임을 알 수 있게 한다. 이 문지의 왼쪽으로 인접하여 암반이 있는데 문지와 연결된 체성부가 이 암반을 기단으로 하여 축조되어 있다. 이 곳 외에도 미타산성 곳곳에 이러한 자연암반을 이용한 성벽들을 확인할 수 있다. 조사는 남문지의 외벽과 내벽에 무성한 잡목과 수풀을 제거하니 유입된 토사와 붕괴된 석재들이 나타났다. 매몰된 성석을 모두 제거하였더니 폭 2.5m, 길이 4m의 기단보축시설이 나타났고 이 기단보축시설은 외벽에 덧대어져 있었다. 남문지의 좌우 측벽은 초축시에는 문지를 조성하지 않았다가 후대에 체성에 직교하여 대석을 덧대어 평면플랜이 "ㄱ" 자상으로 나타나고 있다. 이 문지는 개구부 폭이 약 2.2m이고 외벽에서 내벽까지의 측벽의 길이가 약 3.5m이며, 외벽의 높이는 3.2m, 내벽은 2.5m가 잔존하고 있다. 남문지의 개구부 방향은 정남을 향하고 있으며, 다른 문지에 비해 개구부의 전방부가 좁고 후방부가 다소 넓은 편이다. 남문지 성외벽의 경우 하부의 기단석과 3~4단이 남아 있는 성벽위에 잡석 및 기와편이 섞인 30㎝ 내외의 토층이 있고 그 위로 상부석축이 축조되어 있다. 상부석축은 하부석축의 외벽 끝에서 약 20㎝ 정에 성석을 덧대어 체성부를 구성하고, 그 위에 다시 수구를 설치한 것으로 추정된다. 외벽에서 내벽까지의 측별의 길이는 약 3m정도이며, 외벽의 잔존 높이는 3.5m~4m이다. 동문지의 개구부 방향은 정동을 향하고 있으며, 남문지와 마찬가지로 개구부의 전방부가 좁고 후방부가 다소 넓은 편이다.

다. 치성

미타산성의 치성은 체성이 평직하고 않고 지형상 외향으로 돌출된 지점에 축조되었다. 미타산성의 치성은 축조의 개념보다는 오히려 자연지형을 적절히 이용한 것으로 보여진다. 특히 동남쪽 사면의 완만한 지형과 구릉이 꺽이는 곳에 다수의 치성을 배치하였다. 이러한 것은 산성 전체에서 가장 완만한 지형으로 외부의 침입이 용이함을 염두에 둔 것으로 보여진다. 이번 시굴조사에서 확인된 치성간의 간격은 일정하지 않으며, 지형에 따라 사각지점이 나타나는 곳의 암반을 이용하거나 돌출한 지형에 대략적인 축성을 실시하여 치성으로 활용하고 있는 듯한 인상을 받았다. 이 치성들의 규모도 각기 달라서 조선전기 세종년간의 규식화된 15척×20척에 비해서는 조잡하게 축조되고 있어 적어도 조선전기 성곽축조가 성행하던 시기의 축성법이 아님을 알 수 있다. 또한 이러한 것은 읍성이나 진성과 달리 산성이라는 특수한 지형을 고려한 것으로도 생각해 볼 수 있다.

라. 구상유구

구상유구는 조사구역 가운데 남문지에서 동문지로 연결되는 2트렌치 지역에서 확인되었는데 남벽 2지구의 경우 체성 기단부에서 外壁밖 약 1.5m 地點에 구상유구로 추정되는 구역이 調査 되었는데, 평면상에서는 퇴적토로 인해 그 윤곽을 확인할 수가 없고 표토 아래로 약 50m 가량 내려가자 하부 폭 1.5m 내외로 구상유구의 하단부는 성벽석으로 채워져 있으며 그 사이사이에 자기편과 기와편들이 나타나고 있다. 아마도 초축시에 방어력을 높이기 위해 구상유구를 조성하였다가 성벽석이 떨어져 내부를 메우자 다시 구상유구를 메우고 그 뒤에 돌을 쌓고 흙을 덮어서 성벽 개축시 기단부의 보조석축으로 활용된 듯하다. 지형적으로 고지에 위치하고 있는 으로 隍으로 완만한 남쪽 사면 경사를 이용하여 구상유구를 굴착하고, 해자로 이용한 관계로 건호로 추측된다.

마. 수문지

모든 성곽에는 배수를 위한 시설이 있는데 성내에 발생되는 우수를 비롯 제반 물처리를 성벽 일부를 통하여 배수하고 있다. 수고의 크기는 집수면적에 따른 통수단면에 따랐는 바, 집수면적이 적은 경우에는 성돌 한 개를 뺀 형식의 규모로, 큰 것은 교량과 같은 시설물을 만들기도 하였는데, 이곳 미타산성에는 수구로 축정되는 곳이 동벽쪽에 내략 2개소 가량이 확인되고 있으며 수구의 형태는 폭 1.6m, 높이 40~50㎝ 내외이며 내벽 끝에서 내벽북쪽으로 1.6m 도랑이 개설되어 있어 동쪽 성벽 하단부로 배수를 하였다고 판단된다.

조사 당시 잡목과 무너진 성석들이 어지럽게 흩어져 있고 내외벽은 잡초가 무성하게 자라 있었다. 잡목과 덮혀있는 약 10~15㎝ 가량의 표토를 제거하니까 현존하는 가장 마지막 단계에 축조된 내탁식 성벽의 내벽과 외벽이 드러났다. 현재 이 성벽의 높이는 약 1.5~1.8m 가량이며 이 체성부의 내벽 하단에 앞서 언급된 수구가 축조되어 있다. 이 수구는 원래 암반을 이용하여 바닥으로 삼고 그 위에 좌우로 두께 15~20㎝내외의 판석이 덮여 있다. 이 판석들은 현재 2기가 걸려 있고 1기는 성벽위에 걸쳐져 있는데 후대에 훼손되고 성벽 위에 이동된 것으로 보여진다. 이 내벽쪽 수구에서 다시 "ㄱ"자상을 그리며 내벽쪽의 자연 암반에 붙어서 수구로 흐르던 물길의 흔적이 평면에서 확인되고 있다. 현재 조사된 토층상태로 볼 때 적어도 이 수구는 초축시기에 만들어진 것 보다는 증축단계에 조성된 것으로 보여진다. 이러한 것은 외벽 수구가 초축 성벽의 위에 조성되어 있는 것으로 잘 알 수 있다. 현재 미타산성 내에서 수구로 추정되는 곳은 이곳 외에도 한곳이 더 확인되고 있는데 조사가 좀더 진행되어야 정확한 양상을 확인할 수 있을 것으로 파악된다. 다만 이곳에서 계속해서 물이 흘러나오고 있어 수구임을 짐작하게 하고 있다.

바. 추정 봉수대지

미타 봉수지는 현재 산성의 서북쪽 최정상부에 위치하는 암반지대로 지정되어 있으나 금번 조사에서 확인된 곳은 그곳에서 동쪽으로 약 300m 정도 떨어진 고위평탄대지에서이다. 조사당시 이곳은 키가 낮은 잡목들로 채워져 있었으며 주변에 기와편과 석재들이 많이 널려 있었다. 이에 잡목을 제거하고 표토를 제거하자 북쪽과 동쪽 일부에서 석축이 들어나게 되었다. 이에 시굴 트렌치를 설치하여 정밀조사를 실시하자 외곽을 돌아가는 한 개의 석축열과 그 내부의 무질서한 것으로 보여지는 석축열이 확인되고 있다. 미타산성 내에서 가장 넓고 평탄한 지역으로 북쪽은 절벽을 이루었고, 주위에서 가장 높지는 않지만 북쪽으로는 합천군 초계

면과 적중면이, 동쪽으로는 창녕군이 한눈에 들어와 봉수를 올리기에 좋은 위치이다. 현재 수습되는 유물의 양상이나 석축노출 상태로 볼 때 이곳은 적어도 고려시대 말부터는 분명히 현재의 유구가 존재한 것으로 보여지며 상위의 유구가 폐기되고 난 후에 후대에 다시 사지로 사용된 것으로 추정된다. 현재 조사 진행 중이라 단언할 수 없지만 이곳에서 출토되는 卍자 문양의 기와들이 수습되고 아울러 고려기와들도 같이 수습되고 있어 바깥쪽 원형으로 돌아가는 석축은 봉수대와 관련 있어 보이고 내부의 석축들은 후대에의 사지와 관련되는 시설로 보여진다. 봉수는 초축시기는 대부분 고려이며, 조선시대에도 자체 방어 및 전보수단으로 축조된 소수의 권설봉수가 확인된다. 노선은 직간봉이 대부분이며, 장축은 동-서가 다수이며 편동이나 편서한 남-북 장축의 봉수도 일부 확인되었는데 이은 축조에 있어 지형적 요건을 고려한 것으로 여겨진다. 한편 봉수는 연대 상부의 중앙부에 방형 혹은 원형의 연소실을 마련하여 항시 적 또는 유사시 거화를 하였던 것으로 추정된다 이들 연대는 높이가 최소 3m 내외였으므로 거화 혹은 망을 위해 오름시설을 갖추어 놓았다. 또는 연대 및 봉돈의 수의에 있어서 연변봉수는 1개소의 원형 혹은 방형의 연대 1개소, 내지봉수는 5개소의 연조와 유사한 원형의 봉돈을 갖추고 있었던 것으로 여겨진다. 이는 기존 고려시대의 봉수제가 조선전기에 5거제로 확립되면서 신호수단에 적합한 5개소의 봉돈을 별도로 갖추게 된 것으로 추정된다. 이외에는 봉수의 주위로는 석축의 방호벽을 둘러 봉수군의 신변안전 뿐만 아니라 각종 거화에 필요한 물자를 비치하였는데, 경우에 따라서 이러한 방호벽을 갖추지 않은 봉수도 확인되고 있다. 금번 조사시에 확인된 추정 봉수대지에서는 고려시대 기와편이 다수 출토되고 있고 앞에서 언급한 원형의 방호벽으로 추정되는 석축이 확인되고 있으며 현재 지정되어 있는 미타봉수지가 좁은 암반 위에 있어 기타 시설물들이 들어서기에는 그 규모면이나 위치상에 있어서도 다소 무리가 따르는데 반해 입지조건이나 위치상에서도 오히려 더 적격지로 판단된다.

사. 출토유물

이번 조사에서 수습된 遺物은 기와현, 土器片, 靑磁片, 粉靑沙器片, 白磁片 들이다. 완형은 거의 없고 대부분 파편들이다. 먼저 토기면을 살펴보면, 소성도나 태토로 보아 삼국시대 및 통일신라시대로 편년되는 회청색경질토기편이 산정상부에서 일부 채집되고 있으며 체성부 및 그 주위에서는 확인되지 않고 있다. 현재 조사가 진행중이라 단언할 수는 없지만 미타산성이 축성되기 이전에 조성된 유구와 관련이 있는 유물로 보여진다. 분청사기편으로 지표채집 시 수습되고, 체성부 매몰토내에서도 나타나고 있다. 주로 저부나 동체부의 일부편이라 정확한 기형을 확인할 수 없지만 문양이나 소성상태로 봐서 임란이전에 사용된 것으로 추정된다. 이 미타산성 시굴조사에서 가장 많이 출토되는 유물도 분청사기로서 조사구역 전지역에서 출토되고 있으며, 분청 중에는 인화문 분청이 다수를 차지하고 개중에 귀얄문 분청도 보인다. 분청사기에 이어 백자도 출토되는데 분청에 비해서 그 출토량이 훨씬 적다. 모두 임란 이후의 것으로 추정되다. 이 미타산성은 임진왜란시 의병이나 관군의 거점으로 사용된 것으로 추측되고 그 이후에는 점차 방치되어 오늘에 이르고 있는 것으로 판단된다.

다음으로 가장 많은 유물인 기와는 암수기와편들이 골고루 수습된다. 특히 남문지 주변 트렌치와 표토에서 출토되고 있어 문지의 모습을 대략 짐작할 수 있게 해준다. 더구나 미타산성에서 수습된 기와는 표면에 선조문, 창해파문, 어골문, 차륜문, 복합문 등의 다양한 문양이 시문되어 있어 산성의 사용기간 내내 문지를 조성하고 기와로 지붕을 삼은 것을 알 수 있다. 앞으로 성문 및 복조건물 복원에 중요한 단서가 될 것으로 보여진다.

(4) 시굴조사성과

미타산성 시굴조사는 의령군에서 미타산성을 정비·복원하여 유적의 보존 및 관광자원화를 위한 미타산성의 종합정비복원계획 수립을 위해 실시한 것으로 성벽의 잔존상태가 가장 양호한 남문지 일대를 중심으로 남벽과 동벽지역에 대해 조사가 진행되었고 그 외의 지역은 붕괴의 정도가 심하거나 지형적으로 급경사 및 단애지역이라 전구간에 대한 전반적인 조사는 이루어지지 못했다.

따라서 여기서는 현재 그 보존상태가 양호한 남문지, 남벽, 동벽부의 조사과정에서 확인된 양상을 항목별로 요약하여 시굴조사성과에 대신하고자 한다.

첫째, 미타산성은 정상부터 8부능선상에 걸쳐서 축조된 퇴뫼식성으로 그 둘레는 약 2㎞이다.

둘째, 미타산성은 잔존하고 있는 성벽의 상태로 볼 때에는 조선 전기 이후에 축조되어 약 3번 이상의 증개축이 진행되어 오늘에 이르고 있는 것으로 판단된다. 그러나 성내에서 출토된 유물의 특징상으로는 삼국시대나 그 이후에 미타산성 축성과는 별도의 유구가 잔존 가능성도 배제할 수 없다. 특히 이와 같은 추정의 배경에는 체성부와 그 인근에서는 삼국시대 토기편이 확인되지 않고 있는데 반해 성내 부인 정상부 고위평탄면 등지에서 유물이 확인되고 있으며, 과거 지표조사를 실시한 담당자도 이러한 사실을 확인시켜주고 있다.

셋째, 미타산성은 입지조건상 미타산의 8부–9부 능선상을 이용한 퇴뫼식 산성이며, 성의 구조는 동, 남쪽에 문지를 두고 가장 경사가 완만하고 남쪽에는 우물, 수구, 건물지를 배치하고, 정상에는 봉수대를 각각 배치하고 있는데, 특히 경사가 비교적 완만한 남벽쪽의 돌출된 암반을 이용하여 집중적으로 치성을 배치하고 있다. 이러한 것은 단애와 급경사인 서쪽과 북쪽에 비해서 완만한 지형조건으로 인해 적의 접근성이 가장 용이함으로 이러한 것을 미리 차단하기 위해 암반을 이용하여 치성을 조성하여 체성부의 방어력을 높이려는 수법으로 보여진다.

넷째, 치성은 위치에 따라 차이가 있으며, 전체 성벽을 조사하지 않아 단언할 수 없지만, 미타산성은 외벽에 석축하고 그 내부는 흙으로 채우는 내탁식으로 축조되어 있다.

이중 석축부분은 경사진 생토층면에 기단부를 산탁하고 설치하고, 상단부는 협축하였다. 내탁부분은 판축틀을 사용하지 않고 외벽에 석축하고 내벽에 암반 굴착한 명황갈색점토와 갈색사질점토를 채워 다져 넣는 수법을 사용하고 있다. 또한 미타산성의 현재 잔존 성벽의 양상으로 볼 때 하부의 성벽과 상부의 체성벽은 분명히 쌓은 수법이 다르며 또한 하부의 축조된 성벽이 용도폐기 및 방치되다가 일정한 시간이 진전된 후 다시 하부의 성벽을 정지하고 그 위에 다시 현재의 성벽을 조성하고 있음을 확인할 수 있었다. 전체적으로 성벽에 사용한 석재의 크기나 재질, 축조수법이 조잡하다.

다섯째, 문지는 조사전에는 내벽부가 매몰되어 외탁에 의한 편축으로 보여졌으나 트렌치를 설치하고 내벽부를 조사한 결과, 미타산성 남문지의 경우는 경사진 생토층면에 흑갈색점토 및 자갈과 할석을 이용하여 기단부를 설치하고, 그 위에 50~100㎝ 내외의 활석의 면석부분을 외벽쪽으로 막돌쌓기 수법을 사용하여 쌓고 내벽 역시 일정부분 만큼 하단부는 면석부분이 보이게 쌓고 나머지는 토축으로 마무리 하였다. 내외벽은 1.7ps 0.7m내외의 대석으로 기단석과 지대석을 축조하고 그 위로 인두대 크기의 활석을 이용하여 성벽을 축조하고 있다. 성석과 성석 사이에는 잔돌을 끼워서 맞추고 적심석은 잡석과 흙을 채워 넣었으며, 문지 좌우 육측부의 축조상태에서 조축 당시에는 문지가 설치되지 않다가 증축시에 하부의 성벽을 기단삼아 문지를 설치한 것을 확인할 수 있었다.

여섯째, 금번 시굴조사에서는 미타산 정상에서 동남쪽으로 약 300m 아래에 위치하는 고위평탄대지상에서 원형의 석축시설물과 내부의 석축시설이 확인되고 있는데 현재 이곳에서 출토되는 유물의 양상으로 볼 때 적어도 이 석축시설물은 상한 연대가 고려시대까지 소급될 수 있으며, 아울러 석축시설의 형태로 볼 때 봉수대와 관련한 시설로 보여진다.

일곱째, 미타산성에 대한 자료는 몇몇의 문헌에 극히 소략하게 기록되어 있을 뿐이고, 그것도 산성의 축성시기나 축조방법, 규모 등에 관해서는 정확하게 알려져 있지는 않다. 다만 앞서에 언급된 조선왕조 선조실록의 기사에 나타나는 미타산성의 기사로 볼 때 선조 당시에 미타산성이 축조되어 있었으며, 왜적과 교전도 이루어진 곳 임을 알 수 있다. 또한 미타산성은 서쪽과 북쪽이 단 및 급경사로 성벽을 따로 축조하지 않고, 다만 남벽과 동벽에만 성벽이 축조되어 있는 것을 볼 때 초계평야를 등지고 의령쪽인 남쪽 방어에 만전을 기하고 있는 것을 알수 있다. 이러한 것은 미타산성이 대왜적 방어를 위해 임진왜란을 전후로 한 시기에 급조되었을 가능성을 시사해 준다고 할 수 있을 것이다.

더욱이 미타산성을 중심으로 인접한 국사봉 산성이나 압곡리성, 벽계산성이 한 개의 축선이 되고, 낙동강과 그 지류를 따라 축조되어 있는 유곡리산성, 백야리산성, 성산리산성, 호미산성 등을 또 한 개의 축선을 본다면 강안에 연해 있는 성지를 일차 방어선으로 하고 미타산성을 중심으로 한 산성들을 이차방언선으로 볼 때 이 미타산성은 낙동강 서안지역을 방어하기 위해 축조된 방어거점용 산성의 역학을 수행한 것으로 판단된다.

따라서 일찍부터 이 지역의 군사적, 전략적 위치를 인식하고, 특히 서쪽으로 진출하기에 좋은 길목으로서 의령 및 합천지역의 중요성에 주목하여 전략적 방어거점으로서의 역할을 수행하기 위해 산성을 축조하였음을 알 수 있다.

이와 같이 미타산성은 위치상으로 전략적 요충지에 위치하면서 일찍부터 조선시대에 이르기까지 군사상 중요한 역할을 다한 곳으로 추측되며 특히 성내에 위치한 봉수대, 수구와 문지 등의 유구는 이 미타산성의 기능과 역할을 이해하는데 중요한 자료가 되는 것으로, 현재 수습 되고 있는 조선시대 기와편 및 자기편의 특징과 더불어 성내에 다수의 건물지가 존재해 있었을 가능성을 시사해 준다.

⑤ 조사자 의견

가. 미타산성은 조선시대 산상에 축조된 포곡식 석축성으로서 그 구조나 축조수법이 조선시대 산성과 관방성의 축조수법을 이해하는데 있어서 중요한 자료가 되는 것이다. 특히 평지성 및 편산성과는 달리 산성으로서 초축된 성에서부터 2~3번 이상의 수개축의 양식이 나타나는 다양한 형

태의 축성양식을 단일 성곽에서 확인할 수 있는 중요한 자료인 것이다.

나. 현재 조사 진행 중인 지역을 제외하고 성벽 전체에 대한 조사구역을 확장하여 보다 정확한 양상을 파악해야 한다.

다. 금전 조사에서 확인된 추정봉수대지의 정확한 양상과 그 진위를 확인하기 위한 정밀조사가 선행되어야 할 것이다.

라. 복원 정비에 앞서 현재 성벽 내외에 있는 잡목을 성을 기준으로 30~50m, 밖으로까지 제거하고, 조사진행과 병행하여 정확한 형황측량을 실시토록 하고 아울러 항공촬영을 실시하여 성벽과 부대시설에 대한 전체적인 평면플랜을 조감할 수 있도록 한다.

마. 향후 복원정비계획은 이번 조사결과를 바탕으로 실시되어야 하며, 원상대로 복원토록 한다.

바. 복원장비는 장기계획을 수립하여 부지매입과 더불어 금번 조사에 확인되지 않은 성내의 각종 건물지에 대한 발굴조사도 장기적으로는 계획되어야 할 것으로 판단된다.

(5) 미타산 제2차 시굴조사

<table>
<tr><td colspan="4">기술용역표준계약서(변경)</td><td>계약번호 제 호
공고번호 제 호</td></tr>
<tr><td rowspan="2">계약자</td><td colspan="2">발주처</td><td colspan="2">의령군</td></tr>
<tr><td colspan="2">계약상대자</td><td colspan="2">법인명칭: 경남발전연구소
법인등록번호: 1944222-0000244
주소: 창원시 신원동 101-1
전화번호: 055-266-2076
대표자: 최덕철</td></tr>
<tr><td rowspan="5">내용</td><td colspan="2">용역명</td><td colspan="2">의령 미타산성 발굴조사 용역</td></tr>
<tr><td rowspan="2">계약기간</td><td>당초</td><td colspan="2">2005.09.12.~2005.09.29</td></tr>
<tr><td>증감</td><td colspan="2">증 21일</td></tr>
<tr><td colspan="2">위치</td><td colspan="2"></td></tr>
<tr><td colspan="2">기타사항</td><td colspan="2"></td></tr>
</table>

□ 용역 수행자 명단

직책	성명	소속	직위
조사단장	이범홍	경남발전연구원 역사문화센터	센터장
지도위원	심봉근	동아대학교 박물관	관장
	심정보	한밭대학교	교수
	나동욱	부산시립박물관	학예사
책임연구원	최헌섭	경남발전연구원 역사문화센터	조사연구부장
	이일갑	경남발전연구원 역사문화센터	연구원
조사보조원	노재헌	경남발전연구원 역사문화센터	연구보조원
	김범철	경남발전연구원 역사문화센터	연구보조원

圖面 3. 彌陀山城 全體 測量圖(殘在部位) 및 調査區劃倒圖

(5)미타산성의 연혁과 출토유물

① 연혁

가. 의령군의 연혁

의령은 낙동강과 남강이 합류하는 곳으로 두 강과 지류의 유역에는 支石墓, 立石 등 청동기 시대 유적이 각지에 분포되어 있다. 구석기시대와 신석기시대 유적은 아직 발견된 바 없으며, 지석묘가 조성되는 청동기시대에는 이미 상당한 하천 유역의 곳곳에 유입되어 생활하고 있었던 것으로 추정된다.

의령지역의 고고학적 발굴조사[2]에 의하면, 삼국시대에는 함안의 阿羅加耶나 고령의 대가야 및 진주식 토기문화권과 밀접한 관련을 가진 곳임을 알 수 있다. 전 기간에 걸쳐 함안식 토기문화권과의 친연성이 유지되고 시기에 따라 진주식 토기문화를 수용한다든지 혹은 고령식 토기문화권의 범주에 부분적으로 포함되기도 하였다. 이러한 현상은 각 지역 정치체와의 지리적 관계를 무시할 수 없는데, 남부지역은 함안권, 서부지역은 진주권, 북부지역은 고령권과의 관련성이 우세하다. 조사지역이 포함된 부림면의 유곡리 고분군에서는 고려식의 유개고배와 장경호, 개배 대부

---

2) 心奉謹, 1990『宜寧石谷里支石墓群』. 東亞大學校博物館.
趙榮濟 外, 1994,『宜寧 禮屯里墳墓群』. 慶尙大學校博物館.
趙榮濟 外, 1994,『宜寧 中洞里古墳群』. 慶尙大學校博物館.
(社)慶南考古學研究所, 1999,『雨水里小伽倻墓群』.
社團法人 嶺南文化財團研究院 1997,『宜寧泉谷里古墳墓群』.

호 등이 6세기를 전후하여 집중적으로 출토되는데, 이는 大加耶國의 한 소국인 斯二岐國이 新反(지금의 부림)에 비정되는 사실과 비추어 주목할 부분이다. 따라서 신라가 아라가야와 비사벌가야를 차례로 병합하여 지금의 창녕에 下州를 설치한 진흥왕 16년(555)경에서 대가야가 멸망된 562년 이전에는 이 지역도 신라의 세력권에 들어갔을 것으로 짐작된다.

통일신란 때 이 지방은 장함현이라고 하는데 景德王 16년(757)에 宜寧縣으로 개칭하여 함안군의 領縣이 되었다. 신반 지역은 新尒縣 또는 朱吳村, 泉川縣이라고도 하였는데 이때 宜桑縣을 개칭하여 江陽郡의 영현을 삼았다. 고려 顯宗 9년(1018)에 의령현은 晋州牧의 영현이 되었으며, 恭讓王 2년(1390)에 監務를 두었다. 의상현은 고려 초에 新繁縣으로 개칭하였으며, 1018년에 陜州에 소속되었다가, 1390년에 의령현의 영현이 되었다.

조선 태종 13년(1413)에 監務制度를 폐지하고 현감을 두었다. 『世宗實錄地理志』에 의하면 세종 때 의령현의 호구는 504호, 1,639인이었고 신번현은 555호, 982인이었다. 임진왜란이 일어나자 곽재우는 4월 22일 재빨리 고향인 유곡면 세간리에 구국의 기치를 들고 일어나니 이것이 의병의 효시이며 발상지였다. 그는 홍의를 입고 의병을 지휘하여 의령, 창령 지방에서 왜군을 물리치는 전공을 세워 홍의장군이라고도 불리웠다. 정유재란 때에도 그의 휘하에 모여든 군민을 이끌고 유격전으로 이 지방을 끝까지 지켰다. 지금 의령, 창령, 현풍 지방에 있는 산성들은 대개 이때 곽재우가 축조하였거나 활약한 古戰場이다. 『宜寧縣邑誌』에 의하면 영

조 47년(1771) 당시 호구는 6,844호, 29, 565인이었다.[3)]

근대에 이르러 1895년의 지방관제 제정으로 晉州府 의령군으로 개편되었다가 1896년 경상남도 의령군이 되었다. 1914년 군 · 면 통폐합시 합천군 궁류면을 편입하여 13개 면으로 편재하였다. 1919년 독립운동 때에는 3월 14일 의령면에서 연 3일간 시위를 시작으로 부림, 지정, 칠곡, 화정면 등지에서 대규모의 시위가 일어났다. 독립운동 뒤 이 지방 출신 안희제는 영남의 유지들과 부산에서 백산상회라는 무역회사를 설립하여 해외의 독립운동 자금을 조달하는 한편 기미육영회를 조직하여 많은 인재를 구미 각국에 유학시키는 등 국권회복 운동에 헌신하였다. 한국 전쟁 때 이 지역은 북한군의 낙동강 도하작전 지역으로 큰 피해를 보았으며 1953년에는 읍내 중심부가 거의 불타는 큰 화재가 있었다.

1972년 군민들이 곽재우 휘하 17명의 의병장 및 의병들의 전공을 기리고 그들의 구국정신을 후세에 전하기 위하여 의령읍 남산 밑에 義兵塔을 세웠다. 1976년 국가적인 정화사업으로 이 지역을 크게 확장하고 忠翊祠를 건립하여 곽재우와 의병들을 위하여 奉祀하며, 이곳에 곽재우의 유물 12점이 수장 전시되어 있다. 1979년 의령면이 읍으로 승격되어 1읍12면으로 편재되었고, 1983년 합천군 적중면의 일부를 부림면에 편입하여 오늘에 이르고 있다.

3) 『宜寧縣邑誌』 戶口條 辛卯式元戶6 千八百四十四戶 人口 二万九千五百六十五口 男 一万三千七百三十二口 女 一万五千八百三十二口

나. 미타산성의 연혁

彌陀山城이 있는 미타산은 본래 합천의 초계에 속하는 지역이었고, 일찍부터 봉수대가 있었던 곳이었다. 한편 문헌상으로 『新增東國輿地勝覽』 草溪郡 山川 및 烽燧條에 의하면, "彌陀山은 군 남쪽 16리에 있으며, 의령현 편에도 나온다"고 되어 있으며, "彌陀山烽燧는 남쪽으로 의령현 가막산에 응하고, 북쪽으로 합천군 미숭산에 응한다"고 나와 있다.[4] 같은 책 의령현 산천 및 봉수조에는 "彌陀山은 신번현 북쪽 3리 지점에 있다." 고 하며, 可莫山 烽燧에 대한 응보관계에 대한 설명으로 "북으로 초계군 미타산에 응한다"고 기록하고 있다.[5]

1) 『三國史記』

卷第三十四 雜志 第三 地理一

八谿縣은 본시 草八ㅡ兮縣으로, 景德王이 개명하였으며 지금의 八谿縣이다.[6]

宜桑縣은 본시 新尒縣(朱烏村 혹은 泉川縣이라고도 한다)인데, 景德王이 宜桑으로 개명하였으며 지금의 新繁縣이다.[7]

---

4) 『新增東國輿地勝覽』, 卷三十 草溪郡 山川, 烽燧

5) 『新增東國輿地勝覽』, 卷三十二 草溪郡 山川, 烽燧

6) 『三國史記』 卷第三十四 雜志 第三 地理一 康州 江陽郡 八谿縣
「康州 江陽郡 領縣 八谿縣 本草八兮縣 景德王改名 今草溪縣」

7) 『三國史記』 卷第三十四 雜志 第三 地理一 康州 江陽郡 宜桑縣
「康州 江陽郡 領縣 宜桑縣 本草尒縣(一云 朱烏村 一云 泉川縣) 景德王改名 今新慜縣」

2)『高麗史』

第57卷 地 第13卷 地理2

卷五十七 地 卷第十一 地理二

宜寧縣은 본디 新羅의 獐含縣인데 景德王이 지금으로 이름으로 고쳐 咸安郡의 領縣으로 삼았다. 高麗 顯宗9년(1918년) 來屬되었다. 恭讓王 2년에 監務를 설치하고 新繁縣을 이에 屬하게 했다.[8)]

新繁縣은 본디 新羅의 新尒縣(朱烏村 혹은 泉川縣이라고도 한다)인데, 景德王이 宣桑이라 고쳐 江陽郡의 領縣으로 삼았다. 高麗 初에 다시 지금의 이름으로 顯宗 九年에 來屬시켰다.[9)]

3)『世宗實錄地理志』慶尙道 草契郡

世宗莊憲大王實錄 卷 第백오십 地理志

본래 草八兮縣으로 新羅 景德王때 八谿로 改名되어 江陽郡의 領縣으로 삼았다. 高麗 때 草溪로 改名되었다. 顯宗 9年 戊午年에 陜川에 以屬되었

8)『高麗史』第五十七 志 卷第十一 地理二 晋州牧「宜寧縣 本新羅 獐含縣 景德王改名 爲咸安郡領縣 顯宗九年來屬 恭讓王三年置監務 以新慜縣屬之」

9)『高麗史』第五十七 志 卷第十一 地理二 晋州牧 陜州 江陽郡「新慜縣 本新羅新尒縣(一云朱烏村 一云泉川縣)景德王改名宜桑爲江陽郡領縣 高麗初更今名 顯宗九年來屬」

다가 明宗 2年 壬辰年에 처음 監務를 두었다. 忠肅王 3年 丙辰年에 縣 사람인 鄭守棋 卞遇成이 王室에 功이 있어 知郡事로 삼았다. 朝鮮時代에 들어와서 별칭으로 草溪라 불리운다. 彌陀山에 烽燧가 있는데 南쪽으로 宜寧에 加莫山과 연결되어 北쪽으로 陜川 治爐 美崇山과 연결된다.

4) 『慶尙道續撰 地理誌』 慶尙道 草溪

煙臺烽燧은 郡의 南쪽에 彌陀山 烽燧臺가 있다. 南쪽으로 宜寧 加莫山 烽燧에 連接하고 北쪽으로 합천 인내의 治爐縣 美崇山 烽燧에 연결된다.[10)]

5) 『慶尙道地理誌』 草溪郡

본디 新羅의 草八兮縣이었으나 景德王이 八谿로 고쳐서 江陽군(지금의 진주)에 딸린 縣으로 삼았다.

高麗때에 草溪縣이라 칭하고 元宗 때에 이르러 監務를 設置하고 忠肅王 때 이 지방 사람인 卞遇成, 鄭守棋가 왕실에 공이 있어서 그 보답으로 知郡事를 설치하였다.

彌陀山 烽火는 郡의 남쪽 十五里 쯤에 있다. 宜寧縣 正骨部曲의 加莫山 烽燧臺와 거리는 四十一里 九十步이다. 북으로는 합천 임내의 治爐縣 美崇山 烽燧와 연결되고 거리는 七十里 百九十六步이다.[11)]

---

10) 「煙臺烽火 郡南彌陀山烽火 南與宜寧加莫山烽火相崔 北與陜川任內治爐縣美崇山烽火相崔」

11) 「草八兮縣 在新羅詩改名 八谿縣屬江陽郡領縣 高麗時稱草溪縣 元宗時至元乙酉置監務 忠肅王時, 王室之 功升 爲知郡事 …중략… 彌陀山烽燧 在郡南十五里許 南望宜寧縣 率正骨部曲加莫山烽火 相去四十一里 九十步 北望陜川任內 治爐縣地美崇山烽火. 相去七十里 一百九十六步」

6) 『增補文獻備考』 17卷 郡縣 沿革

본래 草八兮縣이었으며, 신라때 八谿縣으로 불리우다가 고려 때 草溪縣으로 개명되었고, 현종때 陜州에 편입시켰다가 명종 때 다시 설치하고 충숙왕 때 군으로 승격시켰다. 본조에 들어와서 국초에 草溪郡으로 삼았다. 초계에는 성곽이 기록되어 있지 않다.

7) 『大東地志』 九卷 慶尙道 草溪

본대 草八兮國으로 新羅 婆娑王 二十九年에 신라에 편입되어 景德王 16년(555년)에 八谿로 고쳐서 江陽郡의 領縣으로 삼았다. 高麗 太祖 二十三年에 초계로 고쳤다. 顯宗 9년(1018년)에는 합천으로 移屬 되었다. 明宗 二年에 監務를 설치하였다. 충숙왕 때 현 사람 鄭守棋, 卞遇成이 왕실에 공이 있다고 하여 知郡事를 두었다. 본조 世祖 十二年에 郡守를 두었으며 진주지관 동험절제사를 겸하였다.

미타산 남쪽 16리의 의령과의 경계에 유학사가 있다. 성지로른 청계산 정상에 있는데, 옛적에 쌓은 유지가 있다. 봉수는 미타산 정상에 있다고 되어 있다.[12)]

---

12) 『大東地志』 九卷 慶尙道 草溪
「草溪 本草八國 新羅婆娑王二十九年取之 置莫八兮縣 景德王十六年改八谿 爲江陽郡領縣 高麗 太祖二十三年改草溪 顯宗九年 仍屬陜川 明宗二年置監務 忠肅王時陜知郡事 本朝 世祖十年改郡守淸溪郡守一員 山水 彌陀山 南十六里 宜寧界留鶴寺 城址 古城淸溪山上有古 築遺址」

8) 『新增東國輿地勝覽』 31卷 宜寧縣

동쪽으로 함안군 경계까지 8리이고, 남쪽으로 진주 경계까지 30리이며, 서쪽으로 삼가현 경계까지 37리이고, 북쪽으로 초계군 경계까지 65리인데, 서울과의거리는 8백 29리이다. 본래 신랑 獐含縣이다. 景德王이 지금으로 명칭으로 고쳐서 함안군에 예속시켰다. 고려 顯宗이 진주에 이 속시켰고 恭愍王이 監務를 두었다. 본조에서도 그래도 하였다가 그 뒤에 縣監으로 고쳤다. 속현으로 新繁縣이 있는데 동쪽으로 육십리 지점에 있다. 본래 신라 新尒縣인데 朱鳥村 혹은 泉川縣이라 하기도 한다. 景德王이 宣桑이라 고쳐서 강양군의 속현으로 만들었고, 고려 초에 지금의 명칭으로 고쳤다. 顯宗때에 陜川에 속했다가 恭讓王 3년에 내속시켰다. 郡名은 獐含, 宜春, 宜山이며 습속은 굳세고 사납다. 고을의 形勝은 푸른강과 큰 들로 표현되었다.[13] 산천조에 彌陀山은 新繁縣 북쪽3리 지점에 있다. 봉수는 加莫山 봉수가 있는데 남쪽으로 함안군 파산에 응하고 북쪽으로 초계군 彌陀山에 응한다.[14] 城池는 宣祖22년에 쌓은 邑城이 둘레는 1천 5백 70척이고, 우물이 두 개다.[15]

---

13) 河演의 기문에 “푸른강과 큰 돌, 높은 두덕 무성한 숲이다.” 하였다.

14) 『新增東國輿地勝覽』 卷三十 宜寧
宜寧縣 東至咸安郡界八里 南至晉州界三十里 西至三嘉縣界三十七里 北至草溪郡界六十五里 京都八百二十九里 建置소沿革 本新羅獐含縣 景德王改今名 屬咸安郡 高麗顯宗屬晉州 恭愍王置監務 本朝因之 後改縣監 屬縣新慭縣 在縣東北六十里 本新羅-新尒縣 一云朱鳥村 一云泉川縣景德王 改宣桑 屬江陽郡 高麗初改今名 顯宗時屬陜川 恭讓王三年來屬 郡名 獐含 宜春 宜山 山川, 德山 ... 中略... 彌陀山 在新慭縣北三里... 중략... 烽燧 加莫算烽燧 南應咸安郡巴山 北應草溪郡彌陀山

15) 이익성, 『국역신중동국여지승람』 Ⅳ, 민족문화추친회 p287

9) 『嶠南誌』 3卷

초계군 산천조에 미타산은 군의 남쪽 16리에 있는데 청계산에서 온다. 미타산에는 미타사와 유학사가 있으며, 미타산 봉수는 군의 남쪽 50리에 있다. 남쪽으로는 의령 가막산에 應하고 북쪽으로는 합천 아로현의 미숭산에 報한다.

의령군 산천조에는 미타산이 군의 북쪽 오십리에 있는데 그 맥이 왕매산에서 온다. 신반천이 군의 북쪽 오십리에 있다. 동쪽으로 상포에 유입된다고 하다.[16)]

10) 『輿地圖書』

경상도 초계군 산천조에 의하면 미타산은 군 남쪽 십리에 있는데 그 맥이 淸溪山에서 온다. 미타산 봉수는 군 남쪽 오십리에 있다. 남쪽으로 의령 加莫山 봉수와 應하고, 북쪽으로 합천 美崇山 烽燧에 報한다. 서로 거리가 60리이다. 사찰로 彌陀寺가 미타산에 있었는데 지금은 없다. 새로 증축된 留學寺가 있는데 군 남쪽 삼십리의 미타산 아래에 있다.

의령군 산천조에 미타산은 신반현 북쪽 삼리에 있고 그 맥이 黃梅산에서 온다고 한다. 미타산 봉수와 관련한 정보는 가막산 봉수의 應報關係에 대한 내용이 언급되어 있다. 의령현의 봉수는 현 동쪽 삼십리의 가막산에

---

16) 『嶠南誌』 3권
「草溪郡 山川 彌陀山 在郡南十六里 自淸溪山來 寺刹 彌陀寺 在彌陀山 留鶴寺 在彌陀山 烽燧 彌陀山 烽燧 在郡南十里 南應宜寧可莫山 北報陜川美崇山」
「宜寧郡 山川 彌陀山 在郡五十里 自黃梅山來 新反川 在郡北五十里 東入上浦」

있다. 남쪽으로는 함안군의 巴山에 응하고 북쪽으로는 초계의 彌陀山에 보한다. 壬辰年에 改建하였다.[17)]

11) 『東國輿地志』 卷之 4下

본래 신라의 草八兮縣 이었으며 경덕왕 때 합천에 편입되었다. 고려 명종 때 草溪縣을 설치하고 충숙왕 때 군으로 승격하였다. 산천조에 淸溪山, 巢鶴山, 彌陀山 등이 소개되어 있으며, 그 중 미타산은 군의 남쪽 十六里에 있다고 전한다. 미타산 봉수는 남쪽으로 의령현 가막산에 응하고 북쪽으로 합천군 미숭산에 응한다.

12) 『慶尙南道 輿地集成』 草溪懸 邑誌

草溪懸 邑誌에 보면 郡城은 현재 廢하였고, 郡의 四十里에 鳳捿山城이 있었는데 현재는 없다. 郡의 남쪽 15里에 彌陀山城이 있다고 전한다.

13) 『朝鮮王朝實錄』 『宣祖 26年 12月 3日(壬子)』

비변사가 아뢰기를,

『전일 전라 감사 이정암의 장계에 의하면, ... 중략... 산성의 경우는 높이 半空에 솟아 있으므로 비루가 있다 해도 쓰기가 어렵고, 올려다보고

17) 『輿地圖書』 慶尙道 晉州鎭管 草溪郡
「山川 彌陀山 在郡南五十里 淸溪山來脈 烽燧 彌陀山烽燧 在郡南十五里 南應宜寧可莫山 北報陜川美崇山 相距六十里 寺刹 彌陀寺 在彌陀山今無 新增留鶴寺 在郡南三十里 彌陀山下 慶尙道 宜寧縣 邑誌」
「山川 彌陀山 在新反北三里 自黃梅山來 烽燧在縣東三十里可莫山 南應咸安巴山 北報草溪彌陀山 壬辰改建」

조총을 발사해도 곧바로 올라갔다가 도로 떨어지게 되므로 적의 長技가 모두 소용이 없게 됩니다. 그러니 아군이 弓矢나 軍車로 위에 마구 물 붓 듯이 쏘아대면 비록 원숭이 같이 날렵하더라도 어찌할 수가 없게 됩니다. 이렇기 때문에 仁川山城 · 九月山城 · **彌陀山城** · 幸州山城의 싸움에서 모두 지리적인 險要를 이용하여 승리를 획득한 것입니다.... 하략...』

② 出土遺物

수습된 유물은 대부분 성벽 기단부, 성벽 상부, 표토, 성벽 내벽 하단부, 봉수대지에서 출토되었으며, 일부는 문지와 기단보축부와 내벽토층의 간층에서도 간혹 확인되고 있다. 유물은 소수의 靑磁, 粉靑沙器片, 白磁片, 土器 및 瓦片으로 구분된다. 이곳에서 수습된 각종 遺物의 特徵을 살펴보면 다음과 같다.

가. 靑磁類

ㄱ 靑磁角 楪匙片(圖面 18-1, 圖版 41-1)

퇴화된 팔각접시편이며 口緣 一部만 남아있다. 胎土는 灰色을 띠고 조직은 치밀하다. 口緣端은 平坦하며 완만한 角으로 돌아가는 것이 확인된다. 내면은 문양이 없으며 외면에는 구연부에 2줄의 선각이 있고, 가운데에 화문이 새겨져 있다. 외면에 팔각을 나타내기 위해서 구획하였다. 器全面에 綠褐色의 釉가 施釉되었으며 氷裂도 확인된다.

ㄴ 靑磁口緣片(圖面 18-2, 圖版 41-2)

片 一部만 殘存하여 器形은 알 수 없다. 胴體 내면에 규격화된 運淸文帝를 口緣端 아래에 돌리고 있다. 외면은 무문이며 내면에는 1줄의 백상감된 구획선 안에 주름문이 인화되어 있다. 胎土는 灰色을 띠며 口緣端內外面에 鐵성분이 녹아 나와 있다. 灰靑色 釉가 얇게 施殘存高 1.9㎝.

ㄷ 靑磁 胴體片(圖面 18-3, 圖版 41-3)

청자 몸통 조각이다. 내면에는 2줄의 백상감문 사이에 연판문이 성기게 상감되어 있고 내면전체에 톱니바퀴형의 국화문이 전체 시문된 것으로 보인다. 외면에는 문양은 없으나 대접의 하부에 2줄의 선이 음각되어 있고, 상부에도 음각된 선이 일부 보인다. 胎土는 灰色(속심 褐色)을 띠며 釉色은 綵渴色으로 一部 鐵成分이 녹지 않아 붉은 기가 돈다. 氷裂이 확인된다. 띠殘存高4.5cm.

ㄹ 靑磁 小形 蝶匙片(圖面 18-4, 圖版 41-4)

口緣과 底部 一部가 殘存한 靑磁片이다. 內底面은 彎曲하여 올라가 직립하다. 口緣은 약간 內彎한다. 胎土는 灰色을 띠며 氣孔이 관찰되나 전체적으로 치밀한 조직이다.器外面은 釉藥이 녹지 않아 鐵成分이 斑點형태로 남아 있으며 赤褐色 色調를 띤다. 굽바닥을 제외하고 고르게 施釉되어 있으며 釉色은 밝은 灰靑色을 띠며 透明度가 매우 높다. 굽은 죽절굽이며 굽 쪽으로 오목하게 내려온다. 굽 안쪽에 耐火土 비짐이 1개 확인된다. 기형은 측선은 직사선형이며 구연부는 안쪽으로 내만되어 있다. 文樣

은 외면 구연부에 3줄의 선이 백상감되어 있다. 내저는 곡면이며 중심부가 파손되어 있으나 2줄의 구획선 안에 국화문이 인화된 것으로 추정된다. 2줄의 구획선안에 톱니바퀴형의 소국화문이 1줄로 인화되어 있다. 殘存高 3.5cm 推定口徑 11.0cm.

ㅁ 靑磁底部片(圖面 18-5, 圖版 42-1)

底部와 굽만 殘存하는 靑磁片으로 內底面은 平坦하다. 굽은 직립굽이며 굽 바닥은 안쪽으로 비스듬이 깍여 내경했으며 몸체는 결실되었다. 내저면은 편평하며 2단의 문양으로 이루어졌다. 내저에는 톱니바퀴형의 국화문이 2줄의 구획선안에 한줄로 인화되고, 내저 중심부에는 2줄의 2줄의 원권안에 대국화문이 인화되어 있다. 胴體部는 缺失되어 저확한 器形은 알 수 없다. 半徑 4.5cm 지점에서 한번 꺽여 올라가다 외반한다. 胎土는 灰色을 띠고 一部 沙粒이 석인 精選된 粘質土로 치밀하다. 釉色은 褐色을 띤 灰靑色으로 內外面에 氷裂이 확인되며 굽은 바닥과 內面에 도려낸 痕迹이 있다. 耐火土 비짐흔이 3개 남아있다. 一部 赤褐色 色調를 띤다. 殘存高 2.4cm, 굽 지름 4.2cm.

ㅂ 靑磁口綠片(圖面 18-6, 圖版 42-2)

口綠片만 殘存하며 속심은 明灰色을 띤다. 밝은 灰靑色의 釉가 얇게 施釉되어 있으며 鐵成分이 포함되어 있어 器面에 一部 붉은기가 돈다. 내면의 구연부에 구획된 1줄의 선안에 간략화된 초문이 상감되어 있고 원문 한 줄이 한 줄의 백상감선안에 구획되어 있다. 氷裂이 殘存한다.

殘存高 3.2cm.

ㅅ 靑磁口緣片(圖面 18-6, 圖版 42-3)

內彎하는 口緣 및 胴體 一部만 남아있다. 文樣이 입구 口緣部를 제외한 器面 全面에 고르게 施文된 듯 하다. 內外面 口緣 下部에 잔존되어 있는 문양구성은 외면은 구연부 쪽에 초엽문과 중심문에 2줄로 된 원권 안에 백상감 된 국화문과 일부 잎이 흑상감되어 있다. 내면에는 초문이 새겨져 있다. 外面에 牧丹文이 施文되어 있다. 속심은 灰色을 띠며 氣孔이 형성되어 있어 조직이 치밀하지 못하다. 釉色은 內面 綠褐色 外面 灰靑色을 띠어 色調가 다르며 氣泡가 형성되어 있고 酸化, 氷裂이 확인된다. 殘存高 3.9m 推定口徑 22.0cm.

ㅇ 靑磁 底部片(圖面 19-1, 圖版 42-4)

底部와 굽이 3/2정도 殘存하는 靑磁 盌片이다. 內底面은 平坦한데 半徑 4.7cm 지점에서 彎曲한 후 외반한다. 구연부로 올라가는 면이 각이진 것으로 보아 내저원각으로 추정된다. 灰色(속심 黑褐色)을 띠며 鐵成分이 混入된 精選된 胎土는 一部 氣泡가 形成되어 있다. 釉藥은 灰褐色의 透明釉로 內外面에 施釉되었는데 一部 氣泡가 形成이되었으며 剝離되어 있다. 굽 안쪽에 녹로흔이 돌아가고 부분적으로 釉藥이 녹지 않아 赤褐色을 띤다. 耐火土비짐흔이 희미하게 관찰된다. 文樣은 平坦한 內底面에 圖式化된 菊花文을 2줄의 선조로 구획지어 施文하였다. 굽은 곧은 굽이며 굽바닥은 안쪽으로 내경했으며 대마디 칼자국 있다. 톱니바퀴형으 국화문이 2죽의 구획선 안에 인화되고 중심에는 백상감 된 2줄의 원권 안에는 9엽의 대국화문이 인화되어 있다. 殘存高 2.3 cm 推定底徑 3.8cm.

ㅈ 靑磁楪匙片(圖面 19-2, 圖版 43-1)

口緣과 底部 一部가 殘存한 小形의 片이다. 낮은 직립굽이며, 內底面은 완만한 곡선을 이루며 올라가다 한번 꺾여 외반하는 口緣에 이른다. 측선은 구연부로 직사선으로 올라가다가 구연에서 내만하였다. 胎土는 灰色을 띠는 精選된 점토로 一部 氣泡가 보인다. 밝은 灰靑色을 띠는 釉色은 透明度가 높으며 鐵成分이 녹지 않아 일부 적갈색을 띤다. 文樣은 內面만 施文되었는데 內底面 바닥에 3줄의 同心圓을 돌리고 菊花文을 두었으며 口緣 下端에 連續文帶을 돌렸다. 굽 바닥은 釉藥이 녹지 않아 赤褐色을 띠며 耐火土 비짐흔이 1개 殘存한다. 문양은 외면에 무문이며 내저에는 중심부에 세줄의 구획선안에 국화문이 시문되어 있고 구연부에 1줄의 구획선안에 초엽문이 시문되어 있다. 殘存高 2.8cm 推定口徑 10.8cm 半徑 4.0cm.

ㅊ 靑磁翎胴體片(圖面 19-3, 圖版 43-2)

굽과 구연부가 결실되어 측면만 남아 있으며, 灰色의 精選된 胎土를 사용하였다. 釉色은 밝은 灰色을 띠며 器 外面은 鐵成分이 제대로 녹지 않아 부룩은기가 도는 灰色을 띤다. 氣泡가 형성되었으며 一部 酸化되었다. 유조는 반투명이고 외면에는 문양이 없으며 내면에는 중심에 3줄의 백상감선과 구연부에 4줄의 백상감선 사이에 6원문이 시문되어 있다. 殘

存高 3.4cm.

ㅋ 青磁胴體片(圖面 19-4, 圖版 43-3)

胎土는 灰色을 띠며 器形은 알 수 없다. 내면에 원문이 전체적으로 인화되어 있고 내저 중심부쪽에 여의두문이 시문되어 있으며 외면에는 구연부 쪽에 초엽문이 시문되고 2줄의 구획선이 그어지고 연판문대가 시문되어 있다. 釉色은 밝은 灰色을 띠며 外面에 氣泡가 一部 형성되었으며 氷裂이 있으며 透明度는 좋다. 殘存高 3.8cm.

ㅌ 青磁胴體片(圖面 19-5, 圖版 43-4)

灰色을 띠는 精選된 胎土를 사용하였으며 一部 氣孔이 보인다. 內外面 釉色은 밝은 灰色을 띤다. 文樣은 內面에 圓周文帶를 돌리고 外面은 線文帶가 돌아간다. 殘存부위로 보아 완만하게 口緣으로 올라가는 胴體部이다. 동체만 일부 남아 있으며 내면에는 백상감된 2줄 구획선 사이에 원문이 한줄 인화되어 있다. 구연부 쪽에 2줄의 선이 그어져 있다. 殘存高 3.5cm.

ㅍ 青磁底部片(圖面 19-6, 圖版 44-1)

굽과 胴體 一部가 3/2정도 殘存한 青磁片이다. 胎土는 灰色을 띠며 氣孔이 형성되어 조직은 치밀하지 못하다. 綠褐色의 釉가 施釉된 듯하나 內面은 釉藥이 酸化, 剝離되었으며 굽과 外面은 鐵成分이 녹지않아 褐色을 띠고 있다. 殘存高 4.1cm 底徑 3.8cm.

ㅎ 靑磁底部片(圖面 19-7, 圖版 44-3)

굽만 殘存하는 靑磁片이다. 굽은 다리굽이며 굽 접지면은 안쪽으로 내경했으며 胎土는 灰白色을 띤다. 灰綠色의 透明釉는 부분적으로 未黃色을 띠고 있으며 氷裂이 확인된다. 내저와 접지면에 耐火土 비짐이 3개 굽에 4개 殘存한다. 殘存高 1.8cm 底徑 5.2cm.

ㄱ′ 靑磁底部片(圖面 20-2, 圖版 44-4)

굽만 3/2 殘存하는 靑磁片이다. 胎土는 灰褐色을 띠며 綠褐色의 釉를 施釉하였으며 氷裂이 殘存한다. 內底面에 耐火土비짐이 2개, 굽 內面에 3개 殘存한다. 殘存高 2.2cm 底徑 6.0cm.

ㄴ′ 靑磁底部片(圖面 20-1, 圖版 47-1)

굽과 底部一部가 殘存한 靑磁蝶匙片으로 胎土는 밝은 灰色을 띤다. 內底面은 平坦하고 半徑 4.5~5.4cm 지점에서 陰刻線이 돌려져 있다. 釉色은 鐵成分이 녹지 않아 一部 붉은기가 도는 悲色이며 氷裂이 있다. 內底部 3개 굽內面에 4개의 耐火土비짐이 殘存한다. 굽과 일부 동체가 남아 있다. 굽은 다리굽이고 일부 노태되어 있으며 가운데는 다진 흔적이 있다. 굽에서 직사선으로 올라가며 내면은 편평한다. 문양은 없음 세 개의 태토받침 흔적이 보이며 태토는 회흑색이며 유조는 밝은 녹색이다. 殘存高 3.6cm 底徑 5.7cm.

ㄷ′ 粉靑沙器 底部片(圖面 20-2, 圖版 45-1)

굽과 底部가 2/1殘存한 粉靑沙器片으로 굽에서 직사선으로 올라가며 유조는 암녹색이며 굽은 직립굽이고 굽 안은 오목하다. 胎土는 유성선이 細沙粒이 섞여있고 氣孔이 많아 거칠며, 내면은 중앙에 2줄의 횡선이 그어져 있고 전체적으로 귀얄로 백토를 칠했다. 內底面은 완만한 곡선을 그리며 올라가는 듯한데 전체 器形은 알 수 없다. 胎土 자체의 거친면 때문에 전체적으로 거칠어 보인다. 굽에 모래비짐이 2개 殘存한다. 灰靑色의 透明釉를 施釉했는데 발색은 좋은 편이다. 殘存高 2.3cm 底徑 4.2cm.

ㄹ′ 粉靑沙器 底部片(圖面 20-7, 圖版 45-3)

굽과 底部 一部만 殘存한 粉靑沙器片이다. 胎土는 灰色을 띠며 氣孔도 보인다. 平坦한 內底面에 굽은 죽절굽이다. 전체적으로 유태가 유약이 잘 녹아지지 않았으며 외면의 문양은 알 수 없으나 내면의 문양은 중심부에 6개의 소국화문이 포치되어 있다. 국화문 둘레를 접문이 횡으로 두르고 있으며 두 개의 구획선을 긋고 작은 톱니바퀴형의 국화문이 한줄로 압인되어 있다. 소성상태가 좋지 않아 褐色을 띤다. 굽바닥 內面과 중앙에 모래비짐흔이 보이고 白土粉裝시지두흔도보인다. 굽바닥에 녹로흔이 관찰된다. 釉藥의 상태는 器外面의 경우 酸化되어 灰綠色을 띤다. 殘存高 2.5cm 底徑 5.1cm.

ㅁ′ 粉靑沙器 底部片(圖面 20-9, 圖版 46-1)

굽만 잔존한 분청사기편이다. 평탄한 내저면에 胎土와 같은 褐色의 흙이 엉겨붙어 있어 울퉁불퉁하다. 굽 안쪽에 耐火土 3개 확인된다. 器 全面에 얇게 白土粉裝한 후 透明釉로 施釉하였다. 굽만 남아 있다. 굽은 직립굽이다. 유조는 암녹색을 띠고 있다. 접지면에 태토 빚음 자국이 있으며 내저는 편평하며 굵은 모래가 유약과 엉기어 있다. 殘存高 1.8cm 底徑 5.2cm.

ㅂ' 粉靑沙器 底部片(圖面 20-11, 圖版 44-2)

굽과 胴體一部가 殘存한 內底圓刻의 粉靑沙器片이다. 거의 平坦한 內底面에서 半徑 4.1cm 지점에서 한번 꺽여 경사지게 올라간다. 胎土는 灰色을 띠며 器形 전면에 白土 粉裝後 푸른빛의 透明釉로 施釉했다. 굽안쪽은 氣泡가 형성되고 전체적으로 酸化, 剝離가 심하다. 內底面에 모래비짐흔 4개와 다른 기물이 붙은 痕迹이 殘存한다. 굽內面에는 회전 목리흔이 殘存한다. 굽은 죽절굽이며 굽안은 오목하다가 가운데에 돌기가 있다. 내저면은 원각형으로 되어 있으며 직사선으로 올라간다. 내저면에 모래비짐 자국이 있다. 유태는 녹회색을 띠고 있으며 유약이 녹거나 박락된 흔적이 있다. 殘存高 4.8cm 底徑 5.8cm.

ㅅ' 粉靑沙器 底部片(圖面 20-3, 圖版 52-3)

구연은 결실되어 있고 굽가 底部一部가 殘存하는 粉靑沙器片이다. 內底 中央에서 완만한 곡선형태로 올라가다 半徑 0.4cm 지점에서 한번 걱여 경사져 오르는 器形이다. 굽은 곧은 굽이고 굽안은 오목하며 가우데에 돌기가 있다. 굽에서 사선으로 올라가며 내면은 편평하다가 직각으로 올라간다. 胎土는 회흑색이며 외면의 문양은 없으나 내면은 내저면에 승렴문을 인화하고 나서 전체적으로 귀얄로 백토를 칠했다. 內底面에 印花文과 귀얄 粉靑後 灰靑色 透明釉를 施釉한 듯한데 外面은 釉藥이 녹지 않아 굽바닥과 함께 一部 赤褐色을 띤다. 굽바닥에 모래비짐이 4개 확인된다. 殘存高 2.4cm 底徑 4.0cm.

ㅇ′ 粉靑沙器 底部片(圖面 20-4, 圖版 45-2)

굽과 底部가 2/1정도 殘存하는 粉靑沙器편이다. 굽은 낮은 다리굽이며 전체적으로 갈색의 유조를 띠고 있으며 외면의 문양은 알 수 없으나 내면은 두줄의 백상감 원권안 중앙에 대국화문이 하나가 압인되고 바깥쪽에는 두줄의 백상감된 횡선이 그어지며 그 사이에 톱니바퀴의 국화문이 한줄로 압인 되어 있다. 胎土는 灰色을 띤다. 一部 氣孔이 형성되어있다. 內底面은 平坦하며 半徑 4.1cm지점에서 꺽여 올라가는 듯 하나 정확한 器形은 알 수 없다. 釉色은 燒成度가 좋지 않아 內外面은 褐色을 띠며 굽바닥과 內面은 釉藥이 녹지 않아 赤褐色을 띤다. 耐火土비짐이 1개 殘存한다. 文樣은 內底面 중앙에 菊花文이 施文되고 둘레에 菊花文帶를 施文하고 器內外面에 엷게 白土粉裝을 한 듯 전체적으로 文樣이 희미하다. 구연부아 동체는 결실되어 있다. 殘存高 2.1cm 底徑 4.2cm.

ㅈ′ 粉靑沙器 胴體片(圖面 20-6, 圖版 45-4)

灰色을 띠는 胎土는 沙粒이 混入되어 있고 氣孔이 많이 형성되어 거친

편이다. 器 內面에 3줄의 線文이 돌아간다. 內外面에 白土粉裝장이 얇게 이루어져 있다. 소성시 氣泡가 발생하여 기벽이 고르지 못하다. 굽과 구연부가 결실된 조각이다. 반투명유를 시유하였다. 외면은 무문이여 내면 구연부쪽에 3줄의 백상감선이 시문되어 있다. 殘存高 4.6cm.

ㅊ′ 粉靑沙器 底部片(圖面 20-8, 圖版 46-2)

굽과 底部 一部만 殘存하는 粉靑沙器片이다. 胎土는 褐色을 띠며 一部 氣孔도 보인다. 內底, 圓角이다. 文樣은 없다. 굽을 제외하고 褐色의 釉藥으로 粉裝하였다. 內底面에 모래비짐이 3개 굽에 4개 확인된다. 굽 주위로 釉藥 엉김 현상도 확인된다. 대접 굽은 죽절굽이며 굽은 유약이 묻지 않아 태토가 토출되어 있다. 내저면과 접지면에 모래빚음 흔적이 보인다. 전체적으로 암갈색이다. 내면은 원각을 하고 있다. 태토는 암갈색이다. 굽에서 직사선으로 올라간다. 殘存高 3.6cm 底徑 4.3cm.

ㅋ′ 粉靑沙器 底部片(圖面 20-10, 圖版 46-3)

굽과 胴體 一部가 殘存한 內底圓刻의 粉靑沙器片이다. 태토는 회갈색을 띤다. 굽 내면을 제외한 전면에 자토 분장후 투명유를 施釉했는데 燒成狀態가 좋지 않아 鐵成分이 반점형태로 묻어나 있다. 굽안쪽에 녹로에 의한 회전물손질이 나타나고 內底面에 耐火土비짐흔이 확인된다. 구연부 결실되었고 굽은 낮은 직립굽으로 노태되어 있다. 기형은 곡사선으로 올라가며 내면은 원각형이며 기벽은 두껍다. 태토는 회흑색이며 유약은 박락이 심한편이며 반투명이다. 殘存高 4.2cm 底徑 6.0cm.

ㅌ′ 粉靑沙器 底部片(圖面 21-1, 圖版 46-4)

굽과 胴體 一部가 殘存한 內底曲面式의 粉靑沙器片이다. 胎土는 灰色이며 沙粒이 섞여있고 氣孔이 있어 조직이 치밀하지 못하다. 귀얄技法으로 한번 施文후 白土粉裝후 灰靑色의 透明釉를 施釉했는데 氣泡가 형성되었다. 內底面에 耐火土비짐이 4개, 굽에 모래비짐흔이 殘存한다. 굽은 낮은 직립굽이며 굽에서 직사선으로 올라가며 내저는 곡면이다. 내저면은 4개의 태토빚음 받침이며 굽은 일부 노태가 되어 있으며 태토는 화흑색이며 유조는 암녹색이며 반투명이다. 그리고 외면은 무문이나 내면 일부에 귀얄자국 흔적이 보인다. 殘存高 3.1cm 底徑 5.3cm.

ㅍ′ 粉靑沙器 底部片(圖面 21-1, 圖版 47-2)

굽과 胴體 一部가 殘存한 內底曲面式의 粉靑沙器片이다. 胎土는 灰色(속심 灰褐色)을 띠며 細沙粒과 氣孔이 보인다. 灰靑色의 釉는 全面에 施釉가되었는데 鐵成分이 녹지않아 붉은기가 있다. 胎土의 氣泡가 터져나와 면이 고르지 못하다. 內底面 耐火土 비짐이 4개, 굽 모래비짐흔이 굽바닥 全面에 殘存한다. 구연은 결실되었다. 굽은 직립굽으로 굽 안은 대칼로 다진 흔적이 있다. 굽에서 직사선으로 올라간다. 내저면에 4개의 태토빚음 자국이 있다. 전체적으로 암녹색을 띤다. 태토는 가는 모래가 섞인 회흑색이다. 외면에는 문양이 없으나 내면 구연부에 두 개의 백상감된 횡선이 보인다. 殘存高 3.8cm 底徑 5.0cm.

ㅎ′ 粉靑沙器 底部片(圖面 21-3, 圖版 47-3)

굽과 底部 一部가 殘存한 粉靑沙器 蝶匙片이다. 胎土는 灰色으로 조직이 치밀하다. 內面 中央에 물레흔이 확인된다. 內外面에 白土粉裝후 綠褐色의 釉가 施釉된 듯하나 대부분 剝離되어 거친 表面으로 남아있다. 內外面 4개의 耐火土 비짐, 굽에 모래비짐흔이 확인되고 굽은 죽절굽이다. 전체적으로 유조는 유약이 녹지 않아 거칠다. 태토는 회흑색이다. 殘存高 3.4cm 底徑 5.6cm.

나. 백자류

ㄱ 白磁 胴體片(圖面 21-4, 圖版 48-1)

굽과 胴體 一部가 殘存하고 기형은 굽에서 직사선으로 올라가며 굽은 낮은 편이다. 粉靑沙器편으로 胎土는 黃褐色으로 氣孔이 많아 조직은 치밀핮 못하다. 綠褐色의 釉가 고르게 施釉되었는데 氣泡가 형성되어 器面이 고르지 못하다. 굽에 모래비짐흔이 1개 殘存한다. 殘存高 6.1cm 底徑 6.2cm.

ㄴ 白磁 中鉢片(圖面 21-5, 圖版 48-2)

굽은 높은 직립굽으로 굽 안은 오목굽으로 되어 있다. 胴體 一部가 殘存한 內低圓角의 혜질 白磁片이다. 태토는 미황색으로 기공이 형성되어 있다. 釉色은 乳白色을 띠는 未黃色의 不透明釉로 器形 전면에 施釉되었다. 소성시 氣泡가 터져 外底面과 굽은 정연하지 못하다. 氷裂이 아주 잘

게 형성되어 있다. 內底面에 모래비짐이 7개 굽에 5개 잔존한다. 기형은 측선이 굽에서 내저면으로 비스듬이 올라오다가 직각으로 꺽인다. 내저는 기면전체가 편평하다가 직각으로 올라온다. 殘存高 6.3cm 底徑 6.8cm.

ㄷ 軟質白磁 底部片(圖面 21-6, 圖版 48-3)

굽은 낮은 직립굽이며 5개의 모래비짐 받침이 있다. 底部 一部가 殘存하는 白磁片으로 內底面에서 완만하게 올라가는 蝶匙形이다. 白色의 釉藥은 고르게 施釉되지 못하고 흘러내린 痕迹이 있고, 氣泡가 발생하여 表面이 거칠다. 바닥은 平底形態이며 모래비짐흔이 內底面에 7개, 底部 바닥에 8개 殘存한다. 器形 全面에 氷裂이 있다. 기형은 구연부가 결실되어 있고, 측선은 직사선으로 올라가고 있다. 殘存高 2.2cm 底徑 5.8cm.

ㄹ 白磁 楪匙片(圖面 21-7, 圖版 48-4)

굽과 胴體一部가 殘存한 軟質白磁片으로 胎土는 未黃色을 띠며 氣孔이 형성되어 치밀하지 못하다. 器形은 底部 중앙에서 완만한 곡선으로 올라가는 듯 하다. 약한 푸른빛이도는 白色의 不透明釉가 器形 全面에 施釉되었는데 광택이 좋다. 굽바닥은 칼로 도려낸 듯 반듯하다. 內底面 모래비짐흔 5개 굽바닥에 5개 확인된다. 기형 전면에 빙렬이 殘存한다. 굽은 깍지 않은 평굽이며, 유태는 미백색이며 유조는 잔비열이 많으며 반투명유이며 유약은 고르게 백색으로 시유되어 있다. 기형은 굽에서 직사선으로 올라간다. 殘存高 3.4cm 底徑 5.8cm.

ㅁ 白磁 楪匙片(圖面 21-8, 圖版 49-1)

굽과 口緣一部가 殘存한 白磁片으로 胎土는 乳白色을 띠며 氣孔이 확인되나 조직은 치밀하다. 內面 중앙에서 완만하게 올라가 외반되는 口緣에 이르며 중간에 陰角의 선이 돌아간다. 푸른빛이 도는 白色의 釉는 一部 鐵成分이 녹지 않아 붉은기가 돌며 미세한 氷裂이 殘存한다. 배신에 회전 물손질흔과 굽內面에 녹로흔이 殘存한다. 모래비짐흔이 內底面과 굽에 角角 5개 殘存한다. 유조는 전체적으로 백색으로 시유되었으며 투명유이다. 殘存高 3.5cm 推定口徑 16.7cm. 底徑 6.1cm.

ㅂ 軟質白磁 底部片(圖面 21-9, 圖版 49-2)

굽과 胴體一部가 殘存한 內底圓角의 白磁片으로 胎土는 未黃色이며 미세한 氣孔이 보인다. 器形전면에 未黃色의 釉가 엷게 施釉되었으나 一部 氣泡가 터져나와 고르지 못하다. 氷裂이 있다. 內底面에 고운 모래비짐흔이 7개 굽에 7개 확인된다. 구연부는 결실된채 굽은 높은 직립굽으로 굽안쪽은 오목굽으로 되어있다. 기형은 굽에서 내저면까지는 직사선으로 올라가다가 직각으로 올라간다. 내면은 편평하다가 직각으로 꺽인다. 태토는 미백색을 띠며 잔빙열이 많다. 殘存高 3.5cm 推定口徑 16.7cm 底徑 6.1cm.

ㅅ 軟質白磁 底部片(圖面 21-10, 圖版 49-3)

굽과 底部 一部가 殘存한 軟質白磁片으로 胎土는 유자색을 띠나 氣孔

이 많아 조직이 치밀하지 못하다. 器形은 平坦한 內底面에 半徑 4.1cm지점에서 한번 꺾여 경사지게 올라간다. 유색은 연한 푸른빛이 도는 未黃色의 釉는 고르게 施釉되었는데 一部 氣泡가 터져나와 기면이 고르지 못하고 氷裂이 확인된다. 모래비짐흔은 內底面 7개 굽 5개 殘存한다. 굽은 높은 직립굽으로 굽안은 오목굽으로 되어 있다. 굽에서 직사선으로 뻗어 올라가며 구연부는 결실되어 있다. 내저는 원각형이며 내저면과 접지면 모래빚음 자국이 있다. 유조는 전체적으로 미백색을 띠고 있으며 잔빙열이 많다. 殘存高 4.6cm 底徑 7.1cm.

ㅇ 白磁 中鉢片(圖面 21-11, 圖版 49-4)

굽과 胴體一部가 軟質白磁片으로 胎土는 乳白色이며 氣孔이 많아 조직이 치밀하지 못하다. 內底面은 平坦한데 올라가다 半徑 5.0cm 지점에서 크게 圓刻을 이루고 사선형태로 올라간다. 푸른빛이 도는 乳白色의 釉는 고르게 施釉되었으나 外底面은 釉藥이 흘러내려 엉김현상도 있고 氣泡가 터져 器面이 고르지 못하다. 內底面에 모래비짐흔이 3개 굽에 3개 殘存하며 氷裂이 확인된다. 굽은 높은 직립굽이며 안은 오목하다. 유조는 백색이며 반투명이다. 유태는 미백이다. 기형은 굽에서 직각으로 올라가며 내면도 직각으로 되어 있다. 殘存高 8.3cm 底徑 6.6cm.

ㅈ 白磁 中鉢片(圖面 21-12, 圖版 50-1)

굽과 胴體一部가 殘存한 軟質白磁片으로 胎土는 乳白色이며 氣孔이 많

아 조직이 치밀하지 못하다. 內底面은 平坦한데 半徑 4.4cm 지점에서 角을 이루고 사선으로 올라간다. 乳白色의 半透明釉는 전면에 엷게 施釉되었으며 굽과 外底面은 氣泡가 터져나와 고르지 못하다. 氷裂이 있다. 모래비짐이 內底面에 7개 굽에 7개 殘存한다. 굽은 높은 직립굽이며 안쪽은 내만하였으며 굽에서 측선으로 직각으로 올라간다. 접지면 내저면에 빗음 자국이 있으며 유태는 미백색이며 잔빙열이 있다. 내저에는 편평하다가 직각으로 올라간다. 기벽은 두껍다. 殘存高 6.0cm 底徑 6.8cm.

ㅊ 白磁 內底部(圖面 22-1, 圖版 50-2)

굽과 胴體一部가 殘存한 內底曲面式의 軟質白磁片으로 胎土는 乳白色을 띠며 푸른빛이 도는 未黃色의 釉藥은 外底面에 釉藥엉김현상과 氣泡가 터져나와 器面이 고르지 못하고 氷裂이 확인된다. 모래비짐흔이 內底面에 5개, 굽에 5개 殘存한다. 굽은 높은 직립굽이며 안에 오목하다. 굽주변에 약간의 釉藥엉김도 보이며, 기형은 굽에서 직각으로 올라가며 내저는 곡면을 이룬다. 유태는 미백이다. 殘存高 4.4cm 底徑 5.3cm.

ㅋ 白磁 底部片(圖面 22-2, 圖版 50-3)

굽과 底部一部가 殘存한 白磁楪匙片으로 胎土는 乳白色을 띤다. 釉藥의 곡면 熔融狀態가 좋지 않아 釉藥엉김현상과 灰褐色을 띤 부분도 있지만 전체적으로 푸른빛을 띤 白色의 釉이다. 內底面 7개의 耐火土비짐이 있고 굽에는 모래비짐흔이 있다. 굽은 낮은 직립굽이며 반투명한 백색이다. 殘存高 2.1cm 底徑 5.9cm.

ㅌ 白磁 底部片(圖面 22-3, 圖版 50-4)

구연은 결실되어 있으며 굽은 직립이며 내면은 오목하며 가운데에 돌기가 있다. 굽에 시유된 유약은 노태되어 있다. 유태는 회백색이며 정선되어 있다. 유조는 전체적으로 회백색을 띠고 있으며 접 지면과 내저면에 굵은 모래가 있다. 기형은 굽에서 직사선으로 올라간다. 내면은 가운데에 원각이 있고 기벽은 두껍다. 殘存高 3.9cm 底徑 5.2cm.

ㅍ 白磁 底部片(圖面 22-4, 圖版 51-1)

굽과 底部一部가 殘存한 白磁楪匙片으로 胎土는 灰白色을 띤다. 內底面에 물레흔이 殘存하고 半徑 4.3cm 지점에 圓角이 돌아간다. 釉은 푸른 빛을 띠며 外底面에 釉藥이 두텁게 施釉되었으며 氣泡도 형성되어 있다. 內底面에 4개, 굽에 4개의 모래비짐흔이 殘存한다. 구연은 파손되었고 굽은 직립굽이며 내면에 돌기가 있으며 노태이다. 태토는 백색을 띠고 있으며 기형은 굽에서 직사선으로 올라간다. 殘存高 3.0cm 底徑 5.7cm.

ㅎ 白磁缸片(圖面 22-5, 圖版 51-2)

口緣과 胴體一部가 殘存한 缸片으로 胎土는 灰色을 띠며 미세한 氣孔이 보인다. 灰色租의 透明釉로 施釉했는데 一部 두텁게 施釉된 곳과 氣泡도 형성되어 있다. 굽은 없고 견부와 구연부만 일부 잔존되어 있다. 유태는 정선된 회백색이며 내면과 외면에 전체적으로 시유되어 있고 투명하며 회백색을 띠고 있다. 기형은 저부에서 견부까지 곡선을 이루며 구연부에서 살짝 외반되었다. 殘存高 7.9cm 推定口徑 7.8cm.

ㄱ′ 白磁 口緣片(圖面 22-6, 圖版 51-3)

口緣一部가 殘存하는 白磁楪匙片으로 口緣端은 외반하며 胎土는 白色을 띠며 푸른빛이 도는 透明釉를 施釉하였다. 전체적 백색을 띠고 있으며 투명유이다. 殘存高 5.5cm 推定口徑 19.5cm.

ㄴ′ 白磁 口緣片(圖面 23-1, 圖版 51-4)

口緣一部가 殘存한 白磁片으로 胎土는 氣孔이 많아 치밀하지 못하다. 胴體部는 角지게 돌아간다. 軟綠色의 透明釉를 施釉하였는데 광택은 좋다. 구연부만 잔존해 있으며 전체적으로 투명유이며 회백의 유조를 보이고 있고 각져 있다. 殘存高 6.3cm 推定口徑 17.6cm.

ㄷ′ 白磁 底部片(圖面 23-2, 圖版 52-1)

굽과 底部一部가 殘存한 白磁접시片으로 胎土는 白色을 띤다.조직은 치밀하다. 푸른빛이 도는 透明釉는 고르게 施釉되었으며 內底面 3개, 굽에 4개의 모래비짐흔이 殘存한다. 굽內面에 물레흔이 확인된다. 굽과 일부 동체만 남아 있으며 굽은 직립굽이며 내저는 곡면형이다. 굽에서 사선으로 올라가며 태토는 정선되어 있으며 전체적으로 유조는 투명하며 백색을 띠고 있다. 殘存高 2.4m 底徑 5.3m.

ㄹ′ 白磁 底部片(圖面 23-3, 圖版 52-2)

굽과 底部 2/1이 殘存한 접시片으로 胎土는 灰白色이며 氣孔이 많이 확인되어 조직이 치밀하지 못하다. 釉色은 푸른빛이 도는 透明釉로 氷裂

이 있다. 內底面 2개, 굽에 3개의 모래비짐흔이 殘存하고 內底面에 모래비짐과 함께 다른 器物의 굽이 눌러붙은 痕迹이 있다. 낮은 직립굽이고 안은 오목하다 기형은 굽에서 직사선으로 올라가며 내면은 편평하고 내면에 그릇과 포개어 유약이 생긴 흔적이 보이며 잔빙열이 많이 태토는 가는 모래가 섞인 회백색이며 유조는 전체적으로 투명하며 어두운 백색을 띤다. 殘存高 2.3cm 推定口徑 5.8cm.

다. 토기류

ㄱ 臺脚片(圖面 23-4, 圖版 53-1)

暗紫色의 완성 燒成良好한 硬質土器로 一段透窓高杯 臺脚片이다. 胎土에 沙粒이 混入되었고, 內底面에 회전물손질 정면을 하였다. 殘存高 4.7cm 推定口徑 10.4cm.

ㄴ 長頸壺 口緣部片(圖面 23-5, 圖版 53-2)

口緣一部가 殘存한 片으로 灰青色(속심 紫褐色)의 燒成 良好한 硬質土器이다. 二段口緣 長頸壺片으로 내저면에 회전물 손질정면을 하였다. 殘存高 4.1cm

ㄷ 大甕 胴體片(圖面 23-6, 圖版 53-3)

灰青色 硬質로 燒成良好하다. 胎土에 沙粒이 混入되어 있다. 內面에 태쌓기흔이 보이며 회전물손질정면을 하였다. 殘存高 12.1cm

ㄹ 硬質土器片(圖面 23-7, 圖版 53-4)

황갈색 토질이고 태토에 사립이 흔입되어 있고, 외면에 평행타날이 되어 있고, 내면에도 격자타날이 시문되어 있고, 회전물 손질되어있다. 殘存高 15.0cm

라. 도기류

ㄱ 甕器片(圖面 23-8 圖版 52-3)

口緣部片으로 胎土는 黑褐色을 띤다. 綠褐色의 釉藥이 施釉되어 있으며 일부 酸化, 剝離되었다. 殘存高 7.0cm 推定口徑 11.0m.

ㄴ 注口片(圖面 23-9 圖版 52-4)

黑褐色의 甕器 주전자 注口片으로 胎土는 沙粒이 섞여 있다. 注口 주위로 3개의 圓形 胎土 비짐이 부착되어 있다. 주구는 粘土板을 따로 빚어 胴體部에 둥글게 말아 부착하였다. 殘存高 5.6cm

마. 기와류

ㄱ 수키와(圖面 24-1 圖版 56-2)

灰靑色 硬質의 燒成良好한 기와편으로 細沙粒이 소량 混入된 精選된 점토 사용하였다. 表面은 線條複合文(方格區劃文 + 橫線文)이 施文되었는데 縱方向으로 打捺되어 2.7cm 내외의 희미한 角이 돌아간다. 裏面은 布木痕이 확인되나 흔들려 조밀도는 알 수 없고 빗질흔이 남아 있다. 側

面 全面에 分割刀痕이 殘存하며 側面과 양면에 성형시 점토접합량이 확인된다. 잔존 길이 18.1cm, 잔존 너비 9.1cm, 두께 2.1cm.

ㄴ 수키와(圖面 24-2, 圖版 59-1)

灰青色 一部 灰褐色을 띤 燒成良好한 有段 硬質기와로 細沙粒 및 굵은 石粒 混入된 胎土이다. 表面은 갈合線文이 타날되고 有段부분은 횡손질이 이루어졌으며, 裏面은 올이 굵은 布木痕이 殘存하나 縱方向 붓질 및 긁기흔에 대부분이 지워졌다. 兩面에 전체적으로 龜裂이 심하다. 兩側面에 0.3cm~0.7cm 幅의 分割刀痕이 殘存한다. 殘存 길이 14.6cm, 殘存 너비 16.8cm, 두께 2.8cm.

ㄷ 수키와(圖面 24-3, 圖版 59-2)

灰青色 硬質의 燒成良好한 有段 기와편으로 胎土는 細沙粒과 石粒이 混入되었다. 表面 文様은 格子門과 線文이 부분적으로 확인되며 有段부와 上段部 8.2cm 幅은 횡물손질로 文様을 지운 痕迹이 있다. 裏面은 조밀한 布木痕과 縱方向 긁기가 확인된다. 兩側面 0.3~1.0cm의 分割刀痕이 殘存한다. 殘存 길이 19.5cm, 殘存 너비 16.9cm, 두께 2.8cm.

ㄹ 수키와(圖面 25-1, 圖版 59-3)

黑褐色의 (속심 灰青色) 燒成良好한 硬質기와편으로 胎土는 細沙粒과 굵은 黑色 石粒 混入되었다. 表面은 滄海波文이 施文하고 橫方向을 손질을 하여 모양이 선명하지 못하다. 下段部 4.0cm 내외의 幅에 文様을 지운 痕迹이 殘存하며 裏面에 조밀한 布木痕이 殘存하며 上部에 와통쪽 연결흔이 殘存한다. 下段部는 3.6cm 幅으로 布木痕을 지운 痕迹이 있다. 側面은 1.7~1.9cm 幅의 分割刀痕이 殘存하는데 石粒에 의해 가로로 길게 긁힌 痕迹이 殘存한다. 殘存 길이 24.5cm, 幅 9.8cm, 두께 2.0cm.

ㅁ 수키와(圖面 25-2, 圖版 59-4)

灰青色의 燒成良好한 硬質기와편로 胎土는 굵은 黑色 石粒 混入되었다. 양면은 滄海波文 打捺 후 횡물손질로 마무리하였고 裏面은 조밀한 布木痕이 잔존하며 측면에 1.3~1.7cm 폭의 分割刀痕이 殘存하는데 分割刀痕에 가로로 긁은 痕迹이 殘存한다. 殘存 길이 15.0cm, 殘存 너비 12.0cm, 두께 2.5cm.

ㅂ 수키와(圖面 26-1, 圖版 60-1)

黃褐色의 燒成良好한 硬質기와편으로 胎土에 굵은 沙粒과 石粒 混入되어 있다. 表面에 滄海波文과 三角集線文을 施文하고 裏面에 올이 굵은 布木痕이 殘存하며 側面에 幅 0.5cm의 分割刀痕이 殘存한다. 殘存 길이 12.5cm, 殘存 너비 10.3cm, 두께 2.6cm.

ㅅ 수키와(圖面 26-2, 圖版 60-2)

灰青色(속심 灰白色)을 燒成良好한 硬質기와편으로 胎土에 굵은 石粒 混入되었다. 表面은 滄海波文과 三角集線文을 施文하고 裏面은 올이 조밀한 布木痕이 확인되며, 측면 0.7~1.4cm 幅의 分割刀痕이 殘存한다.

殘存 길이 14.0cm, 殘存 너비 9.0cm, 두께 2.6cm.

ㅇ 수키와(圖面 27-1, 圖版 60-3)

灰靑色(단면 明灰色)의 燒成良好한 硬質기와편으로 細沙粒과 黑色 細石粒 混入된 精選된 胎土이다. 表面 複合線文(겹다이아몬드문+打捺線文) 施文되었는데 打捺에 의해 菱形의 角이 생겼다. 裏面 布木痕이 흔들린 痕迹과 사선 방향 물손질 痕迹이 확인된다. 側面 1.5~1.7cm 幅의 分割刀痕이 殘存하는데 2회에 걸쳐 分割刀痕이 이루어 졌으며 從으로 石粒이 밀린 痕迹이 있다. 殘存 길이 20.8cm, 殘存 너비 8.5cm, 두께 2.4cm.

ㅈ 수키와(圖面 27-2, 圖版 60-4)

灰靑色 硬質의 燒成良好한 기와편으로 胎土에 細石粒 混入되어 있다. 表面은 複合線文(車輪文+三角集線文)이 施文되고, 양면은 裏面은 布木痕이 흔들린 痕迹이 보이고 와력에 의해 그인 痕迹이 있다. 측면에 폭 1.0~1.2cm 폭의 分割刀痕이 확인된다. 殘存 길이 12.8cm, 殘存 너비 13.6cm, 두께 2.8cm.

ㅊ 수키와(圖面 28-1, 圖版 61-2)

一部 灰白色을 띤 灰靑色(속심 明灰色)의 燒成良好한 硬質기와편으로 胎土에 細石粒 混入되었다. 表面은 複合線文(車輪文+打捺線文)이 보이고 側面 부분에 의해 文樣이 一部 지워진 痕迹이 있다. 裏面은 布木痕이 흔들린 痕迹이 殘存하고 와통쪽흔 殘存한다. 側面 幅 1.0cm 分割刀痕이 확

인된다. 殘存 길이 17.2cm, 殘存 너비 9.1cm, 두께 2.5cm.

ㅋ 수키와(圖面 28-2, 圖版 61-3)

燒成良好한 硬質기와편으로 細石粒과 굵은 石粒 混入된 精選된 胎土이다. 表面은 複合線文(車輪文+三角集線文)이 횡손질로 지워지고 裏面은 조밀한 布木痕이 확인되며 綜方向 물손질에 의해 一部 지워진 痕迹이 있다. 側面은 0.3cm 幅의 分割刀痕이 殘存한다. 殘存 길이 13.8cm, 殘存 너비 8.9cm, 두께 2.2cm.

ㅌ 수키와(圖面 29-1, 圖版 61-1)

灰靑色의 燒成良好한 硬質기와편으로 細石粒과 白色 石粒 混入된 胎土이다. 表面에 線條複合文(方格區劃文 + 橫線文)을 施文하였는데 文様單位에 의해 表面에 角이 지는 듯 한다. 裏面은 布木痕이 흔들린 상태로 殘存하며 側面에 1.5cm 幅의 分割刀痕이 잔존한다. 殘存 길이 14.3cm, 殘存 너비 9.8cm, 두께 2.4cm.

ㅍ 암기와(圖面 29-2, 圖版 54-1)

黃褐色을 부분적으로 띤 灰色(속심 灰白色)의 硬質 기와편으로 胎土에 細石粒이 混入된 精選된 점토를 사용하였다. 表面과 橫線文이 복합적으로 施文되었으며, 表面 마모가 심하다. 外面에는 올이 굵은 布木痕이 殘存하며 上段에서 9.5cm 지점에 1.3~1.7cm 幅으로 2줄정도의 와통쪽 역기흔이 殘存하며 側面에 幅 0.5cm 내외의 幅으로 分割刀痕이 殘存한다.

殘存 길이 28.1cm, 殘存 너비 22.5cm, 두께 2.3cm.

ㅎ 암기와(圖面 30-1, 圖版 54-2)

黑褐色의 燒成良好한 硬質 기와편으로 精選된 胎土를 사용하였다. 表面에 表面은 複合線文(打捺線文+樹枝文)이 施文되고 上段部 8.0cm 幅으로 횡물손질 및 붓질에 의해 文樣을 지운 痕迹이 있다. 裏面은 올이 굵은 布木痕 확인되며 側面 0.4~0.8cm 幅의 分割刀痕이 殘存한다. 殘存 길이 25.7cm, 殘存 너비 22.0cm, 幅 2.0cm.

ㄱ′ 암기와(圖面 30-1, 圖版 54-3)

上段 一部 灰青色을 띤 明灰色(표면 灰褐色)의 燒成良好한 硬質 기와편이다. 精된 胎土를 사용하였다. 表面에 線條複合文(方格區劃文 + 橫線文)을 施文하였으며 上段은 2.7cm 幅으로 지워져 있다. 裏面은 上段部쪽으로 布木痕이 殘存하는데 나머지 부분은 市木분리시 흔들린 痕迹이 있다. 上段에서 9.3cm 지점에 幅 1.3cm로 2줄의 와통쪽 연기흔 殘存하며 側面 0.4~1.5cm 幅의 分割刀痕이 殘存한다. 殘存 길이 24.4cm, 殘存 너비 16.5cm, 幅 2.3cm.

ㄴ′ 암기와(圖面 31-1, 圖版 54-4)

灰青色 硬質의 燒成良好한 기와편으로 胎土에 白色石粒 混入되어 있다. 表面 菱形文이 施文되고 上段部에 6.0cm 幅에 횡손질로 文樣을 지웠다. 裏面 조밀한 布木痕이 殘存하며 側面 分割刀痕 幅이 幅 0.9cm 내외

의 幅으로 확인된다. 殘存 길이 14.4cm, 殘存 너비 17.3cm, 幅 2.1cm.

ㄷ′ 암기와(圖面 31-2, 圖版 55-1)

灰白色(속심 黃褐色)의 軟質기와로 燒成은 불량하며 胎土에 細沙粒과 굵은 石粒이 포함되어 있다. 表面에 複合線文이 대략 3×5cm의 線文打捺과 아치형의 線文과 打捺線文이 施文되었으며 上段 3.3cm 幅으로 一部 횡물손질로 文樣을 지운 痕迹 殘存한다. 裏面 조밀한 포흔 殘存, 上段는 폭 3.7cm 정도로 포흔을 지운 痕迹이 있다. 側面 1.2~1.5cm 幅의 分割刀痕殘存한다. 殘存 길이 15.9cm, 幅 19.0cm, 두께 2.0cm.

ㄹ′ 암기와(圖面 32-1, 圖版 55-2)

灰青色의 燒成良好한 기와편으로 細沙粒이 混入된 精選된 점토를 사용하였다. 表面에 複合線文이 施文되었는데 2.8cm 폭의 上段部는 횡물손질에 의해 一部 文樣을 지운 痕迹이 있다. 裏面은 올이 조밀한 布木痕이 殘存하나 上段部는 물손질에 의해 지워진 痕迹이 殘存한다. 殘存 길이 12.0cm, 殘存 너비 16.2cm, 두께 2.2cm.

ㅁ′ 암기와(圖面 32-2, 圖版 55-3)

暗灰色 燒成良好한 硬質기와로 名文이 있다. 胎土에 細沙粒 및 黑色 石粒 混入되었다. 表面은 打捺長線文과 橢圓形의 同心圓을 그리고 그 중앙에 "卍"자를 배치하고 부분적으로 물손질 정면을 하였다. 裏面은 布木 분리시 흔들린 痕迹이 있어 布木의 조밀도는 알 수 없다. 세로 방향의 눈테

痕迹이 있다. 殘存 길이 12.0cm, 殘存 너비 16.2cm, 두께 2.2cm.

ㅂ′ 암기와(圖面 32-3, 圖版 55-4)

一部 灰青色을 띤 灰色(明灰色)의 燒成良好한 硬質기와로 사립과 굵은 흑색 석정이 다량 양비된 정발된 태토를 사용하였다. 표면에 금지장선문과 창해지문이 시문 물손질 및 빗질흔이 확인된다. 양면은 올 굵은 시목량이 잔존하며 종방향의 점토를 덧댄 양적이 잔존하며 물손질흔과 시목분리시 흔들린 양적이 잔존한다. 측면 1.3cm내의 폭의 분할양력이 잔존한다. 殘存 길이 14.0cm, 殘存 너비 13.3cm, 두께 2.0cm.

ㅅ′ 암기와(圖面 32-3, 圖版 56-1)

黑褐色(속심, 裏面 암灰色)의 소성 보통의 硬質기와편으로 胎土에 굵은 黑色石粒 다량 混入이 되어 있다. 表面은 長線文이 시문되고 裏面은 布木 분리시 흔들린 痕迹이 殘存한다. 側面 分割刀痕의 幅은 0.5cm이다. 殘存 길이 8.8cm, 殘存 너비 11.33cm, 두께 1.8cm.

ㅇ′ 암기와(圖面 33-2, 圖版 56-3)

明灰色의 燒成良好한 硬質기와편으로 細沙粒이 混入된 精選된 胎土를 사용하였다. 表面에 魚骨文을 여러번 겹쳐 施文하였고 부분적으__로 올이 굵은 布木痕이 보이여 上段部는 물손질로 文様을 지운 痕迹이 있다. 裏面은 布木痕이 조밀하게 殘存하며 上段部 縱方向을 布木痕 지운 痕迹이 있다. 殘存 길이 24.5cm, 殘存 너비 20.0cm, 두께 2.1cm.

ㅈ′ 암기와(圖面 34-1, 圖版 56-4)

灰靑色의 燒成良好한 硬質기와편으로 白色 細沙粒이 포함된 精選된 胎土이다. 表面은 羽狀文이 施文되었는데 一部 겹쳐지기도 하고 눌려서 형태가 분명하지 않아 지워진 痕迹도 있다. 裏面은 布木痕이 殘存하며 布木분리시 흔들린 痕迹이 있다. 幅 5cm 와통쪽 痕迹이 있다. 殘存 길이 13.4cm, 殘存 너비 16.8cm, 두께 1.9cm.

ㅊ′ 암기와(圖面 34-2, 圖版 57-1)

灰靑色의 硬質의 燒成良好 기와편으로 細沙粒이 混入된 精選된 胎土이다. 表面은 魚骨文이 부분적으로 指頭痕에 의해 지워지고 裏面은 올이 굵은 布木痕이 殘存한다. 殘存 길이 9.8cm, 殘存 너비 16.1cm, 두께 2.9cm.

ㅋ′ 암기와(圖面 34-3, 圖版 57-2)

暗灰色(속심 明灰色)의 燒成良好 硬質기와편으로 胎土는 沙粒 및 黑色石粒 混入되었다. 表面은 複合線文(×자표시된 方格區劃文과 線文+滄海波文)을 施文, 上段部는 6.0cm 幅에 걸쳐 빗질로 文樣을 지운 痕迹이 있다. 裏面은 조밀한 布木痕이 殘存하고 上段部 9.7cm 내외의 幅에 걸쳐 횡손질에 의해 布木痕이 지워진 痕迹이 있다. 殘存 길이 17.3cm, 殘存 너비 16.0cm, 두께 2.8cm.

ㅌ′ 암기와(圖面 35-1, 圖版 57-3)

暗灰色(속심 明灰色)의 燒成良好 硬質기와편으로 胎土는 細沙粒 및 굵은 黑色 石粒 混入되었다. 表面은 複合線文으로 上段部는 幅 2.1cm 정도의 물손질로 文樣을 지운 痕迹이 있다. 裏面은 올이 굵은 布木痕이 殘存하며 上段部는 횡물손질과 一部 縱方向 물손질로 지운 痕迹이 있다. 側面에 分割刀痕이 幅 0.2cm내외로 殘存한다. 殘存 길이 14.0cm, 殘存 너비 14.5cm, 두께 2.1cm.

ㅍ′ 암기와(圖面 35-2, 圖版 57-4)

灰白色의 燒成良好 硬質기와편으로 胎土에 細沙粒 및 굵은 黑色 石粒 混入되었다. 表面 文樣은 수레바퀴 모양으로 분할된 同心圓과 滄海波文을 打捺후 횡물손질로 마무리 되었으며 裏面은 布木痕이 殘存하는데 布木 분리시 흔들린 痕迹이 남아있다. 殘存 길이 15.9cm, 殘存 너비 14.9cm, 두께 2.8cm.

ㅎ′ 암기와(圖面 36-1, 圖版 58-1)

一部 灰褐色을 띤 灰色(속심 明灰色)의 燒成良好 硬質기와편으로 黑色 石粒 混入된 精選된 胎土이다. 表面에 겹다이아몬드문의 複合線文이 施文되고 上段部 선단부가 결실되었으나 殘存 幅 5.4cm 정도에 빗질로 文樣을 지운 痕迹이 있으며 裏面에 횡물손질흔, 붓질흔 殘存한다. 殘存 길이 17.9cm, 殘存 너비 14.8cm, 두께 2.3cm.

ㄱ″ 암기와(圖面 36-2, 圖版 58-2)

外面 灰青色 內面 灰褐色(속심 灰白色)의 燒成良好 硬質기와편으로 胎土는 細沙粒과 黑色 石粒 混入된 精選된 胎土이다. 表面에 複合腺文(겹다이아몬드문+打捺線文), 裏面에 횡손질흔이 殘存한다. 幅 4,5cm 와통쪽 痕迹이 뚜렷하다. 殘存 길이 10.4cm, 殘存 너비 11.9cm, 두께 2.5cm.

ㄴ″ 암기와(圖面 37-1, 圖版 58-3)

暗褐色(속심 灰褐色)의 燒成良好 硬質기와편으로 名文이 확인된다. 沙粒과 石粒이 混入된 胎土이다. 表面에 複合腺文이 시문되고, "卍" "心"의 名文이 확인된다. 裏面은 올이 굵은 布木痕이 관찰되는데 一部 지워진 痕迹이 있다. 側面 1.4cm 幅의 分割刀痕 확인된다. 殘存 길이 12.1cm, 殘存 너비 8.5cm, 두께 2.9m.

ㄷ″ 암기와(圖面 37-2, 圖版 58-4)

灰青色의 燒成良好한 硬質名文瓦片으로 胎土에 沙粒이 混入되었다. 表面에 複合腺文이 施文되고 裏面에 布木痕이 있으나 一部 지워지고 흔들린 痕迹이 있다. 측면은 0.5~0.9cm 幅의 分割刀痕 殘存한다. 殘存 길이 9.0cm, 殘存 너비 8.9cm, 두께 2.2m.

이상으로 나의 제1 단계의 사업은 이루어졌다고 보아지나 제2단계, 제3단계의 사업이 아직도 이루어지지 않아 마음이 불안하다. 제2 단계의 사업은 성벽을 보완 증축하여 완전한 옛모습을 갖추도록 하는 일이다. 제

3 단계의 사업은 성벽 남쪽 앞에 너른 공지가 있는데 이 땅을 고르게 하여 공원화하는 일이다. 이 두 가지 일은 예산이 그리 많이 들지도 않을 것 같은데 이에 관하여 신경을 쓰는 인물이 없어 걱정이다. 내가 이제라도 나서지 않으면 안되겠다는 생각이 들기도 한다. 역사를 예사롭게 생각하고 그 문화를 지키지 못하는 겨레는 야만이다. 앞으로 이 일은 꼭 이루어 내어야 할 것이다. 아울러 덧붙여 두어야 할 일은 미타산성에서 발굴한 유물들은 신반리에 박물관을 지어 전시하여야 할 것이나, 지금은 경남발전연구위원의 역사문화센터에 보관되고 있다.

9. 고향마을에 경로당 세움

내가 고향에 가서 보니 다른 마을에는 경로당이 있는데 유독 우리 마을에만 경로당이 없었다. 그래서 군위원 이었던 최경호 의원에게 건의하여 우리 마을에도 경로당을 짓도록 하여 주게 말하였던바 그 다음해에 군 예산을 얻어 우리 마을에 경로당을 지어주었다. 고마운 일이었다.

XII

내 삶을 통하여 잊을 수 없는 분들

나는 이 세상에 태어나서 많은 분으로부터 사랑을 받았다. 그래서 잊을 수 없는 분들을 여기 자서전의 끄트머리에 적어 그 마음을 길이 전하고자 한다.

첫째는 나의 은인은 **아버지**와 **어머니**이시다. 어머니는 내가 심상소학교 4학년 12월 22일에 장질부사에 걸려 두 달 반을 앓고 있을 때 정성으로 보살펴 주심으로써 내가 5학년에 진급하였고 내가 홍역을 앓을 때에도 주야로 사랑으로 살펴 주심으로써 내가 자라 오늘에 이르게 되었다. 특히 선고는 잘살 때나, 살림이 어려웠을 때를 가르지 않으시고 내가 폐병을 앓을 때 그 비싼 약을, 돈을 아끼시지 않고 사다 주셨으며 더구나, 등록금을 마련하시느라고 연만하심도 가리지 않으시고 애쓰신 까닭으로 오늘날 내가 이 글을 쓰게 된 것이다. 더구나 6 · 25전란 중에서도 당신이 낳은 자식은 모두 성취시켜야 된다는 윤리 정신에 얽매인 듯이 나와 동생을 출가시켜 주셨으니, 보기 드문 아버지이셨다. 그런데, 나는 올바른 직장을 찾지 못하여 아버지의 그 거룩하셨던 은혜에 전혀 보답지 못한 점을 이제 와서 생각하니 한이 가슴을 메우고 또 메운다. 돌아가시고 나서 6대조, 5대조, 4대조, 할아버지, 아버지, 어머니 산소에 석물을 해 놓았으니 효자? 산 효자는 없어도 죽은 효자는 있다는 말이 있으나 석물을 해 놓았다고 효자는 아니다. 나는 아버지가 살아 계실 때도 불효요, 돌아가시고도 불효이다. 평생 불효였다.

두 번째로 잊을 수 없는 분은 일제 때 내가 진주에서 공부할 때의 일이다. 여름방학인데, 그 전날 비가 많이 왔는데 어머니도 안 계신 고향집이 무엇이 그리도 그리웠던지 소견 없는 어린 나이에 기차로 군북역까지 와서 차가 없어서 30리 의령읍까지 걸어오는데 정암에서 읍으로 오는 길에 큰 시내가 있어 황톳물이 다리 위로 흘러내리는데, 내가 보기에 걸어서 건널 것 같아서 옷을 벗어 머리에 이고 오는데 나도 모르는 사이에 떠내려가고 말았다. 한참 있으니 어떤 분이 나를 건져 주었고 옷 보따리도 건져 주었다. 울면서 고맙다는 인사도 할 줄을 모르고 물천지를 읍에서 집에까지 65리 길을 걸어 걸어서 마을 앞 주막까지 오니까, 날이 어둑어둑하였다.

아버지와 만났는데 아버지도 나를 우시면서 맞이하여 주셨다. 나는 아버지가 우시는 모습을 처음 보았다. 물에 빠졌는데 어떤 고마운 분이 건져 주더라는 말은 못했다. 지금도 두고두고 생각이 나서 도저히 잊을 수 없는 나의 제일 큰 은인이었다.

세 번째로 잊을 수 없는 분은 내가 심상소학교 4학년 12월 22일부터 두달 반을 장질부사로 앓고 있을 때 2km나 떨어져 있는 곳까지 문병 와 주셨을 뿐만 아니라, 출석 미달로 낙제에 해당하는 나를 우등생인데 낙제를 시키면 안된다 하여 5학년으로 진급시켜 주셨고 중학교 입학 때도 많이 도아 주셔서 오늘날 내가 있게 되었다. 잊을 수 없는 고마운 이태호 스승님이셨다.

네 번째로 고마운 분은 초등학교 선배요 또 교사였던 서태홍 선생이시다. 내가 신반중학교 재직시에 여러 가지 편의를 보아 주셨고 내가 서울에 와서도 음으로 양으로 도와 주어서 잊을 수 없는 고마운 선생 중의 한 분이시다.

다섯 번째로는 장인어른이다. 내가 신반 중학교를 그만 두고 백수로 있을 때 송화당이 자기 친정 아버지에게 서울의 M여고 교장 선생으로 계시는 이원홍 변호사께 말씀하여 김서방을 취직시켜 달라고 요청한 듯한데 며칠 후에 서울로 오라는 연락이 왔다. 이원홍 교장선생님과 장인어른 사이는 아주 친한 친구 사이일뿐 아니라 교장선생이 민의원에 출말하였을 때 적극 도와 당선케 한 사이였다. 나는 1957년 10월 늦은 가을에 이원홍 교장 선생님댁을 찾아 10여일을 신세 지다가 시간강사가 되어 하숙을 하게 되었는데, 그때 나는 졸업장이 없어 낙원동에 있었던 정치대학 야간부에 입학하고자 하였다. 교장선생님이 불러서 가니, 무슨 과를 공부하겠는가 하시기에 법학과를 하겠다 하였더니, 고등학교 과목에 사회과는 시간이 별로 없으니 국어국문학과를 하라 하시어 국문학과에 입한한 결과 오늘날 내가 있게 된 것이다. 참으로 이원홍 교장선생님은 나의 여섯 번째 은인으로 그 은혜는 태산보다도 높고 하늘보다도 넓다. 꿈에도 잊을 수 없는 크나큰 은인이셨다.

일곱 번째로 잊을 수 없는 은인은 나의 작은 처남 주재회씨이다. 내가 대학 등록금이 없어 도와 달라 하면 두말없이 전액을 도와 주셨고 또 내가 아파서 누워 있을 때 금전적으로 많이 도와 주셨을 뿐만 아니라 서울에서 셋방살이를 한 때 많은 도움을 받았다. 또 선산에 석물을 해 놓을 때도 희생적으로 도와 주셨으며 어려운 일이 있을 때는 말만 하면 도와주신, 금전적으로 지금의 돈으로 5천만 원 이상 제일 많이 도와주신 크나큰 은인이시었다.

여덟 번째로는 김일근 교수님이시다. 내가 국문학과에 입학하고 나서 특히 나에게 관심을 가지고 보아 주셨고 졸업 후에 생활이 어려워 고생하고 있는데 대학원 석사과정, 박사과정에 진학케 하여 1965년 8월부터 강사를 시켜 주시더니 1970년 부터는 전임교수를 시켜 주신 참으로 고마운 은인이시었다. 더구나, 전임교수가 되고 집이 없어 전셋집으로 전전함을 보시고 돈을 빌려 주시면서 집을 사게 도와 주신, 보기드문, 위대하신 스승이었다. 김일근 교수 덕분에 여러 보직을 맡게 되었고 또 한글학회 회장을 하게 된 것이다. 선생님의 하늘보다 더 넓은 은혜는 대대로 잊을 수가 없을 것이다.

아홉 번째의 은인은 정인승 스승님이시다. 스승님은 나의 석사논문뿐 아니라 박사논문을 지도하여 주셨는데, 우리말 형태론의 대가인 스승님은 우리말 연구에 있어서 깊이 연구할 분야는 토씨나 어미활용뿐이라 하시면서 나에게는 토씨를 깊이 연구하라고 하시었다.

그래서 나는 석사학위 논문은 "15세기 국어의 토씨 연구"였으나 여러 가지 부족하여 박사학위 논문은『국어 토씨의 통시적 연구』로 하여 향가에서 1930년대까지의 토씨를 일일이 통계를 내어 보니, 우리말의 토씨의 어원과 변천을 완전히 알게 되어 "국어토씨의 발달 가설"을 세우게 되었다. 지금까지 누구도 풀지 못했던『"이" 주격조사의 어원』,『"의" 관형격조사의 어원』을 밝히게 된 것은 모두 스승님의 극진한 지도 덕분이었다.

열 번째 은인은 김형규 박사님이시다. 당시 나는 생활이 어려워서 자료가 될 서적을 구입은 했으나 각 세기마다의 책들을 다 구입하지 못하여, 통계를 내다 책이 없으면, 무조건 제기동의 김형규 박사님댁을 방문하여 책을 빌려 달라고 하면 그래 얼마든지 가져 가라 하시어 그 많은 자료는 김형규 박사님 덕분에 1930년대까지의 토씨에 관한 통계를 낼 수 있었다. 김형규 박사님은 나의 석사학위 및 박사학위 논문 심사위원장을 맡아주셨다. 일생을 통하여 잊을 수 없는 스승님이시다. 저승에서 가서 만나뵈올 수 있다면 참으로 다행일 것이다.

열한번째 은인은 박지홍 선생님이시다. 나는 국어학 공부를 어떻게 하면 좋겠느냐고 여쭈면 먼저 음성학→음운학→형태로의 과정으로 공부하라 하여 우리나라 전후 무후의 음성학을 정음사에서 출간하게 된 것이다. 평이 좋았다. 정음사에서는 아무렇게나 책을 출간하여 주는 것이 아니라 지은이에 관한 자세한 조사를 통하여 괜찮다 싶으면 책을 출판하여 주는 회사이다. 박지홍 선생님은 서울에 오실 때마다 내가 모시고 취할때까지 융숭한 대접을 하여 아주 가까웠다.

열두번째 은인은 허웅 박사이시다. 내가 허박사님을 알게 된 것은 박지홍 선생님을 통하여서인데 나를 후배라고 사랑해 주시어 한글학회 이사도 시켜 주셨고 또 박사학위 논문도 심사하여 주셨다. 그뿐만 아니라 중국에서 열린 대학생 연설대회에도 나를 데리고 가시었다. 그리고 학회 학술지 우수논문선정에 나를 선정하시어 상금 100만원도 주시는 등 가지가지 이루 말할 수 없다. 허 박사님 덕으로 나는 드디어 학회 회장직에 이르게 되었다. 잊을 수 없는 큰 은인이셨다.

열세번째의 은인은 동학의 이승화님이었다. 이승화 선생은 정치대학 동기로 박지홍 선생의 소개로 알게 되었는데 본래 한글학회에서 근무하다가 농업중앙회서 신문을 발행하는 책임자로 일하였다. 한번은 내가 판자집 셋방에 살면서 저녁거리가 없어 농협쌀을 한 푸대 사주면 후에 돈으로 갚겠다 하였더니, 쌀 두 푸대를 사 주었는데, 대금은 절대로 받지 않겠다고 거절하였다. 나는 형제 간에 우애가 없는 몸이라 형제보다 백배, 천배 고마운 분이어서 지금도 나의 머리에서 떠나지 않는다.

열네번째로 잊을 수 없는 분은 동문으로서 전 문체부 차관을 지낸 박현태님을 여기서 기록하지 않을 수 없다. 내가 이문동 집에서 집을 넓힐 생각으로 장위동 슬라브집으로 옮길 때 돈이 모자라 궁리하던 끝에 당시 공화당 위원이었던 박현태님을 찾아가 사정을 말하니 즉석에서 당시 상업은행 명동지점에 전화하여 나에게 대출해 주도록 부탁하였다. 덕분에 나는 은행지점장이 살았던 좋은 집을 구입하여 이사하게 되었다. 거기에서 2~3년을 살아 보니 담이 낮아 밤에도 도적이 드는 일이 있어 다시 집을 옮겨야 하게 되었는데 또 염치없이 박의원을 찾아 가서 부탁하니 즉석에서 장위동 상업은행지점에 연락하여 대출을 받게 되어 제법 2층으로 된 좋은 집으로 이사하여 내가 정년 후 고향에 집을 지어 이사할 때인 1997년까지 살았다. 나는 주변도 없고 돈도 없어 그렇다고 박 의원에게 술 한 잔 사지도 못하였다. 그러나 박 의원은 내가 교육자인 것을 감안하여 정직한 사람으로 보았기 때문에 그렇게 잘 도와 준 듯하였다. 얼마전에 평론집을 보내 왔기에 읽어 보니 참으로 깊이 있고 무게 있는 글로 가득하여 감탄하고 내가 엮은 논어를 보냈더니, 고맙다는 전화가 왔다. 고교 동기생으로 이와 같이 변함없는 동기생은 없다고 생각한다.

끝으로 잊을 수 없는 분은 고향의 친구인 채삼석의원이다. 심상소학교 동기인데, 내가 폐병으로 고생할 때, 행정적으로 여러 면에서 편의를 보아 주었고 도와 주었다. 고향에서 가장 가까운 유일한 사이였다. 불행하게도 그는 70세 초반에 세상을 떴다. 고향에 갈 때마다 그의 집을 바라만 보곤 한다. 언제나 잊을 수 없는 진실한 친구였다.

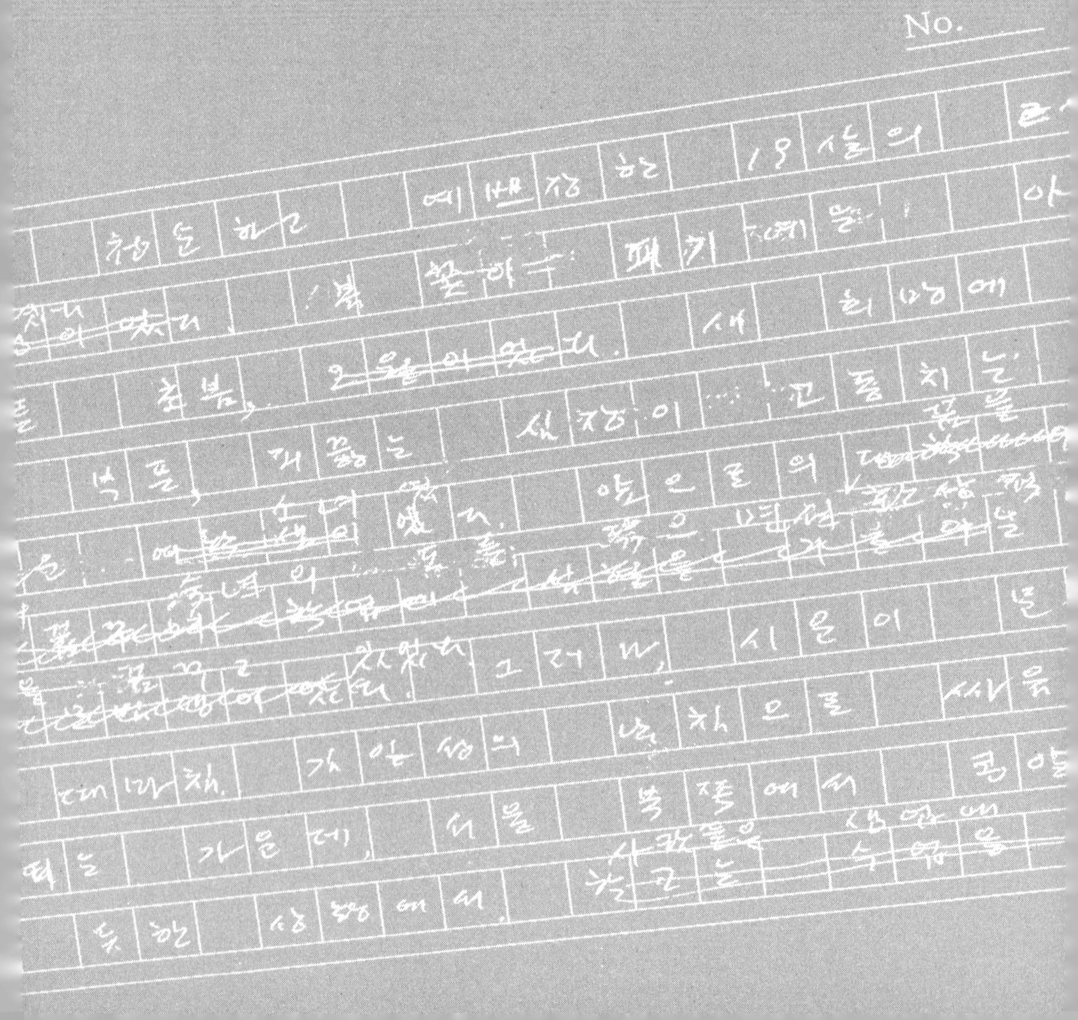

XIII
상훈

나는 평생을 통하여 책에서 손을 뗀 적이 한번도 없다. 저서 21권 가운데 다섯 권은 재직시에 간행하였고 나머지 16권은 정년 이후에 저술한 학술서이다. 논문은 모두 74편인데 53편은 재직사에 발표하였고 나머지 21편은 정년 후에 발표하였다.

따라서 1986년에 서울특별시 교육회 교육공로상, 1992년에는 국민훈장 석류상, 1994년에 건국대학교 학술원 학술상, 1996년에는 대통령표창, 2007년에는 관형격 조사 『"의"의 통어적 의미분석』으로 문화체육관광부의 우수도서저술상, 2007년 10월 25일에는 외솔상, 2009년에는 문화체육관광부 대통령 학술상 등을 수상하였고 기타 감사장을 수여한 것은 5~6건에 이른다.

위의 상 가운데 자랑스러운 것은 대통령 학술상과 외솔상이며 마지막으로 2017년 10월 9일 한글날에 한글학회 회장 권재일 박사님으로부터 받은 주시경선생상이다.

XIV

맺음말

나는 심상소학교 시절부터 학자가 되기를 희망하였다. 그래서 공부도 열심히 하였다. 그런데 사주가 좋지 않은 듯 중요한 고비마다 마가 생겨서 앞길을 막고 하였다. 심상소학교 4학년 때 장질부사만 걸리지 않았다면 중학교 진학이 무난하였을 것인데, 일제 때는 중학교 입학시험에 출제 범위가 4학년 2학기부터 6학년까지의 교과서에서 출제되었는데 나는 4학년 2학기말부터 3학기까지는 전혀 배우지 못하였고 또 장질부사를 앓고 나니 머리가 좀 둔화된 듯하여 배우는 것이 머리에 명석하게 들어와 이해되지 않는 듯하였다. 그런 상태가 5학년 1학기까지 이어졌으니 입학시험에 합격할 수가 없었다. 결국 삼수 만에 중학교에 들어갈 수 있었다. 또 중학교에 들어서도 공부를 좀 잘 한다고 정치활동을 하는 학생들에게 이끌려 학교를 옮기게 되었다.

중학교 6학년 때는 늑막염이 걸려 학업에 소홀하여 대학 입학도 실패하여 주경야독으로 만학을 하였다. 야간대학을 다녔지마는 열심히 하여 주임교수의 신임을 얻어 결국 교수가 되고 학문과 행정에 능력이 있어 학장을 두 번, 총무처장, 부총장까지 승진하여 학교 발전에 양심적으로 힘을 썼다.

많은 제자를 길렀지마는 뇌물은 받지 아니하고, 교수가 된 제자는 수저 한 벌을 사 주는 정도였다. 또 전임교수가 되기 어려운 시절에 나는 희망자들에게 돈을 요구하지도 않았고, 돈을 많이 주겠다는 교수 희망자는 면접으로 실력을 테스트하며 교수로 임용하지 아니한 처사로 학교를 위하여 애썼다. 또 대학원 교학과장 시절에는 처음으로 대학원 요람을 만들었고 총무처장 시절에는 직원들의 부정을 철저히 막아서 교내서 평판이 자자할 정도였다. 내 둘째 아들을 전임시키려 하니 학과장이 거액을 요구하는데 연금으로 생활하는 나로서는 도저히 감당할 수 없었다.

나는 이제 내가 평생을 통하여 저술한 책이 21권이 되는데 아들과 딸들의 도움으로 2017년에 전집을 발행하기로 하여 출판사와 계약을 맺었다. 나는 돈복은 없으나 아들, 딸의 복은 있는 듯하다. 이 자서전은 조금의 거짓이 없이 사실 그대로를 서술, 작성한 것이니 읽은이 여러분께 자신있게 말씀하는 것이다. "인생은 짧고 예술은 길다"하였던가, 인생은 짧아도 나의 문집은 영원하리라 믿으며 끝을 맺는다.

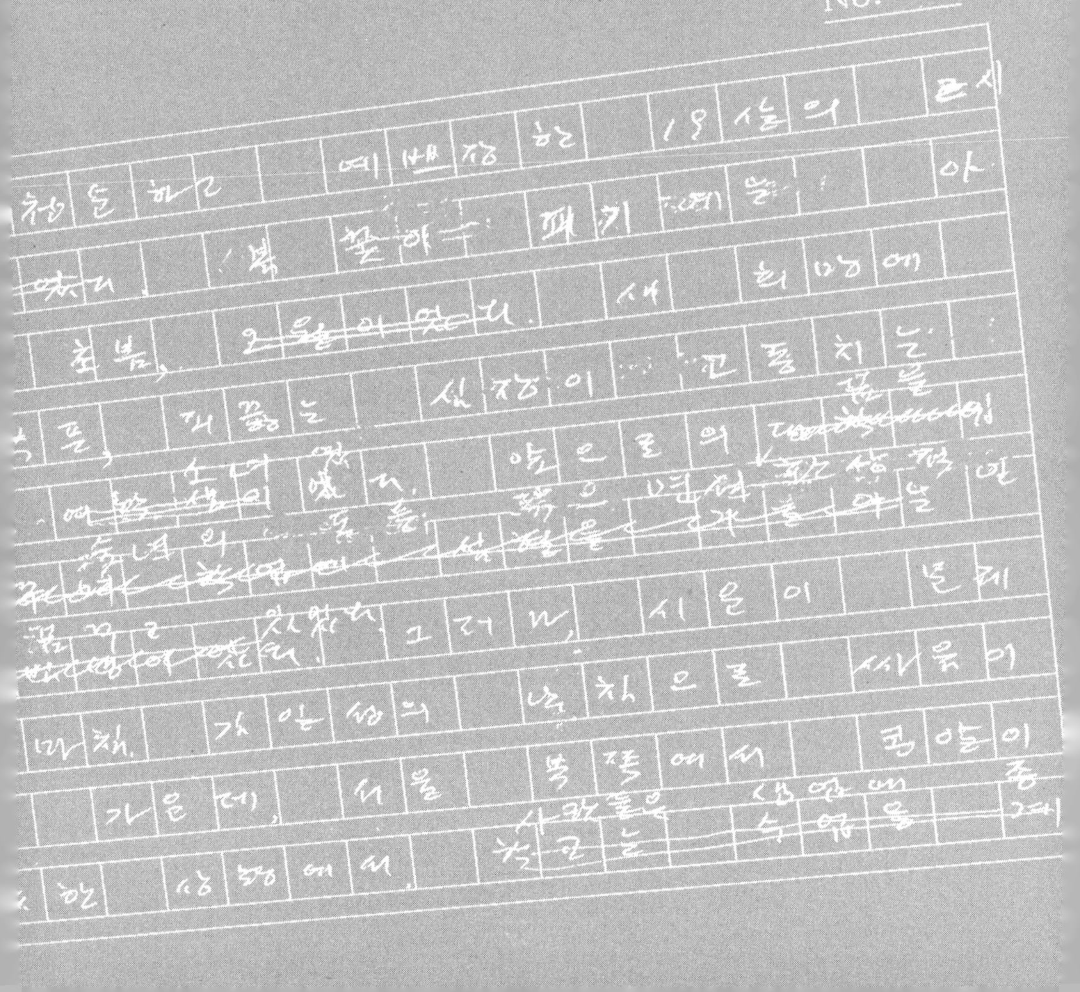

글쓴이 약력

〈학력〉

1956. 3. ~ 1960. 2.	건국대학교 국어국문학과 수학 · 졸업.
1963. 3. ~ 1965. 2.	건국대학교 대학원 석사과정 수학 · 수료.
1965. 2.	'15세기 토씨 연구'로 석사학위 받음.
1965. 3. ~ 1968. 2.	건국대학교 대학원 박사과정 수학 · 수료.
1978. 8.	'한국어 조사의 통시적 연구'로 문학박사 학위 받음.

〈경력〉

1975. 5.	한국언어학회 창립회원.
1978. 8.	한국언어학회 감사.
1982. 3. ~ 1984. 2.	건국대학교 대학원 교학부장.
1984. 3. ~ 1985. 2.	건국대학교 인문과학대학 학장.
1985. 3. ~ 1987. 2.	건국대학교 문과대학 학장.
1985. 6.	서울특별시 교육회 대의원.
1986. 4. ~ 현재.	한글학회 이사 및 재단이사.
1987. 3. ~ 1988. 8.	건국대학교 총무처장.
1989. 9. ~ 1991. 2.	건국대학교 부총장.
1990. 4. 2.	국어연구소 운영위원회 위원 위촉.
1990. 6. 26.	문화관광부 국어심의회 한글분과위원 위촉.
1990. 9. 1.	한글문화단체모두모임 이사.
1991. ~ 1995.	호서대학교 대우교수.
1992. 8. 31.	건국대학교 정년퇴임.
2001. ~ 현재.	건국대학교 명예교수.
2004. 3. ~ 2007. 2.	한글학회 부회장.

2007. 3. ~ 2010. 3.　　한글학회 회장.
2009. 7. ~ 2010. 7.　　제14기 민주평화통일 자문위원.

〈저서〉

「국어형태론」, 「국어통어론」, 「국어 조사 연구」, 「국어 조사의 어원과 변천 연구」, 「조사 '이/가'와 '은/는' 연구」, 「관형격조사 '의'의 통어적 의미 분석」, 「국어 부사 분류」, 「국어 형용사 분류」, 「국어굴곡법」, 「국어의 의존명사 대명사 관형사 감탄사 연구」, 「음성학」, 「한국어의 기원」, 「문법적으로 쉽게 풀어 쓴 논어」, 「문법적으로 쉽게 풀어 쓴 대학 중용 향가」, 「새롭게 연구한 국어학 연구 논문집」

〈논문〉

학위논문 이외에 72편

〈상훈〉

- 건국대학교 학술원 학술연구상(1974. 5. 15.)
- 서울특별시 교육회 교육공로상(1986. 5. 15.)
- 국민훈장 석류장(1992. 8. 31.)
- 대통령 표창(1996. 10. 9.)
- 외솔상(2007. 10. 25.)
- 세종문화상(2009. 10. 9.)
- 한한샘학술상(2017. 10. 9.)